海外中国哲学研究译丛

[美]罗思文 著　王珏　王晨光 译
陈志伟 统校

反对个人主义：

儒家对道德、政治、家庭和
宗教基础的重新思考

Against Individualism:
A Confucian Rethinking of the Foundations of
Morality, Politics, Family, and Religion

Henry Rosemont Jr.

西北大学出版社
·西安·

著作权合同登记号：陕版出图字 25－2019－138
图书在版编目（CIP）数据

反对个人主义：儒家对道德、政治、家庭和宗教基础的重新思考/（美）罗思文著；王珏，王晨光译. —西安：西北大学出版社，2021.11
（海外中国哲学研究译丛／赵卫国主编）
书名原文：Against Individualism: A Confucian Rethinking of the Foundations of Morality, Politics, Family, and Religion
ISBN 978－7－5604－4865－7

Ⅰ. ①反… Ⅱ. ①罗… ②王… ③王… Ⅲ. ①儒家—哲学思想—思想研究 Ⅳ. ①B222.05

中国版本图书馆 CIP 数据核字（2021）第 224459 号

AGAINST INDIVIDUALISM: A CONFUCIAN RETHINKING OF THE FOUNDATIONS OF MORALITY, POLITICS, FAMILY, AND RELIGION by HENRY ROSEMONT JR.
Copyright © 2015 by Lexington Books
Published by agreement with the Rowman & Littlefield Publishing Group through the Chinese Connection Agency, a division of Beijing XinGuangCanLan ShuKan Distribution Company Ltd, a. k. a Sino-Star.
本书简体中文版版权由西北大学出版社独家所有。

反对个人主义：儒家对道德、政治、家庭和宗教基础的重新思考

［美］罗思文 著　王珏 王晨光 译
出版发行：西北大学出版社
（西北大学校内　邮编：710069　电话：029－88302590　88303593）

经　　销	全国新华书店
印　　装	陕西博文印务有限责任公司
开　　本	880 毫米×1194 毫米　1/32
印　　张	10.75
版　　次	2021 年 11 月第 1 版
印　　次	2021 年 11 月第 1 次印刷
字　　数	200 千字
书　　号	ISBN 978－7－5604－4865－7
定　　价	78.00 元

本版图书如有印装质量问题，请拨打电话 029－88302966 予以调换。

海外中国哲学研究译丛

主　编

赵卫国

执行主编

陈志伟

编　委

杨国荣	梁　涛	万百安	李晨阳	陈志伟
朱锋刚	王　珏	宋宽锋	刘梁剑	张　蓬
林乐昌	贡华南	陈　赟	江求流	苏晓冰
张美宏	吴晓番	张　磊	王海成	刘旻娇
顾　毳	陈　鑫	张丽丽		

丛书受到教育部哲学社会科学研究重大课题攻关项目"海外汉学中的中国哲学文献翻译与研究"(项目编号：18JZD014)经费资助。

本书的翻译亦受到国家社会科学基金青年项目"社会转型中的先秦法家治理思想研究"(项目编号:21CZX043)经费资助。

总　序

赵卫国　陈志伟

哲学"生"于对话,"死"于独白。哲学的对话,既体现为同一文化传统内部不同思想流派、人物之间的对辩机锋,也体现为不同文化传统之间的互摄互融。特别是在走向全球一体化的当今时代,不同文化传统之间的互相理解与尊重、彼此交流与融合,显得尤为迫切和必要。鉴此,从哲学层面推动中西文明传统之间的理解与交流,以"他山之石"攻"本土之玉",就成为我们理解外来文化、审度本土文化、实现本土思想文化创造性转化和创新性发展的一条必经之路。

在中国传统哲学的发展历程中,有过数次因外来文化传入而导致的与不同传统之间的互通,传统哲学因此而转向新的思想路径,比如佛教传入中国,引发了儒学在宋明时期的新发展。16世纪西方传教士进入中国,一方面中国人开始接触西方文化和哲学,另一方面,西方人也开始了解中国的儒释道传统,中西方思想的沟通交流由此拉开了崭新的序幕。这一过程大体上经历了三个阶段,即耶稣会传教士阶段、新教传教士阶段和专业性的经院汉学阶段。而自从汉学最先在法国,后来在荷兰、德国、英国、美国确立以来,西方人对中国哲学的理解和诠释可谓日新月异,逐渐形成了海外汉学中国哲学研究的新天地。特别是从20世纪80年代开始,海外汉学家的中国哲学研究与国内哲学家、哲学史家的中国哲学研究两相呼应,一些极富代表性的海外中国哲学研究成果相继译出,这也就为当代中国哲学研究提供了一些新的理论视角和方法。

海外汉学是不同传统之间对话的结果,其范围涵盖众多的学科门类。其中中国文学、史学、民族学、人类学等领域的海外汉学研究成果,已得到了系统化、规模化的译介和评注。与之相较,海外汉学中的中国哲学研究论著,虽已有所译介和研究,但仍处于一种游散状态,尚未形成自觉而有系统的研究态势,从而难以满足国内学界的学术研究需要。因此应在前人工作的基础上,将更多优秀的海外汉学中国哲学研究成果,包括海外华人学者以西方哲学视角对中国哲学的研究成果,迻译进来,以更为集中的供国内学者参考、借鉴。正是出于这样的考虑,我们借助教育部哲学社会科学重大课题攻关项目"海外汉学中的中国哲学文献翻译与研究"(18JZD014)立项之机,策划设计了"海外中国哲学研究译丛",并希望将此作为一项长期的工作持续进行下去。

当今之世,中国哲学正以崭新的面貌走向世界哲学的舞台,地域性的中国哲学正在以世界哲学的姿态焕发新机。与此同时,用开放的他者眼光来反观和审视中国哲学,将会更加凸显中国哲学的地域性特色与普遍性意义,并丰富其研究内涵和范式。我们希望通过此项丛书的翻译,使得海外中国哲学研究作为一面来自他者的镜子,为当代中国哲学研究提供新的方法论和概念框架的参考,助力中国哲学未来之路的持续拓展。

本书深情献给三位同道
（不管他们承认与否）
玛特·钱德勒（Marthe Chandler）
和
戴梅可（Michael Nylan）
多年来给我的生活带来许多欢乐
和
乔安·罗斯蒙特（JoAnn Rosemont）
给我的一生带来了意义

目 录

致谢 ………………………………………………………… 1

引言 ………………………………………………………… 1

第一章　序言 ……………………………………………… 9
第二章　在全球背景下做伦理学 ………………………… 37
第三章　论个人自我的存在与自我认同 ………………… 65
第四章　个体自我信念的规范维度 ……………………… 107
第五章　个人自我的神化：古典自由主义 ……………… 139
第六章　走向角色伦理 …………………………………… 159
第七章　家庭与家庭价值 ………………………………… 201
第八章　论宗教与礼 ……………………………………… 235
第九章　承担角色之家庭生活的宗教维度 ……………… 253
第十章　超越家庭的角色伦理学 ………………………… 273
结语 ………………………………………………………… 297

参考文献	301
索引	317
译后记	329

致　谢

我首先要感谢布林莫尔学院的迈克尔·克劳斯（Michael Krausz），他是这套新的《莱克星顿哲学与文化认同丛书》的编辑，他邀请我把早先为这本书收集的一些材料提交给他考虑，然后要求我把完成的作品作为这套丛书的第一卷出版。对我来说，在知道自己已经有合同在手的情况下，能按照自己的意愿写出这本书是非常愉快的。我也很感谢他在每一步都对作品给予的大力鼓励，以及他在阅读手稿后的亲切话语；得到他这样一位哲学家的认可，减轻了我对我的叙事风格有些非正统的担忧。

我要对三位亲爱的同事和值得珍惜的朋友深表感谢，他们是伯克利的戴梅可（Michael Nylan）、迪堡大学的玛特·钱德勒（Marthe Chandler），以及我的长期合作者和重要的灵感来源——夏威夷大学的安乐哲（Roger Ames），他们阅读了这部作品的初稿，以远远超出了专业责任或友谊的要求写下了一页又一页仔细而富有建设性的评论。多年来他们都教会了我很多东西，而目前这部作品中的很多亮点都要归功于他们的努力。

在罗曼和利特菲尔德出版社（Rowman & Littlefield），编辑贾娜·霍奇斯·基克(Jana Hodges-Kiuck)和她的助手卡里·沃特斯(Kari Waters)始终如一地以他们的协助、理解和耐心让我的写作变得更轻松,尤其是他们认真听取了我在一些问题上的建议,对此我非常感激(即使他们没有接受我的建议)。伊森·费恩斯坦(Ethan Feinstein)在文本的校对、参考书目和索引的编纂方面给予我很大的帮助,这都使本书变得出色。

最后,鉴于这项研究的内容,完全可以肯定它的撰写很大程度上是一项家族事务。我的妻子乔安(JoAnn)一直是我最好的编辑,她对书稿的校对非常仔细,使得阅读样稿变得快捷方便,使图书早日进入制作阶段。我的一位非常孝顺的女儿康妮·罗斯蒙特(Connie Rosemont)已经习惯于为她有电子障碍的父亲制作索引,并再次在难以用简单的方式描述的手稿上做了出色的工作。令人欣慰的是,她这次的工作得到了她女儿,也就是我亲爱的孙女阿米莉亚·格林伯格(Amelia Greenberg)的大力协助,她刚从厄瓜多尔留学回来。他们以及我心爱的其他家族成员都做了很多工作,这使我更加相信,书中所论及"家和万事兴"的重要性肯定是真的。

引 言

> 当社会需要重建的时候,试图在旧的计划上重建无济于事。
>
> ——约翰·斯图亚特·密尔①

本书的起源是一个长期的信念,即当今世界所面临的问题——贫穷、不平等、环境恶化、仇恨、暴力等等——不仅无法在资本主义经济制度的范围内得到适当的处理,更不用说解决了。基于所谓的竞争,即使是最好的资本主义,也一定会产生输家和赢家。而当赢家赢得更多的时候,他们的数量越来越少,输家却越来越多。地球上的资源是如此丰富,以至于在过去的两百年里,贪婪的开采使我们忽略掉这个简单的逻辑事实。但现在,随着资源的日益匮乏,开发的成本越来越高且出售资源的利润越来越大,如果这是我们在不久的将来能够确保饮用水的唯一方法,我们可以预期越来越多的人将会死于口渴,或者会因买不起空气净化器或制氧机而窒息,或因无法获

---

① *Dissertations and Discussions*. Adamant Media Corporation, 2000, p.57.

得治疗疾病的药物而遭受痛苦，或者每天晚上饿着肚子睡觉的人数将增加四倍（目前约八亿人）——而且随着这些罪恶和相关罪恶的快速增长，人数会更多。①

更糟糕的是，在任何情况下，倡导竞争而不是合作，在任何环境下都不是创造与维持一个和平公正的社会或世界秩序而应有的合理组织理念，也不应认为，当物质产品绝对有限时，以及当过度追求而使得精神和灵魂麻木不仁时，便可以用物质产品的预期去刺激人们。以上想法需要一种具有强烈道德成分的意识形态②来支撑，而这种意识形态产生于启蒙运动时期（并非巧合），它颂扬人是自由自主、拥有权利的理性个体（通常还会加上"自利"二字），并有适当的道德、宪政和法制来支持整个意识形态和经济制度。如果没有前者，后者很可能早就被抛弃了。

我在这里要挑战的不仅是支撑着不公正、效率越来越低、破坏环境和破坏民主经济秩序等层面的意识形态，而且还包括其心理和精神层面。由于许多人财富的增加，伴随着个人作为社会契约者崛起而产生孤立的独立性可能会在一段时间内受

---

①已经有许多文献讨论了这些悲剧，其中大多数文献都被汇集在贾里德·戴蒙德的《枪炮、细菌和钢铁》（W. W. Norton, 1999）中。现在的情况更糟糕。

②"意识形态（ideology）"在使用时常常带有贬义，我在这里也打算这样使用。但并非总是如此。一个人需要一个整体的信仰体系，以便为自己在道德、政治和社会世界中的行为提供理由，这就是所谓的意识形态。如果没有意识形态，你如何为自己的所思所想所做提供除自身利益以外的理由？

到影响,但更多是由于新教改革的持续影响。在新教改革中,每个人都被认为是站在个人与上帝的宗教关系上。但是,上帝似乎不再像早先认为的那样无处不在,尽管许多福音派人士做出了努力,但也不能指望退回过去了。我们与任何事物都越来越互不相关,或者像诗人 A. E. 豪斯曼(A. E. Housman)所说的那样①:

> 我,一个陌生人,很害怕,
> 在我从未创造的世界。

但是,这种意识形态已经在我们心中根深蒂固,以至于几乎不可能在道德、经济、政治、宗教上,尤其是心理上用个人主义以外的方式思考。(我当然是个人!而且是自由的!我还能是什么?或者想成为什么?)之所以很难跳出资本主义桎梏的一个相关原因是,这种意识形态包括这样的信念:在资本主义社会中,除了成为一个自主的个人之外,唯一可能的选择就是成为法西斯主义社会中一个不露面的成员——羊群中的另一只羊。

随着资本主义在范围和影响方面越来越全球化,自主个人的意识形态也随之而来,从贸易协定到军事入侵与占领,美国继续引领着一切。在文化领域,唯物主义风气越来越盛行,每个国家的精英们越来越表现出彼此之间的共同点,而非与自己文化中的其他成员。随着其普遍性的增强,支撑资本主义制度

---

①*Last Poems*. Henry Holt & Co., 1922, Poem xii.

的意识形态使得对其进行根本性的批判变得越发困难。也许在任何情况下，该制度都不能进行基本的变革，除非其顽固的意识形态在其核心方面受到挑战，否则甚至无法认真考虑这些变革。

其中一项这样的挑战正是本书的目的（我确信还有更多的挑战，但必须留给别人去阐述了）。我将首先试图表明，将人类视为最基本的自由、理性、自主的个体自我的观点几乎可以肯定是错误的，不仅如此，还是有害的：它对自由的颂扬和辩护是以牺牲社会正义与和平为代价的。我们将通过描述和推进早期儒家关于什么是角色承担者的观点，来解决一个人，除了被适当地否定作为集体主义中一员的说法外，还能被如何解释的问题，这些观点经过适当修正可以适应当代环境和人情，是对什么是"成为一个人"这个问题真正可行的替代回答。而我们相信"成为一个人"意味着什么，在很大程度上将决定了我们采取什么样的道德观，甚至更基本地影响到我们道德直觉的成长和完善，这些直觉对我们生活想要遵循的最终道德以及我们希望生活在什么样的社会中做出了实质性的贡献。反过来，我们如何发展我们的道德直觉将是我们自我人格（我们已经拥有的特定道德直觉）的一个显著功能，以及我们文化的决定因素，其中涉及特定的价值优先级排序。因此，如果我们希望世界成为一个不同的、更人道的"地球村"，我们必须首先发展一种不同的、更人道的总体意识形态，这种意识形态与支撑现有体系的意识形态是不相容的。

总的来说，这是一本哲学书，但又带有许多政治、社会和宗教的色彩，因为我将讨论当代政治和社会、文化运动、法律、外交政策模式、媒体和宗教等问题,此外还涉及兼顾中西的哲学之为哲学的思考。从一开始我就清楚是在什么时代和什么原因下书写。

此外,我还想让它的论证能够为普通读者而不只是我的专业哲学家同行所理解。因此,我努力在符合文献和叙述的学术标准情况下,最大限度地减少正文中详细的哲学参考文献、典故和技术词汇。唯有第一章是个例外,这部分是在我所见的当代中西方哲学的语境下,勾勒出我所采用的词汇、方法,以及描述、分析和论证的模式。而在第二章中,我谈到了伦理学研究的领域和这门学科的性质,以及为何我认为它需要被加强,以便在全球范围内(但不是"普世的"!)①都适用。此后,凡是技术性较强的中西方哲学问题,我都尽可能地放在注释中,以使得正文的叙述更为顺畅。

第三章考察了个体自我概念的描述性维度,并发现其不足之处。第四章就规范性地看待个体自我的概念提出了同样的观点。也就是说,在提出个体自我的概念为何以及如何与鬼魂的概念相提并论之后,我将论证那种将人视作是个体自我的观点同样是错误的,因为这个概念似乎有必要将我们的人权、民

---

① 寻求普世。我认为再也不能相信存在"唯一真正的道德"。考虑一下"全球伦理"大会工作组关于名称本身的提要:"来自欧洲和美国的与会者倾向于接受普遍主义和全球语言,而来自非洲、亚洲和南美洲的与会者则倾向于对这种语言持谨慎态度。虽然所有与会者都对新自由主义经济政策持批评态度,但来自亚洲、非洲和南美洲的与会者则将这种批评的观点扩展到更广泛的西方文化、政治和道德价值观。"(《全球伦理组织委员会的报告》,肯尼亚,卢肯亚,2009 年 1 月 28 日。)

主或正义的观念彻底视为程序性的。

第五章的主题是对个人主义（自由主义）进行充分的逻辑扩展，以一个挑战作为结论，即只要试图反驳的努力仍建立于人类应该被视为自主的个体自我的前提下，那么自由主义的立场就难以被击败。更一般地说，我将试图表明，在政治和法律中越是拥护自由，就越是无法实现社会正义，或者说，在美国这样一个财富日益被全部控制的民主国家中，越是难以实现社会正义。

然后，我将借鉴古代儒家文献的启发，提出另一种人的概念，即把我们自己和我们的人类同胞不看作是自主的个人，而是看作是相互关联的角色承担者，他们生活在这些角色中，而不仅仅是"扮演"这些角色。第六章，我将从角色伦理学的角度阐述这一替代性概念。第七章，则更具体地讨论家庭首先作为角色被学习和实践的制度。在讨论的过程中，我将结合当代西方伦理学的见解和反对性别歧视、父权制、恐同症等论点来补充原有儒家的观点。我相信，儒家思想兼容并包，可以在不扭曲任何一方的情况下顺利地吸纳西方思想资源。因为在未来很长一段时间内，家庭仍将是东西方社会的必要载体，且"家庭价值"必须被重新排序，其不再是世界任何地方宗教原教旨主义者和政治与社会保守主义者的专属财产。换言之，我将坚持认为，建立在一般家庭观念基础上的角色伦理学是跨文化伦理学方法的主要候选者。

第八章致力于首先简述在不诉诸超验、神性或灵魂不朽等观念时，以人为本的宗教性可能呈现出何种样貌。进而我将讨论对昔日之孔子以及今日之我们而言，仪式所具有的性质和功能。角色伦理的精神层面不仅是对不可知论者或无神论者开放，也是对宗教虔敬者开放。因为在我看来，虽然儒家确实具备宗教性，但以儒家为基础的角色伦理学根本不需要形而上学或神学，因此也不需要面对任何形而上学或神学与当代物理学或生物学相悖的困扰，更不会与任何传统的形而上学或神学信仰发生冲突。进而在第九章中，我将聚焦于重视死者不亚于关心生者的话题，再次讨论家庭生活中的角色承担者在宗教和仪式层面的问题。

第十章我将从家庭以外的角度叙述，首先是精神上的分析，继而关注角色承担者如何在贫困、报应的和修复的正义等问题上与个体相比产生的不同思考，并以角色伦理在促进跨文化道德对话中的地位作为结尾。

在整个过程中，我将反对诉求权利的、自由和自主的个体，而支持承担角色的、相互关联的和负责任的（因此是兼具负担的）人。当然，我不会完全公平地对待个人主义的立场。因两百多年来，该立场一直有卓越的拥护者，当然不需要我的任何声援。我时常会大力推行儒家的说服力，但我不希望因此被人视为一个儒家的护教者，因为我的意图不是要立法规定世界到底是怎样的，或者应该是怎样的，而是在我自己的文化背景下运用孔子的观点，来帮助我们解放想象力，设想一个超越竞争性资本主义意识形态之外的更美好的世界。

Chapter 1
Prolegomena

第一章
序言

此前一切都已开始。

——伊塔洛·卡尔维诺①

本书时常以一种略显特殊的方式处理来自不同领域的多种问题。因此,我有义务在一开始就向读者提供更多的背景材料,以说明我是如何看待与研究中西方哲学,以及我将如何进行且为何以这种方式进行研究。

在本书中会有许多早期儒家著作的引用,但它们是在西方哲学史及其当代意义的背景下征引的,因此这是最好的起点。由于分析哲学一直是英语国家最重要的哲学思想潮流,且因我接受的所有正规训练都是在这一传统下进行的,所以我必须把注意力局限在这一传统上,而忽略其他值得注意的传统,特别是美国实用主义和欧陆传统。我对这些遗漏感到遗憾,因为这些遗漏使这部著作远不如我所希望的那样全面。②

---

①《如果在冬夜,一个旅人》(*If on a Winter's Night a Traveler*),Everyman's Library, 1993。

②在某种程度上,我可以说:(1)安乐哲(Roger Ames)目前正在努力将角色伦理学与约翰·杜威(John Dewey)和其他实用主义者的著作联系起来。早些时候,他和郝大维(David Hall)一起写了《死亡的民主》(*Democracy of the Dead*, Open Court Pub. Co., 1999),共同讨论了杜威和儒家的主题。安乐哲以前的学生(现在的教授)陈素芬(Tan Sor-hoon)也写

关于分析哲学

我的同事们对过去一个世纪这一传统的历史解读可能与我不同。但对我本人而言,近年来某些模式越来越明显。在"语言学转向(the linguistic turn)"①方面,著作的形式和内容上都发生了许多变化。其绝不仅是与神经科学家和心理学家就意识的本质进行交流,尽管这也很重要,但在我看来,其中一个重大的变化是人们越来越意识到,继续寻求人类知识的基础,很像追逐难以触及的幻象。这种转变绝不仅仅是由于理查德·罗蒂(Richard Rorty)《哲学和自然之镜》(*Philosophy and the Mirror of Nature*)②及其以后的作品。恰恰相反,虽然罗蒂的工作确实具有影响力,但我想说,正是通过分析哲学本身深入和扩展的工作,基础主义举步维艰的棘手本性才越发清晰。基础主义的魔咒也因比较哲学家对非西方思想模式更复杂的处理而被削弱。他们的工作表明,假设出一个不考虑特定文化和语言而对世界"真实情况"作万能和终极的描述是徒劳的。关于比较哲学,我稍后会有更多的话要说,但我现在想指出的

了一本非常扎实的著作《儒家民主:杜威式重建》(*Confucian Democracy: A Deweyan Reconstruction*,Amherst,纽约州立大学出版社,2004)。(2)在培养自由自主个体的意识形态、自然状态、社会契约和理性选择理论等方面,分析传统比其他传统更加复杂,所有这些都有助于孤立的人计算自己的利益,而这些都是本书批判的主要对象。

①理查德·罗蒂选集的标题,芝加哥大学出版社,1971。
②普林斯顿大学出版社,1979。

是,放弃对我们任何思想的终极根据的研究,与始终未能提供一个无可辩驳的论证以代表或反对几乎所有重要的哲学主张,这两者如何以及为何是相同的。

必须直截了当地说,大多数分析哲学家并没有表明,甚至也没有试图表明基础主义的努力是徒劳的。相反,他们中的一些人却声称已经建成了。当我们看到其他哲学家对每个哲学家的论点提出异议时,我们不妨退后一步,确定该领域发生了什么。

首先考虑到的是在20世纪的大部分时间里,对数学基础和数学对象的性质进行的多种多样的严格研究。其中,形式主义(戴维·希尔伯特[David Hilbert]、威廉·阿克曼[Wilhelm Ackerman])、直觉主义(布劳威尔[L. E. J. Brouwer]、阿伦特·海廷[Arend Heyting])和逻辑主义(弗雷格[Frege]、罗素[Russell]和怀特海[Whitehead])作为提供其基础的局限性,是在每一种理论经过几十年的阐述、挑战和辩护之后才被确知。这三位哲学候选者都为数学的本质提供了见解,却没有为这门学科提供基础。它们都遇到了似乎无法在理论本身中解决的问题,因此,关于数学的最终基础或数学对象的本质,从来没有达成过一致意见(现在也没有)。即便如此,数学家们仍在继续推进他们的工作,似乎对自己学科的"无基础性"毫不在意。①

---

① 关于这些立场优缺点出色的调查,参考斯蒂芬·科默(Stephen Comer),《数学哲学》(*The Philosoply of Mathematics*),International Humanities Press,1971。

第二个例子是威拉德·奎因(Willard Quine)在他的《本体论的相对性》(Ontological Relativity)中详尽地阐述了他的经验主义兼实用主义的观点①,他宣称,对于宇宙中存在和不存在什么东西,有许多可能的观点。其中大多数观点至少对我们的承诺有一定的要求,但彼此之间是不相容的,而且没有办法根据现有的证据和论证在这些观点中最终做出决定。这种观点在学科中逐渐被接受,同时他还认为认识论不是一门独特的学科,而是心理学的一个子领域②,而最终他持有一种循环(但不是恶性循环)的立场。③ 他还努力(在大部分情况下)平息了这样一种观念,即所谓的"分析"和"综合"陈述之间的差异以某种方式独立于文化和语言环境而写入了事物的本质。④ 换句话说,奎因得出了那个很少有哲学家提出但人类学家很早以前就开始宣称的结论,即"我们现在都是本地人了"。

最近的一个关于详细的分析调查如何推动哲学学科发展的例子——即使很可能是无意的——是人们再次普遍接受"知识"就是"正当的真实信念"的定义,尽管所有的努力都不足以解释埃德蒙德·盖蒂尔(Edmund Gettier)在一篇简短的论

---

①哥伦比亚大学出版社,1969。

②哥伦比亚大学出版社,1969,第83页。

③"奎因的自然主义没有任何基础。它没有基于任何东西。"——彼得·海尔顿(Peter Hylton),在《斯坦福哲学百科全书》档案中关于奎因的条目,Spring, 2014 archive。

④《从逻辑的观点看》(From A Logical Point of View),"经验主义的两个教条",Harper Torchbooks,1963。

文中提出的一个似乎很有说服力的反例。① 在我看来,处理盖蒂尔所提出问题的大量著作一点也不浪费时间、金钱和笔墨,因为盖蒂尔迫使哲学家们重新思考这样的观念,其中包括是否以及为何一个普遍性陈述应当被一个单一反例,甚至是一组具有相似性质的反例所证伪,尽管事实上形式逻辑要求这样做。[我们都知道,如果(Ex)-Fx 为真,则(x)Fx 一定为假。]这些著作同样迫使人们在方法论上反思,何时适宜或何时不适宜将符号逻辑的形式工具带入原本涉及使用自然语言的分析中。

我相信,与这些努力和其他基础主义努力的方向变化密切相关的是,在分析哲学的文献中,"理性的(rational)"和"理性(rationality)"这两个词的使用越来越少,往往以"纯(pure)"字当头的,现在通常被"合理(reasonable)"和"合理性(reasonableness)"所取代,这在某种程度上是因为后一个词允许情感对审议过程的侵入,而前一个词不允许。纯粹的理性不会让我们找到直觉主义、逻辑主义或形式主义作为数学的基础,但所有这三种理论都是明显合理的理论,无论一个人可能接受哪一种理论,在很大程度上都取决于研究者认为哪种结论最不违反直觉或最不反感。奎因的认识论观点也可以接受这种调查,无论是对那些愿意和不愿意进入他的圈子的人。尽管我们将继续使用盖蒂尔的例子,但它们不应过分干扰正在进行的其他认识论和相关哲学研究。作为逻

---

① 《有正当的真实信念知识吗》("Is Justified True Belief Knowledge?"),*Analysis*,第 23 卷,1963。

辑学家,我们必须接受"所有的p都是q"确实与"这里有一个不是q的p"相矛盾。但是,在我们的大量哲学努力中,仍然有理由证明,正确的信念是对知识的有效定义,并不是所有的反例都能说明问题。这些都是非常合理的假设,也是我们工作的基础,就像罗伯特·布兰顿(Robert Brandom)在《使之明确》(Making It Explicit)一书尾注中驳斥盖蒂尔的反例所言,他说对于他自己的认识论分析而言,"合理的真实信念"是"知识"的充分定义。①

同样地,当代分析哲学的另一个相关趋势是对信仰和信仰体系的合理性进行考察,调查在提出这些信仰和信仰体系时所采用的论证模式,例如加里·古廷(Gary Gutting)就做过这样的工作。② 尼古拉斯·莱斯切尔(Nicholas Rescher)在他最近关于"失语(aporia)"的著作③中也提出了类似的分析,即如何在合理性方面调和一系列各自都声称是真理前提的问题,这些前提个别地都声称是真理,但放在一起来看却又不一致。

这些观察以及还有许多其他可以引证的观察,不应该被认为在暗示,很明显,分析哲学只不过是为认知相对主义提供的一种元论证。然而,这些观察确实强烈地表明,我们知识的基础很可能是找不到的,在任何一个哲学上的并非微不足道的问

---

①哈佛大学出版社,1998,第675页,注释1。
②《哲学家知道什么》(What Philosophers Know),剑桥大学出版社,2009。他得出的结论与我差不多,但他乐观地认为我们对哲学的期望太高,所以不满足于已经取得的成就。尤其见第240—242页。
③《失语》(Aporetics),匹兹堡大学出版社,2009。

题上,人们可能采取或维持的合理立场、信念或信仰体系总是不止一种。或者换一种说法,对奎因表示一下赞同,即理性的人很可能在为其变量分配什么值上有不同的看法。① 彻底的相对主义是一个相当不讨好的立场,因为如果理性的标准可能任意变化,那么所有的立场都同样站得住脚。但是,信仰或信仰体系的多元化不仅是可能的,而且似乎是极有可能的,当我们从形而上学和认识论转向道德哲学时,就可以更清楚地看到这一点,而那是第二章的主题。

儒家与比较哲学

虽然这部著作主要不是比较哲学或跨文化哲学的研究,但其中有很多比较性质的哲学,其中包括我多年来研究古典儒家文本所学对当今思想之修正。其中,我将提出一些观点,作为对《论语》及其他早期儒家文本的最佳诠释性解读。但我更加提倡将其中许多观点适用于当今世界,这也意味着,我将因推进我所相信的关于《论语》及相关著作的最佳解读因而戴上儒家学者的帽子。但我同样会以一个儒家哲学家的身份推进儒家的说服力。因此,除了我所说的关于分析哲学的内容之外,我还应该在一种汉学背景下讲一下比较哲学,以便更好地使读者(尤其是汉学同事)熟悉一些先前没有阐明的,且在正文中并不总是明确的附加假设。

---

① 《论有什么》("On What There Is"),载《从逻辑的观点看》,前引书,第15页。

撇开这些差异不谈①，在研究非西方哲学和宗教著作的内容（相对于它们的起源、语言学/语义学、历史等）方面，人们可以采取两种基本方法。第一种，也是迄今为止最常见的一种，就是在西方哲学和宗教遗产的概念历史和当前背景下，寻求所研究文本之间的基本相似性。因此，最常用来审视非西方文本的元问题是："这些文本在多大程度上对困扰我们的哲学问题提出了答案？"

然而，另外的一些哲学家更多是沉浸于西方哲学史的断裂和多样性，而不是连续性，他们发现非西方的著作并不能整齐划一地归入许多西方的范畴和关注点，他们的提问往往更类似于"这些文本在多大程度上表明我们可以提出不同的哲学问题？"或者换一种说法，对于非西方文本，我们应该努力用其自身的术语而不是我们的术语去理解。而在我的案例中，我发现这些不同的问题既是对我翻译工作的帮助，也帮助我从不同的角度看待我自己的知识遗产，看到它并不像我往昔所以为的那样无所不包，而是有更多文化束缚。

然而，无论是相似的方法还是不同的方法都有可能落空，比如倪培民就曾在讨论儒家思想中个人修养的重要性时警告称：

---

① 但是细微差别不容忽视。史蒂夫·安格尔（Steve Angle）对跨文化对待道德传统的优缺点进行了深入的思考。请参阅克里斯·弗雷泽（Chris Fraser）、丹·罗宾斯（Dan Robins）和蒂莫西·奥利里（Timothy O'Leary）主编的《中国早期伦理学》中收入的他的《零碎的进展：道德传统，现代儒学和比较哲学》（"Piecemeal Progress: Moral Traditions, Modern Confucianism, and Comparative Philosophy"）一文，香港大学出版社，2011。我认为他在为中国的"新儒家"维护其传统的价值，而反对某些批评者，尤其是西方的批评者方面，独具慧识。

即使是坚持西方主流哲学与儒家思想差异的人,也往往以知识论的方式来解释后者。其结果,在很多情况下,儒学越是被西方主流哲学接受,其本来面貌也就越少。具有讽刺意味的是,那些朝着这个方向推动儒家思想的人却有意或无意地认为自己在帮忙。①

为了向我的读者介绍儒家说服力的一个不寻常的层面以辅助此后的理解,且作为第一种方法的一个例子是:当代学者可能试图为真理的"紧缩"理论(a "deflationary" theory of truth)找到一劳永逸的结论性论据,而反对符合论、语用论、融贯论或语义论,并因此通过研究在一个或多个非西方传统中真理或其近似物是如何被概念化的方式,来寻求对这一问题的深入了解。当然,其他学者可能会以类似的方式研究不同的主题:正义、美、逻辑、人权、上帝的存在、指称理论以及西方当前哲学界感兴趣的几乎所有其他主题。

从17世纪早期到东亚和南亚传教的传教士开始(一直到今天),许多具有比较主义倾向的学者都是这样处理非西方文本的。大多数这样的比较主义者都曾经是研究非西方著作非常出色的学者和翻译者,他们中第一个进入中国的是利玛窦(Matteo Ricci),他掌握了高度复杂的中文技艺,不仅对经典进

---

① 《功夫:儒家教学的一个重要方面》("*Gongfu*: A Vital Dimension of Confucian Teaching"),大卫·琼斯(David Jones)编,《今日孔子》(*Confucius Now*),Open Court Pub. Co.,2008,第167页。

行了长时间的研究,而且还记住了许多经典。这种做法的好处是,使"他者"具有一定的他者性,但又不至于导致它们客体化;且跨文化地寻求近似而非差异,又使得他者不完全是他者。①

但因为利玛窦是在精心寻找,所以我们不应该感到惊讶,他在中国文本中找到了几乎此后所有非基督教学者都难以找到的亚伯拉罕神的概念。莱布尼茨(Gottfried Wilhelm Leibniz)追随利玛窦对中国思想进行了阐释,这位广博多闻的德国学者迄今仍然配享所有跨文化哲学家的赞许,因为他是第一位,也是两个世纪以来几乎是唯一一位在伦理学、政治学以及神学方面认真对待中国思想的西方主要哲学家。他在1716年,也就是他生命的最后一年,撰写了长篇的《中国人的自然神学论》(*Discourse on the Natural Theology of the Chinese*)。通过阅读该书,我们仍然可以学到很多东西,比如有关莱布尼茨的论证模式,其中他对政治和宗教的关注不亚于对哲学的关注,且从这部作品所反映的17世纪初欧洲知识环境的情况仍可看出其受到此前30年战争的恐怖影响,以及获悉为何莱布尼茨当时在罗马肆虐的"礼仪之争"中严格捍卫利玛窦的"适应主义(accommodationist)"立场。②

但是,我们不应通过阅读它来了解中国的基本哲学和宗教

---

①在我看来,关于利玛窦在中国的最好的描述是史景迁(Jonathan Spence)的《利玛窦的记忆宫殿》(*The Memory Palace of Matteo Ricci*),Penguin Books,1985。

②参见《莱布尼茨:关于中国的著作》(*Leibniz: Writings on China*),丹尼尔·库克(Daniel J. Cook)和罗思文(Henry Rosemont, Jr.)译,Open Court Pub. Co. 1994。在该卷的引言中讨论了礼仪之争。

传统。关于这些传统,我将在注释中有更多的论述,但须知,无论我的论述能在这一点上为读者提供什么样的启示,都旨在阐述一种不涉及全能的创世神、不朽的灵魂及超验的境界,更不会要求你们去信仰《中国人的自然神学论》中那些与基本物理学或生物学定律相矛盾的宇宙论、伦理学和灵性观念。莱布尼茨因其普世主义取向,绝对配享西方哲学殿堂中的一席之地,但这不等于他能够被视为中国古代的思想史学家。

为了进一步说明,我们常用特定的现代西方哲学论题来处理非西方文本,而不是尽量按他们自己的术语去理解他们这一常常出现的问题,不妨让我们回到那些为真理"紧缩"理论提供支持的论证的寻求者那里。

如果要在哲学上有用,那么任何声称在非西方文本中找到的真理概念或理论,就不能与我们自己的概念或理论相差太大①;中国传统的御用天文学家在观测和预测方面是相当先进的,但他们揣摩的宇宙学理论对当代天体物理学家来说并没有什么价值。自18世纪以来,真理的概念和连带的理论一直与形式逻辑、语言和语言学联系在一起;"是真的"和"是假的"是指示性情态句中的谓词。因此,现代哲学对真理理论的研究在其概念群(见第二章)中包括了有效性、句子(与词相对)及其哲学陈述和命题等附加概念,以及诸如语义、外延、内涵等。

我对早期儒家文本的解读中,并没有发现围绕"真理"这

---

① 这三页摘自我在《融合:世界哲学在线期刊》(*Confluence: An Online Journal of World Philosophies*, vol. 1, no. 1, Spring, 2014)上发表的关于真理的两篇论文。

一当代概念群中的术语对等物,也没有包括"真理"本身的词汇,因此,我认为,今日西方哲学家感兴趣的真理概念在这些文本中是找不到的,反过来看,也就不能把真理理论归为孔子或他的早期追随者。

乍一看,《论语》这样一个基本上记录了孔子和他的学生之间简短对话的文本,却完全没有"那是真的"这样的语句,这似乎是非常反常的,但事实确实如此。这怎么可能呢?①

这种说法的反直觉性主要是源于一个不言而喻的前提,即人类语言的基本功能是描述和解释我们生活的世界(科学在很大程度上决定了这一方向)。我们使用语言基本上是为了陈述事实。如果一种文化主要将语言视为以此方式传达信息的媒介,则最好具有区分正确信息和不正确信息的术语,这样就对错分明了。

但如果我们牢记语言使用是一种社会实践,就会更容易理解不同的文化可能以不同的方式看待其基本功能。在我看来,最好把《论语》中的孔子理解为他并非在用语言来描述世界,而是把语言用作实践指导的话语。他并不过分关注学生是否知道"什么",而是知道"如何"、知道"为何",尤其是知道"要如何去做"。他主要关心的是弟子们应以何种方式去采取行动和做出反应,并让他们明白在不同的行为和境遇时应该具有哪种动机和响应。一个特别明显的例子是《论语》的 11.22(下

---

① 我在《孔子〈论语〉读者指南》(*A Reader's Companion to the Confucian Analects*)中更详细地回答了这个问题。夏威夷大学出版社,2014,见第九章。

文中我还会再次提及），即当孔子面对他的学生冉有和子路提出如何尽孝的问题时，他却给出了矛盾的答案。第三个学生就问他为什么给出如此矛盾的答案，他回答说："求也退，故进之；由也兼人，故退之。"①

此外，孔子不仅致力于影响行为，还致力于培养人们对这种行为的正确态度和感情，如他坚持认为，仅仅在物质上供养父母并不能使人成为一个孝顺的子女，因为即使是狗和马也可以被给予如此多的照顾。他问："今之孝者，是谓能养。至于犬马，皆能有养；不敬，何以别乎？"(2.7)

这样看待人类语言的基本功能并没有什么奇怪的，因为当我们不在哲学层面上追问"这是真的吗？"的时候，我们经常频繁说一些很不寻常的话，比如说"看着的锅永远不会沸腾"。或者前一天对人说"你永远不会老到无法学习"。第二天又对另一个人说"你不能教一只老狗新把戏"。这种导向要求我们不仅要关注说了什么，往往更重要的是思考在相应语言使用发生的社会语境下为什么说这些话。唯有如此，我们才可以评价所讲的内容、受众以及说话时间是否恰当。而且完全不足为奇的是，尽管古典汉语没有与"真"（或"假"）或与真假概念群中的任何术语相近的对等词汇，但却有一个"义"字，它被恰当地翻译为"合宜(appropriate)"，亦可在涉及一些言论②时加否定

---

①此处及全文中《论语》的所有引文均来自安乐哲和我的译文（*The Analects of Confucius: A Philosophical Translation*），Random House/Ballantine Books,1998。

②以及相互交流。

前缀用作"不合宜(inappropriate)"。孔子说:"君子耻其言而过其行。"(14.27)又说:"人而无信,不知其可也。"(2.22)又说:"(君子)先行其言而后从之。"(2.13)

在整个《论语》里类似的这些段落中,对孔子所讲的内容进行说明的一种方法就是使用"真诚(truthfulness)"一词,在给中文文本以应有的区别对待后,这提醒我们,命题性真理(propositional truth)并非这个词在英文中的唯一含义,不管这个词在今天已多么地泛滥,须知在西方传统中,"真理(truth)"也有另一个概念群,其还囊括了诸如真诚、真实、有效、承诺、参与、诚信等相关概念和相关术语。一个中世纪的绅士会向他的准新娘承诺他的荣誉,而她也会向他"承诺她的誓言(troth/truth)"。"但行真理的必来就光"(约翰福音3.21),孔子可能很容易理解此句,同理彼拉多当然也会将之理解为对耶稣"何为真理?(What is truth?)"问题的回答(约翰福音18.38)。正如瓦茨拉夫·哈维尔(Vaclav Havel)的《生活在真实中》(*Living in Truth*)的标题含义一样。①

因此,我们可以小心翼翼地把类似"真理"概念的东西归于早期儒家,但它不是真理理论,也不是今天逻辑学家或语言和心灵哲学家所追求的理论。相反,我们必须把目光投向我们自己文化中的日常、道德及宗教生活,从而才能充分欣赏中国人自身的表达方式,进而在一种新的(或非常古老的)光线下欣赏我们自己所拥有的。

在本书的其余部分中,我将经常使用这种叙事模式,这就

---

① Faber & Faber, 1987.

是我一直作比较哲学的方式:尽可能清晰地呈现中国文化的一扇窗户,从而使之也成为我们自己的一面镜子。同时我必须指出,虽然我相信,并将在注释中进一步论证角色伦理学(an ethics of roles)是对《论语》的最佳解释,但我并不希望阻止其他比较主义者寻求更好的解释。对此,我曾与安乐哲详细论证过,但至今仍未找到任何替代性解释,且推翻了所提出的替代方案。① 本书中尚未提及的许多有关中国语境中角色伦理的内容,可以参考安乐哲出版的新作《儒家角色伦理学:一个词汇表》(*Confucian Role Ethics: A Vocabulary*)一书。② 但即便我们都在将角色伦理赋予早期儒家这一解释上犯了错误,也不会改变我挑战个人主义以及推进角色伦理重要性的基本立场,因为我可以简单地把这部著作重新命名为《角色伦理:一种基于对早期儒家著作创造性误读的道德哲学新方法》。我将在下一章"概念群"一节中,就努力用他们自身的术语而不是我们

---

①具体说来,我们认为目前大多数人关于儒家伦理的某种德性伦理的论述经不起时间(或现实意义)的考验,我们在《早期儒家是有德性的吗?》("Were the Early Confucians Virtuous?")[发表于《中国早期伦理学》(*Ethics in Early China*)]一文中已经提出了反对意见。我要补充的是,由于现在关于儒家伦理的许多著作确实是德性传统,我没有引用同事们关于这个问题的大量最新著作,因为德性伦理也预设了一种个人主义的形式,而这正是我在本书中所反对的。若把我所论证的当今世界的崩溃方向归结于儒家,如果我说的一点都没错的话,这对儒家没有任何好处。不过,其中一些作家对早期儒家思想的具体层面作了精辟的评论,在这些尾注中会发现对这些著作的引用。我还要在这里提到一本相当新的书,该书坚持认为中国早期确实存在个人主义的概念。夏威夷大学出版社,2010。

②香港中文大学出版社,2011。

的术语来解释这些文本的重要性多说几句。

我知道,有些比较论者否定了我先前关于古典儒学中缺乏个人主义概念的简要主张。但他们与其说是基于论证,不如说是误解。他们认为我指出的是儒家思想的缺陷,或者说我关注的是术语而不是实质性问题。然而,恰恰相反,我一直想坚持认为这是他们立场的优势,毋庸讳言,在我的工作中我非常关注术语,且对语言的密切关注正是分析哲学事业的一个标志。① 同时我承认我也要为自己有时被误解而承担部分责任。当我第一次在玛丽·博克弗(Mary Bockover)为赫伯特·芬格莱特(Herbert Fingarette)主编的《纪念文集》中明确提及角色承担者这个概念时,我为个人概念还保留了一定的空间②,直到后来我才得出结论认为,对个人和社会美好生活的明确设想根本不需要任何现代西方意义上的个人概念。本书的结论正是这一研究和思考的结果。

至此,我要对这一比较部分作一个简短的总结。首先,那些可能会对使用笼统的"西方"一词来涵盖所有希腊及此后产生的思想而感到畏惧的同事们,你们应该记住,很少有人缩手

---

①前者的一个例子是罗哲海(Heiner Roetz)的《轴心时代的儒家伦理》(*confucian Ethics of the Axial Age*),纽约州立大学出版社,1994年。对于后者,信广来(Kwoing-loi Shun)在他的《早期儒家思想中的人的构想》("Conception of the Person in Early Confucian Thought")一文中讨论了术语与实质问题,见信广来和黄百锐(D. B. Wong)的《儒家伦理学》(*Confucian Ethics*),剑桥大学出版社,2004。关于术语的重要性,请参见"概念群"一节。

②《规则、仪式和责任》(*Rules, Rituals, and Responsibility*),玛丽·波克佛(Mary Bockover)编,Open Court Pub. Co.,1991。

缩脚地使用"非西方"哲学来汇集人类四分之三的思想遗产；无论好坏，这两个词都是相辅相成的，如有必要，本文将摆出双方更具体的特征。

哲学论证的模式

首先，关于与个人主义相关的许多基本的问题以及与之密切相关的自我、个人身份等概念虽是本书的核心关注点，但我对它们的关注只占它们应得的一小部分，要做到这一点，需要一部卷册繁多的著作。此外，正如我希望在第五章中指出的那样，任何以孤立性、自由、独立、理性和自主性来定义人的个人主义形式，都会迅速滑向道德低谷。最终，对于任何认为社会正义是人类文化繁荣的本质的人而言，这都是不可接受的。因此，就我在这里的目的而言，我对于把个人主义者放在一个单一的群体中只有最低限度的顾虑，尽管我知道很多人都会不满意他者的陪伴。如果我所勾勒的几个论点、例子、类比和修辞能使读者至少能把个人自我的观念与燃素论或侏儒研究放在一块儿，以便更开放地严肃考虑我对这一概念及相关问题的主张，从而反过来同样开放地接受立足点截然不同的儒家角色伦理观，我就满足了。

西方科学的历史表明了这一进展方式。建立否定的存在论陈述，即使对上帝来说也是出了名的困难，更不要说对区区凡人，因为要证明就必须考察宇宙中的一切，然后能够确定是否盘点完整。要**证明**"没有独角兽"，首先要考察宇宙中的一切，注意到每一个都不是独角兽，但进而为了确立结论又要加上"我现在,已经考察了宇宙中的一切";可那又何以确知呢?

同样地,在我们现在所知道的化学领域,科学家们也没有证明燃素的不存在,这种最不真实的物质被认为有助于解释燃烧。他们先是对它的存在产生了一些怀疑,然后只是对燃烧的发生有了更好的、更全面的解释,直到"燃素"在该领域根本不再使用;托勒密一系天文学家的"偏心匀速点"概念逐渐消失也是如此,这是他们对哥白尼范式的转变让步(或越来越相信)使然;物理学中的"以太风"同样如此,因为爱因斯坦相对论要求对米歇尔森·莫利(Michelson-Morley)实验的结果作出不同的解释,这显示以太风并不妨碍光速:因无须假定以太风的存在,就可以说明为了有助于解释而假定其存在的那些现象。①

因此,我的第二个并且也是相关模式的论证是:不要为了证明我的主张,特别是关于个人自我不存在这一主张,而无限重复演绎。因为,正如我在一开始所建议的那样,人们越来越广泛地理解,在逻辑之外的哲学中除了最微不足道的主张,任何观念的论证都是异常困难的,反驳亦然(在分析哲学中对这两点的认识越来越多,并且产生了一些有趣的新观点)。此外,我怀疑仅凭逻辑上的理由来努力证明我的一些主要主张,以促使我的读者变得完全同情那些取向,此举并不会有什么成效。因为其中的一些主张直接违背了现代西方哲学的某些基本前提,以及资本主义意识形态的大部分内容,这一点尤其对

---

① 在举这些例子时,我参考了拜纳姆(W. F. Bynum)、布朗(E. J. Browne)和罗伊·波特(Roy Porter)编辑的《科学史词典》(*Dictionary of the History of Science*),普林斯顿大学出版社,1981。

我关于自我的看法(第三章),以及对任何规范性幌子的个人主义(第四章)的看法而言是真实不虚的。我很乐意在我的读者中提出一定程度的怀疑,即对成为或拥有一个基本的个人自我可能意味着什么,并使他们意识到基本的个人主义作为一个规范性的概念,在规定上如何不足,在描述上如何不足,例如,在本体论和认识论上如何不足。然而,为了做到这一点,我还必须详细论证个人自我概念的另一种选择,该概念应具有更大的兼容能力,而且减轻了解释上的困难和不良的道德与政治影响。

我之所以想明确我的论证叙事模式的另一个原因是,西方文本中的哲学话语演绎方式往往不同于中国文本。前者的解释和辩护具有强烈的主导性,中国文本几乎无一例外地具有叙事性和规范性。当然,在中国的著作中也有解释与说理,且西方文本也绝非找不到规范性和经验的叙述;但是,两者差异的侧重点不应被忽视。在此,我将采用这两种模式。

此外,与许多哲学著作中常见的情况相比,本书中会有许多更直接的引文。这是因为作者比我的转述有时能更简洁地表达他们的观点,但更重要的是,我通过经常引用原文以便读者可以自行确定我的引文是否适用或存在误导。

我还将试图诱导我的读者对个人自我的概念产生怀疑,邀请他们自己进行一系列内省的思想实验,而不仅仅是被动地思考我提出的比较正式的论证或那些自传式识别自身或他人的孤芳自赏的努力。这种模式在西方哲学著作中根本不像初看起来那么稀奇。

例如,考虑一下笛卡尔著名的我思故我在(cogito ergo sum)。他的推理很好,也很严密,但这一论点并不因为笛卡尔不能怀疑他在怀疑而获得力量。我思(cogito)论点之所以如此,倒不如说是因为我们每个人都不太愿意说"我可以怀疑我在怀疑",因为这听起来很像是一个愤世嫉俗的疯子颠三倒四的胡言乱语。顺便说一句,应该指出,只有在已经预设思维(或怀疑)是一种自觉活动的情况下,笛卡尔得出的总结论以及很多其他人得出的总结论才有说服力。如果没有这样的预设(实际上是通过暗示一个道德行为主体参与到活动中回避问题实质),那么只能得出结论:怀疑正在进行。因此,归根结底,我思(cogito)的论点是循环的,只能对已经在这个圈子里的人或者愿意进入这个圈子的人有说服力。奎因的论点再次出现。

休谟也是这样论证的,他明确邀请他的读者进行同样的反省,这个反思导致他"总是在一些或另一些感知上徘徊逡巡……",却从来没有经验到他自己。① 事实上我发现,"自己试试"的必要条件在考虑大量的哲学论证时常常隐含着不明确的意思,至少从苏格拉底审判开始的西方哲学史中并不罕见。例如,如果我们要领会那个雕刻匠人②向游叙弗伦(Euthyphro)或美诺(Meno)提问的主旨,我们就必须站在游叙弗伦或美诺的立场上,试着问一问,当我们说某事或某人是圣洁的或有德行的,或后者是否可以被教导时,我们是什么意思。

我将不时建议我的读者在特定的情况下(这与一个更普

---

① 下文将继续讨论,并提供参考和讨论。
② 指苏格拉底,他父亲是一个雕刻匠人,年轻时继承父业,以雕刻为生,母亲是接生婆,所以他后来又继承母业,成为精神助产术的辩证法家。——译注

遍的主张有关)将会与我产生非常相似的反应,这样更贴近我当前的工作。因此,当我坚持在人类生活中,个人的变动比恒久不变更重要时,我将启发我的读者像我一样去察觉自己在婚后和婚前的差别。如果其中有人反对说:"他错了,我并没有觉得结婚和单身有什么不同。"我无话可说,对于这样的回应,我个人无法想象无论要提出任何其他多么正式的论点,都比不上劝说他真的应该体验下自己在结婚那天发生的重要改变。

在分析传统的核心中,也可以找到这种哲学论证风格被广泛使用的另一个例子:摩尔(G. E. Moore)始终如一地使用这种论证风格,而且相当明确。例如在1910至1911年的伦敦·莫利学院的讲座中,摩尔重点讨论了认识论的确定性,特别是休谟的怀疑论证,即由于感觉知觉是我们所能体验到的全部,所以我们永远不可能知道物理对象是独立于我们的经验而存在。① 简而言之,摩尔认为,如果休谟的原则是真的,那么他(摩尔)就不可能知道他向听众举起手中铅笔的存在,并指出双方都同意条件前提下的真实性。用摩尔自己的话说:

> 因此,如果我要证明我确实知道这支铅笔的存在,我就必须以某种方式证明休谟的原则中的一条或两条都不是真的。用什么样的方式,以及用什么样的论证才能证明这一点呢?……在我看来,事实上,真的没有比下面更有力、更好的论证了。我确实知道这支铅笔的存

---

① 《哲学的一些主要问题》(*Some Main Problems of Philosophy*), Collier Books,1953。

在;但是如果休谟的原则是真的,我就不可能知道这一点;因此,休谟的原则中一条或两条都不是真的。我认为这个论点真的是和任何可以使用的论点一样强而好用,而且我想这真的是定论。①

13 休谟和他的支持者采用了拒取式推理论证(the modus ponens pattern of argument),当然肯定了前项,也就肯定了后项。摩尔也如他所说的那样接受条件前提为真,但又接着否认结果,他申明他知道铅笔的存在,由此得出拒取式推理论证,即前因一定是假的,也就是说,休谟的原则中一个或两个一定是假的。这两个论点在逻辑上都是成立的,两个论点都肯定了条件前提的真实性。

从一开始看来,摩尔只是用最坏的方式求证了这个问题,但他还有更多的话要说,他首先指出,如果休谟的原则是真实的,那么可以肯定的是,无论是摩尔还是观众中的任何人都不可能知道铅笔的存在。摩尔非常详细地分析了知识和它的确定性,我们可以接受,也可以不接受这些前提,从而得出结论。但是,撇开细节不谈,摩尔所争论的,归根结底是一个问题,即他是否可以更确定休谟的原则是真的,因此他不可能知道铅笔的存在,或者更确定他知道当时就有一支铅笔在他手里。他坚持认为,他对前者的把握永远不会比后者更确定,因此他的论证是一个好的论证。但显然,只有当我们自己重新演绎摩尔的论证时,它才会是一个好的论证。这是一个非常有力的论证,

---

① 《哲学的一些主要问题》,Collier Books,1953,第136页。

但我们无法判断它有多有力,除非我们自己尝试一下,如果它有效,就开始参照休谟的论证所产生的外部世界,从怀疑主义的认识论中走出来。换句话说,我们一定要在读完他之后自己拿起笔杆子,然后再读摩尔。

最后,和古希腊人一样,我也认为修辞在哲学论证中有一席之地,除了尽可能举出具体的例子外,还可以进行论证和类比。一些哲学主张可以通过直接的描述和论证来阐述和辩护,但其他一些哲学主张就其性质而言问题较多。那些对一个确定的观点提供不正常的视角,或者是自反性的,或者是高度抽象的,或者使用说话人想否认预设存在的语言(或以上四者的某种组合)的人,经常抵制明确的说明。让我举一个后面章节会有潜在吸引力的例子吧。请看以下彼得·赫肖克(Peter Hershock)对全球相互依存概念的代表性发言(他还身兼佛教徒身份):

> 我们认为独立于我们自身而存在的对象,实际上只是习惯性关系模式(habitual patterns of relationships)的功能……这相当于一种本体论的格式塔(gestalt)转变,从把独立和从属行为体当作第一阶的现实,到把它们之间的关系当作第二阶的现实,再到把关系性看作第一阶的(或终极的)现实,把所有的个体行动者看作(传统的)抽象的或衍生的行为体。①

---

① 《公共领域的佛教:重新确定全球共存》(*Buddhism in the Public Sphere: Reorienting Global Interdependence*),Routledge,2006,第147页。

14 　　我相信现在赫肖克已经很好地解释了自己,但我同样相信,很多人最初不会欣赏他试图让他们"看到"(想象)世界的方式;这确实需要一个"格式塔转换",就像他说的那样,而在这种情况下进行切换并不总是那么容易:对象通常很容易被真实地看到、想象,与此同时其关系和事件却往往无法被看到或想象。

　　我之所以亲身体会到这一点,不仅是因为我教了40多年的佛学以及儒学,还因为赫肖克的佛学主张与我对儒家最基本的主张非常相似,即人只有在关系上才能得到正确的理解,而绝不是孤立的人,因此最好的解释是他们是一种生活角色的总和,而绝不会有任何其他答案。这些角色关系中的绝大部分完全是个人的(例:我是亨利和莎莉·罗斯蒙特[Henry and Sally Rosemont]的儿子);有些是部分制度性的(例:米拉德·菲尔莫尔[Millard Fillmore]是美国第十三任总统);少数是将角色承担者与角色内的表现联系在一起的(作曲家胡吉·卡迈克尔[Hoagy Carmichael]写了《星尘》,约吉·贝拉[Yogi Berra]是20世纪50年代纽约洋基队的捕手)。当一个人的所有角色都被指定,他们之间的相互关系被描述出来,那么这个人就已经被独特地交代了,我们可以用它来拼凑一个自主的、理性的、不受约束的、自利的个体自我,却不会产生任何结果。当然,没有人会直接接受这种说法,因为这确实不需要什么哲学上的复杂性就可以马上问:"如果没有个体的自我,谁扮演这些角色?"人的核心在哪里? 作为罗思文(Henry Rosemont, Jr.)①的本质是什么?

我将在第三章中讨论这个问题,但可以通过类比的方式做出简单的回应。可以把人看成桃子:外在的皮是公共的,果实是我们自己的身体,也是我们的人格和历史,然后是桃核,我们的自我,那是经久不衰、不会日新月异的东西,而且很确切地说是未来生命(生物和心理)的种子。如果我们从这个角度看人,那么谁扮演这个角色似乎是一个重要的问题。但是,想想看,如果把人视为一个洋葱。我连续地剥开一层层,先是儿子,然后是丈夫、父亲、爷爷,我继续剥开朋友、学生、老师、同事、邻居等层。当没有层数了,剩下的是什么呢? 什么都没有了。

总而言之,那些把人看作洋葱的人,即使不接受我代表儒家的论点(赫肖克也是如此),也能比那些欣赏桃子意象的人更容易理解我。所以,类比(和修辞)也可以在论证中发挥作用。

在这种大体上的形而上学背景下,现在让我们把注意力转向伦理学的研究。

---

①本书作者经常以自己为例分析"自我"概念,其本名为 Henry Rosemont, Jr.,可音译为"小亨利·罗斯蒙特",但作者中文名为"罗思文",因此在这样的地方就显著地产生了作者所分析的"自我"的连续性问题,作者会不会因为名字的变化而导致"自我"也发生了变化? 为避免译名的混乱,在这个译本中,译者一概用"罗思文"这个中文名字,或采取"小亨利·罗斯蒙特(罗思文)"的形式。——译注

Chapter 2

Doing Ethics in a Global Context

第二章

在全球背景下
做伦理学

先有食物,后有道德。

——贝尔托·布莱希特(Bertolt Brecht)①

道德多元主义(ethical pluralism)

正如我在上一章分析哲学中所提出的那样,如果说形而上学、认识论和其他哲学研究不得不满足于论证的合理性,而不是不可辩驳的纯理性,那么当我们调查当代伦理学领域时,这一主张可以得到更有力地推进。在伦理学领域,对信念和信仰体系进行的哲学分析,显然不亚于形而上学和认识论领域。

然而,必须以某种不同的方式来对待它们。关于知识的理论,或关于数学性质的理论,或关于意识的理论,也许或多或少都是合理的。然而,撇开细化不谈,我们可以期待在判定何者是歪理邪说上达成相当程度的一致,大部分不合理的地方可归结为假定存在可疑的实体,错误的经验主张或错误的逻辑。一段时间以来,用微型人(homunculi)②来解释意识已经不是一

---

①《三便士歌剧》(*Threepenny Opera*),Penguin Books,2007。
②在早期生物学理论中,指存在于精子或卵子中完全成形的微型人。——译注

种选择。

但是,在道德领域,从一开始就很容易否定任何与我们自己所考虑道德判断相冲突的具有规范含义的理论,即使该理论具备令人信服的论据。至少从康德开始,自律就被认为是一种无条件的善,(我们的选择不能受制于他人),因此,任何不包括自律的道德都会被认为有严重的缺陷。换一种说法,如果接受我对当前该领域观点的解读,即哲学中根本不存在基础,(或者至少,如果存在基础,哲学家也不可能希望找到或达成一致),那么,我们似乎也必须接受,我们所有人在任何时候都不存在"一种真正的道德",因此也必须反过来接受,我们不能仅仅因为另一种道德规范的某些规范性结论与我们自己的规范性结论不一致,就给它贴上"不合理"或不可接受的标签。(潜在诱惑:在任何意义上,扮演角色的人都不是独立自主的,这有点类似于康德的观点。)

如果我们想让伦理学在未来像过去被错误地认为的那样真正具有全球性,这一点就具有至关重要的意义。① 有些道德准则或道德判断,在我们初识时似乎是完全错误的,但在地理和文化背景下(且某些情况下是时间上的),可能会产生不同的判断。然而,拒绝伦理学中的普世主义,在心理上并不容易实现。如果经过深思熟虑后,我认为 X 是我必须执行的道德行为,那么在西方伦理背景下,我不应该是因为感觉喜欢而去

---

① 在这方面,参见乔尔·库珀曼(Joel Kupperman):《为什么伦理哲学必须比较》("Why Ethical Philosophy Must Be Comparative"),载于《哲学》(Philosophy),第 85 卷,第 2 期,2010。

做它,若如此则尚属口腹已欲。① 相反,我必须这样做,是因为我相信这是正确的事情,这就是道德思虑(moral deliberation)的目的。但这也同时让人很难不相信,在我的情况下,谁倘若做得不同于我,他就做错了。如果我"做了正确的事",而你却做了截然不同的事,那么要么是你在判断上犯了重大错误,要么是你做了不道德的事,或者两者兼而有之。

然而,如果我对分析传统中近代哲学史的解读完全正确的话,那么寻找"唯一真正的道德"就是在寻求我们思维特定领域的另一种基础。这样的东西是找不到的,如果我们声称找到了一个,也会找到拒绝它作为候选者的理由。因此,如果我们希望在作为哲学研究领域的伦理学上取得进展,我们似乎不得不接受至少一种"软"的道德相对主义,或者用黄百锐(David Wong)在其最近出版的精彩著作《自然道德》(Natural Moralities)中所使用的术语,即"多元(pluralistic)"相对主义。他声称:

> 道德的矛盾性连同自然主义的道德观念,支持了不存在单一真正道德的结论。然而,我还认为,对不同道德之间价值重叠的最合理的解释意味着,真正道德的范围是有限度的。②

伦理学家们绝不会接受软的或硬的相对主义,但我相信黄百锐的工作会获得拥护者。(以下我将用"道德多元主义"的

---

① 原文直译为"因为那或许只能算是吃披萨的理由"。
②《自然道德》,牛津大学出版社,2006,第14页。

说法来表示黄百锐的工作和我的工作。)我也相信这是在全球背景下做好伦理学的一个必要取向。注意他在引文中提到的"道德矛盾(moral ambivalence)"。这是他在书中为道德多元主义提出的许多论点中的一个。它的主旨非常简单,把我的行为正确性和你的行为错误性的心理信念颠倒过来:如果我们曾经对在一种道德情境下最好做些什么感到真正的模棱两可——不管我们如何定义"最好"——我们必须允许其他善良的人做出与我们不同的决定,并且相信他就像我们相信自己一样有思想和道德。这个论点的简单性可能掩盖了它的力量。并不是说,一旦我们观察到有人选择了我们最终拒绝的行动,我们就一定会改变对我们行动的评价;我们很可能会坚持我们做出的决定。但我们现在要用更温和的语气告诉对方,她的做法是错误的,因为我们很清楚,我们也有相当强烈的倾向去做同样的事情。再想想堕胎问题。不管我们站在问题的哪一边,也不管出于什么原因,我们不都知道一定有一位体面且聪明的人会支持对立观点吗?

黄百锐的书论点丰富、深刻,论证精妙,我衷心地推荐给每一个人。为伦理学多元主义提供辩护的另一个论证,尤其是对我的哲学家同行来说有些不同,这又是基于我对西方英语国家道德哲学新近历史的阅读:一个半世纪以来,许多最优秀的哲学头脑都试图说服别人相信义务论伦理学的正确性(如果他们是康德主义者的话)[1];同样数量的人努力表明这些观点的

---

[1]《道德形而上学的基础》(Foundations of the Metaphysics of Morals)是其中的经典之作,有各种版本。

错误性(如果他们是功利主义者的话)。① 实际上,他们毫无例外地都失败了。还有什么更好的证据可以证明道德多元主义呢?不需要到异国他乡去寻找那些对我们来说完全陌生的土著"他者"的道德。②(尽管有一些人类学证据似乎与此相反,但是否存在这样的"他者"是非常值得怀疑的。)义务论伦理学似乎确实有一些绝对合理的地方,任何功利主义者都不应该想要否认,反之亦然。例如,克里斯蒂娜·科斯加德(Christine Korsgaard)③肯定仔细阅读过边沁和密尔,为何她继续为康德辩护?而彼得·辛格(Peter Singer)④肯定熟悉康德文集(可能也熟悉科斯加德文集),为什么他仍然是一个功利主义者呢?然而,他们不可能都在倡导"唯一真实的道德"。当然,也许有人会相信,某个未来的思想家会一劳永逸地证明它们之一或两者都不正确。但在我看来,那纯粹是一种信条;人们可能同样会似是而非地相信,唯一真正的道德将由毗湿奴在他的下一个化身中向我们揭示。

另一个采用多元伦理观的好理由是,康德和密尔的竞争体系并没有穷尽潜在可能对行动产生不同影响的合理的道德理

---

① 其中的经典是《功利主义》(*Utilitarianism*),有各种版本。
② 通常提到一个似乎没有任何道德的群体,就是科林·特恩布尔(Colin Turnbull)在《山地人》(*The Mountain People*)中所描述的伊克族。Simon and Schuster,1972。
③ 例如,参见《创造终点王国》(*Creationg the Kingdom of Ends*),剑桥大学出版社,1996。
④ 例如,参见《你能给予的生活》(*The life You Can Give*),兰登书屋,2009。

论。我在这里着重讨论它们,是因为它们在大多数美国人的思维中无处不在,即使他们根本没有读过任何康德、边沁或密尔的书。(对于初学者而言,他们认为立法机构在大多数时候基本上是以功利主义为导向的,法院是康德主义的。)然而,就在现代西方哲学的范围内,至少从表面上看,还有一些其他的候选者来为可接受的道德准则提供依据,而且在不挑战整个道德规范理念的情况下,讨论肯定是不完整的。①

当我们从西方哲学转向其他文化,特别是亚洲文化时,几乎

---

①这些候选人将至少包括以下内容:(1) 卡罗尔·吉利根(Carol Gilligan)的工作所提出的关怀和培养信念体系,在过去几十年里由内尔·诺丁斯(Nel Noddings)、玛格丽特·沃克(Margaret Walker)、琼·特龙托(Joan Tronto)、弗吉尼亚·赫尔德(Virginia Held)等人推进;(2) 经迈克尔·斯洛特(Michael Slote)、阿梅利·罗蒂(Amelie Rorty)和杰西·普林兹(Jesse Prinz)等哲学家更新的大卫·休谟的"情感主义"伦理学;(3) 美德伦理学取向,无论是亚里士多德主义、新亚里士多德主义还是其他形式,如阿拉斯代尔·麦金泰尔(Alasdair MacIntyre)、查尔斯·泰勒(Charles Taylor)或伯纳德·威廉斯(Bernard Williams);(4) 约翰·麦克道尔(John McDowell)或乔纳森·丹西(Jonathan Dancy)的理性特殊主义;(5) 约翰·杜威(John Dewey)的实用主义伦理学,由阿兰·吉伯德(Allan Gibbard)、约瑟夫·马格里斯(Joseph Margolis)、理查德·伯恩斯坦(Richard Bernstein)等人更新;(6) 将一种西方取向与一种非西方取向相融合的努力有玛丽·波克佛(Mary Bockover)、权利与儒家;艾琳·麦卡锡(Erin McCarthy)、日本思想、女性主义与大陆哲学等;(7) 目前另一个作为合理的道德准则的有力候选者是自由主义,它借鉴了清单上的其他一些观点。(关于这一点,我将在第五章中有更多的论述);(8) 而整个道德准则的观念已经受到汉斯·格奥尔格·梅勒(Hans-Georg Moeller)在他的《道德愚人》(The Moral Fool)中的挑战,他提出了一种基于早期道教的反道德主义立场。

肯定会发现更多备选的合理道德准则。因此，以这种多元化眼光看待道德哲学的另一个原因是，它为非西方信仰体系开辟了空间，使其能够与拥护上述任何一种或所有道德信仰体系的人进行更集中地对话。经过分析和调查，印度、中国和其他道德信仰体系很可能与上述任何一个体系一样，都值得被视为合理的道德准则。在道德准则之间进行比较和对比，并在适当的时候进行跨文化的比较和对比，将大大有助于使哲学成为真正的全球性事业。①

　　本书的大部分内容都是为了证明古典儒学这样一个体系的可行性，因为我用几个世纪以来西方知识传统的视角对其进行了补充。然而，本书将在一个重要的方面与所有其他著作有所不同，即本书最初是反直觉的，因为本书的中心焦点不是道德行为(ethical agency)，由于道德行为的前提是道德行为主体(ethical agents)的存在，而道德行为主体的存在又以个人自我的存在为前提。而我将代表儒家的立场进行论证，即：(1)个人的自我几乎肯定是虚构的(第三章)；(2)本书提供了对古典自由主义论点(第五章)的反驳，这是上述任何道德规范的支持者所无法获得的；(3)本书可以为发展一个足以讨论跨文化伦理学的概念框架和词汇做出重要贡献(第十章)。这就是说，我将论证儒家思想应该在值得认真考虑的可接受的道德准

---

　　①见第40页注①以及陈汉生(Chad Hansen)的《比较伦理学的规范影响》("The Normative Impact of Comparative Ethics")，其中他说："比较伦理学的一个结果是，我们隐隐约约地认识到，我们的道德体系是一群可供选择的、与众不同的道德体系之一。我们以一种新的方式来看待自己，就像别人看待我们一样。通过比较会使我们对自己的态度不那么教条或轻度怀疑。"见《儒家伦理学》，前引书，第78页。

则中占有一席之地,并将论证它在对抗自由主义,以及提出一种关于"何以成人"的不同观点方面优于其他道德准则,且可作为各国人民和各种文化共享的远景。佛教徒很可能提出过类似的主张,且很可能还有其他接受不以自由、自主的个人自我概念为基础的道德准则。

本书的其余部分将继续描述和分析儒家关于角色承担者的观点,角色承担者否定摆脱掉关系网对其进行的界定、描述或分析。(我必须在这里指出,并将时时重复,我将倡导的角色承担者并非单纯指具有不同品质的个人自我,因为在我看来,他们根本就不是个人自我。)

价值排序(Value-Orderings)

如果我们不再认为不同的民族和文化有"不同的价值观",而是认为同一文化或不同文化中的不同人有不同的价值观,那么在全球范围内发展伦理就不会那么困难了,实际上每个人在某种程度上都持有价值观,或者说,如果要使跨文化的伦理对话有任何成功的机会,就必须假定他们持有价值观。否则,我们"唯一真正的道德"将被拥有最多机关枪的群体所确立而告终。此外,正如黄百锐所指出的和我在其他地方所论证的那样,尽管文化和地理上有很大的差异,但世界各地的价值观几乎都是重叠的,这有力地证明了人类的价值观是有限度的。[1]

---

[1]《自然道德》,前引书,第 14 页。《反对相对主义》("Against Relativism"),参见 G. J. Larson 和 E. Deutsch 的《跨越边界》(Interpreting Across Boundaries),普林斯顿大学出版社,1988。

（见下文"全人类的普遍性[homoversals]"。）

本书的主旨之一是试图用角色承担者的假设来取代我们目前对人基本上是自由、自主的个人自我的预设，因此可以认为，我希望我的读者能接受一套新的价值观。但这并不是我所要做的，我最希望，或者说最渴望的是，如果读者愿意并且能够在做人的不同的前提基础上，重新确定一些价值的优先顺序，那么他们或许能够实现更多的价值。

也就是说，我们对个体自我的具体定义方式极大地影响了我们的价值排序。例如，如果我们认为人们在不受到国家制止的情况下就会作恶，那么在其他条件下，我们就会更倾向于重视报应性惩罚，而不是宽大处理或改造。另一方面，如果我们和苏格拉底一样认为，人们做错事只是因为不知道什么是对的，我们就会高度重视教育，也会倾向于把改造放在比报复性惩罚更高的位置。如果我们把人类定义为自由、自主的个体，且可以严格地作为行为主体来描述和分析，我们就会倾向于优先考虑以个人责任而不是社会责任来解释行为。如果我们是生来自由的，那么我们应该希望我们的政治体制能够增强或至少维护这种自由，我们会在此基础上构筑我们的道德问题和政治关切。对于个人（尤其是美国个人）来说，自由将是一个不折不扣的好东西。但与此同时，如果我们相信个人是自利的，那么我们就会希望我们的道德准则和政治制度能够对更自利的人追求利益的自由提供制衡。但如果我们都是自利的，那就意味着我们必须愿意对自己的自由进行制衡，因此我们必须权衡有争议的价值观，并确定其优先级，然后对相关的其他方面进行同样的处理，例如进行报复性惩罚或社会改造。

既然我使用的是"价值观"这个概念——我使用这个概念时可能带有特殊风格——应该澄清的是,在一个时代的特定文化背景下,任何人都不可能采取一套全新的价值观,因为那是不可能做到的。因此,关于一个文化中每个人在特定时期持有相同价值观而优先级不同的假设,基本上是一个逻辑假设。如果该价值已经存在于您的道德准则中,那么我只能让您赋予该价值更大的权重,并且我可以表明除非我呼吁另一个我们都明确认可的更深层次价值,否则改变您现在的排序或对世界的信念根本无法实现。不幸的是,在朝鲜战争期间,"洗脑"一词被用来描述被中国人俘虏和宣传的美国和其他联合国军队,从字面上看就是"洗脑"。这个词直接暗示我们的士兵被强行灌输了一套全新的价值观。① 但是,中国人日复一日、月复一月地对他们的囚犯施加的是一个单一的道德主题的变化:在每个人都吃上第一碗饭之前,没有人应该得到第二碗饭。这种要求有一定的说服力,我强烈地怀疑几乎所有的美国人和中国人都重视这种要求。但是,一个人可能更看重的是能够以自己认为合适的方式处置自己的合法财产,在这种情况下,他们为人类设想的理想社会福祉将不同于那些以相反顺序看待这些价值观的人。

具体到目前情况,我希望在随后的各章中表明,从儒家的角度看,在当代的资本主义社会中,以个人自由的价值为

---

① 罗伯特·利夫顿(Robert J. Lifton),《思想改革与全面主义心理学》(*Thought Reform and the Psychology of Totalism*),北卡罗来纳大学出版社,1989。

荣这一做法将始终以扶贫（poverty alleviation）为代价。但只有在你一定程度上已经接受了社会（分配）正义的价值时，我才能让你认真对待儒家的立场，并降低你对自由（程序正义）的重视。如果没有前者，就不会有后者；如果你丝毫不关心对穷人困境的任何责任，我所有的努力都将是徒劳的。（所以，任何不关心贫困的读者也许现在就应该停止阅读这本书。）但这丝毫不意味着我根本不重视自由，虽然这个词通常很模糊，只是我怀疑它最常用的方式是用来维护不公正的现状，而不是实现社会公正，我高度重视社会公正，并愿意据此采取行动和投票。同样，如果你已经对自己的隐私权有了一定的重视，我也只能让你担心政府会以国家安全的名义侵犯我们的隐私。如果安全在你的排序中排在第一、第二和第三位，我的努力就会失败。但是，这又不意味着我的价值清单上没有安全。

把伦理分歧基本上看作是关于价值排序而不是替换的另一个优点是，它使人们更容易看到何时会出现经验性的或其他处于争执中的概念性问题。经济学家肯尼思·鲍尔丁（Kenneth Boulding）在几年前的开创性著作《形象》（The Image）中评论说：

> 穷人……容易显得很物质主义……富人则不容易关注物质，而是强调生活中"更精神"的方面。这种差异可能更多地是个人在该领域的地位的结果，而不是价值排序的差异。我们都倾向于高度重视在我们自己领域中稀缺的东西。穷人对物质的迷恋可能只是反映了他们的稀缺性，而不是反映

了价值取向的基本差异。①

因此,我们可以通过反思我们与他人的道德分歧,来理解价值排序概念的重要性。无论我的读者在堕胎问题上站在哪一边,我都强烈地怀疑他们和我一样,知道另一边有聪明的、完全正派的人,正如我在前面所建议的那样。为什么会这样呢? 一定是出于这样一个事实,即我们可以看到这些人的行为确实符合道德规范,但在某些领域,我们大家所持有的价值观的排序不同,并且/或者在相关领域有不同的信仰,其中之一或两者都足以指导他们在不同方向上的行动。对于安乐死、死刑以及一系列类似的道德问题,也可以说是非常难以统一解决的,无论我们选择做什么,都会导致不愉快的结果。我不知道有谁相信堕胎是件好事,我也不知道有谁相信限制妇女掌握她们自己身体是件好事。这里有一个道德的维度,在理论研究时很少被认真思考。我们强烈地倾向于相信,当我们做了一件道德的事,做了一件正确的事,我们就会促进善的发展。但事实却很少如此,大多数时候,我们最希望的是减轻恶。我们的价值排序并不局限于我们认为会促进良好发展的事物,而是同等地(甚至可能更为平等地)追求如何最好地减少坏的东西。我相信,在这里我们可以具体地看到,至少在某些领域存在着不可通约的可接受的道德准则:它们中的大多数会对价值进行不同的排序。我们都必须学会接受这样的认识,即有些问题可能无法解决,即使是"所有善意的人"都无法解决。基于价值排序

---

①Ann Arbor,密歇根大学出版社,1956,第51页。

的概念,我们希望最大限度地减少这种冲突,但也许不能(或许不应该)完全消除这种冲突。

我认为,应将一部分价值争议看作是重新确定价值的优先次序,而不是试图灌输或抹杀这些价值。这是因为我们首先要成为人,应更加容忍对方。当然,容忍是我们应该接受的一种价值,我猜想很少有人会将这点牢牢地放在首位,但我相信我的对话者与我持有许多相同的价值,我就更难对他们产生恶感。此举有助于我们未来的讨论,并增强了我们确实会进行的讨论的可能性,而非陷入更激烈的无休止辩论。换句话说,与反对"罗伊诉韦德案"①的人谈话是非常浪费时间的,因为他根本不重视妇女(在这种情况下)控制自己身体的权利。

---

①1969年,一位化名为杰内·罗伊的妇女和其他人一起向得克萨斯州限制堕胎的法令提出了挑战。该法令规定,除非因为维护孕妇的生命,州内一律禁止妇女实施堕胎手术。罗伊主张:得州限制堕胎的法令剥夺了她在妊娠中的选择权,因为她既无钱到可以合法堕胎的州进行手术,又不能终止妊娠,所以,分娩之后不得不将孩子交给了不知身份的人收养。得州限制堕胎的法令使得她无法自主地决定在什么时间、以什么方式、为何种理由而终止妊娠。被告得州政府在诉讼中辩称:生命始于受孕而存续于整个妊娠期间,所以,怀孕妇女在整个妊娠过程中,都存在着保护胎儿生命这一国家利益。宪法中所称的"人"包括胎儿在内,非经正当法律程序而剥夺胎儿生命是《联邦宪法修正案》第14条所禁止的行为。该案最终上诉到联邦最高法院。1973年,联邦最高法院以6:3的多数意见裁定,得州限制堕胎的法令过于宽泛地限制了孕妇在妊娠过程中的选择权,侵犯了《联邦宪法修正案》第14条所保护的个人自由,构成违宪。——译注

当然，不是每个人都优先考虑体面的道德价值观。因为有虐待狂和受虐狂，有精神错乱者和精神病患者，有严重的自闭症患者和反社会者。但有哪个没病的人愿意被认为是道德怪物？而虐待狂和精神变态者即使是在无罪的情况下，是否曾经吹嘘过他们的病情？几乎肯定不会。此外，我们排列的价值观念——从善良到勇敢的行为，从同情到决心、尊重、承诺、爱、慷慨、尊严、安全、诚实、自由等等——似乎在几乎每一种人类文化中都能找到。据我所知，人类学家还没有发现任何土著社会根本不重视尊严、爱、尊重、诚实等。当我们读到人种志，其中描述的行动在我们看来是残酷的或完全无情的，却没有受到谴责时，我们也会发现关于行为者必须不断应付的极端恶劣环境的描述。① 这适用于那些在老人病重或丧失能力时遗弃他们的部落，也适用于其他实行杀害女婴的部落，以及其他类似性质的情况。当文化生存受到威胁时，它几乎总是被赋予该文化中最高的价值等级。鉴于不得不生活在边缘的众多小型文化团体，所以肯定有理由接受这

---

① 见第 42 页注释①。关于这一概括的一个痛苦的例外，请看以下新闻报道。"CNN 的沃尔夫·布利策 (Wolf Blitzer) 问赞成废除奥巴马总统健康计划的众议员罗恩·保罗 (Ron Paul) ，如果一个决定不买健康保险的年轻人得了重病，他会建议怎样的医疗对策。保罗回答说：'这，就是自由的意义。'他似乎在说，如果这个年轻人死了，那是他的问题。有来自人群的欢呼声。布利策继续追问：'你是说社会应该让他死吗？'人群中有人大喊'是啊！'人群中也发出了赞同的欢呼声。"这篇文章的作者接着精辟地指出："不公正的社会必须改革其法律和制度。一个残酷的社会必须改革自己。"《国家》(The Nation) ,2011 年 10 月 17 日，第 3 页。

样的观点,即人类的态度和行为是有统一性的,他们中很少有人诉诸这样的极端。我把这些统一性称为全人类普遍性(homoversals)。

全人类的普遍性

由于每个社会都受到最终具有伦理性质或者至少具有伦理意义的社会规范的支配,因此,无论现在还是过去,几乎每个人都可以被视为持有大致相似的价值,无论它们在某些文化中的排列方式如何不同。或者说在我看来是如此,我因此将这些价值的全人类普遍性(homoversality),而不是它们的一般性(universality),当作一个工作假说(working hypothesis)。我通过铸造新词引入(homoversality,全人类普遍性)这个概念,并将其纳入我的伦理分析,且定义如下:全人类普遍性 = df(homoversal = df)。对于所有正常人类而言,心智上和生理上都是如他们所是的那样被构造的。

我曾在其他著作中[1]使用过这个概念,研究那些不能完全由物理的或文化的环境状况来解释的行为。后者是获得那些行为所需的必要条件,但不够充分,似乎需要更多先天的东西。最主要的例子是语言学习[2],但我们似乎在面部识

---

[1]《反对相对主义》,前引书。
[2] 诺姆·乔姆斯基(Noam Chomsky)最知名的一个主张。一个明确的表述(当然有很多)是《语言的思考》(*Reflections on Language*)。Pantheon Books,1976。

别①、个性辨别②、数字和音乐直觉③,以及我们寻求和给予爱、尊重、尊严等价值观引发的行为上也有一种同源的能力。我在其他著作中也曾论证过,精神冲动是另一种同源能力,但由于长期以来被形而上学和神学的宗教包袱所束缚很难被理解,我将在第八章中讨论这个问题。现在只需要说,因为似乎没有任何文化缺乏宗教元素,这一普遍性现象也为其同源性提供了一些证据。④

如果按照行为学的研究,我们把引发和塑造环境的刺激区分开来,可能更容易理解这些观点。当我们要训练一只小猫时,我们会以一定的方式组织它的环境,也许会采用一些奖惩措施。我们必须通过塑造环境来"教"小猫使用猫砂盆,进而塑造猫的行为。不过,当我们要跟猫玩时,不需要进行这样的教学和塑造,我们只要在它面前的地板上抖动一根绳子,它就会扑过来。第一次玩的时候,游戏就开始了。在这种情况下,

---

①有关最近的研究,请参阅马尔科姆·考德威尔(Malcolm Caldwell)在《眨眼》(*Blink*)中引用的尼希尼·安巴迪(Nehini Ambady)的许多著作。Back Bay Books, 2007。

②理查德·雷斯塔克(Richard Restak)在《美国学者》(*The American Scholar*)2011年冬季刊的《同理心和其他谜团》("Empathy and Other Mysteries")中进行了讨论。

③参见雷·杰肯多夫(Ray Jackendoff)和弗雷德·勒达尔(Fred Lerdahl)《音调的形式理论》(*A Formal Theory of Tonal Music*),麻省理工学院出版社,1981。

④休斯顿·史密斯(Huston Smith)和我本人的详细论述可在《是否存在普遍的宗教语法》(*Is There a Universal Grammar of Religion?*)中找到。罗思文和休斯顿·史密斯著,Open Court Pub. Co., 2009。

被抖动的绳子是一种触发性刺激,引起猫的反应,这是由其生物结构和组织所决定的;而所有猫的扑击行为都将是一致的(uniform),它们在生理上和心理上就是如此构造的。

我想提出一个合理的假设,即在价值领域也可以找到全人类普遍性特征。我使用一个(公认笨拙的)术语,因为我想把注意力集中在智人的生理特性和思想组织(最终是大脑)上,从而摆脱"一般"或"绝对"这样的术语。因此,举一些简单的例子,很难想象如果其他智慧生物是自我繁殖的话,它们对爱的重视程度也会和人类一样高。如果我们的后代在出生后的第二天就能自给自足,那么以"养育和抚育幼崽"为中心的责任和满足感就会完全不同,或许根本不存在。如果说看到人脸会引发我们的一种特定反应,那么看到一张痛苦扭曲的人脸也许会引发另一种特定反应,这种反应不亚于以遗传为基础的反应,在正常的照顾和培养环境下只受很小文化因素的影响。

全人类普遍性(homoversals)的概念要求我们在比较和对比不同的道德准则时,审慎检查将"他者"视为完全"他者"的看法,而价值排序的概念则使我们能够看到他们并非"和我们一样"。同时,我们也可以运用全人类普遍性概念来限制可接受的或适当的道德准则。任何违反或阻碍全人类普遍性原则发展的内容都不能列入准则。(如果每次小猫扑向扭动的绳子时,你都用卷起的报纸打它,最终它就会停止扑打,可能在其他方面也会变得不那么像猫了。)如果在一个孩子面前,所有成年人都一直戴着口罩,我们会预料到不久就会出现一个敏感不安的少年。

概念群(concept clusters)

26   我在整部著作中使用的第三个概念是"概念群",我希望这个概念在哲学中,特别是在伦理学中(以及在翻译和解释外国文本时)变得更加常见。每一种文化都有一个表示描述、分析和评价人类行为的核心概念的词汇表,无论是在很久以前还是今天,在当代英语中,该词汇往往围绕着"道德"一词,并包括自由、应当、权利、自由、理性、义务、选择、两难、恶、客观/主观、对/错、个人、责任、理性等诸多相关词汇。如果没有这些术语,就不可能用英语对道德问题进行当代讨论。还请注意,这个概念群与作为自由、理性、自主的道德行为者形象是多么地契合。不幸的是,为了尽一切努力加快对《论语》的道德认识,以上这些围绕"道德"概念的术语在古典汉语中都没有近似的词汇,因此,在一个非常重要的意义上,孔子不应该被描述为当代英语世界所理解的"道德哲学家(moral philosopher)",因为把我们现有的概念群强加于他的文本,最终只会把他看作是一个善意的布道者,甚至更糟的是把他视为一个糊涂的或无可救药的天真的思想家。而两千多年以来他作为一种文化智慧的代表很可能绝非如此。①

---

① 我在《反对相对主义》中首次提出了这一观点,同前引,其中包含参考。与此相关的是,有人批评我拒绝将一个概念归属于一个语言中没有术语的思想家或相关群组中的其他人。尤其见《反对相对主义》中的第十一章。

遗憾的是,直到最近,古典儒学还没有受到西方知识分子特别是哲学家的重视。除少数例外,它所受到的关注往往是相当具有批判性的,或者干脆是不屑一顾的。因此,好一些的时候,儒家的说服力被视为属于古代,还属于古董学的兴趣,但最坏的情况下,则认为它"不是真正的哲学",或者即使是,也是非常糟糕的哲学。

我认为,对早期儒家著作不屑一顾的主要原因并不单纯是欧洲沙文主义——虽然这一点肯定从未缺席——而是自由选择的个人自我的概念被简单地强加在文本上,此举几乎会使得这些文本显得天真到犯错,由此也就使西方学界将其弃于哲学之外。如果没有"应该""选择""两难"等术语,怎么能做伦理学呢?因此,我不应该感到惊讶,当像康德这样的主要思想家谈到孔子时,他说:

> 在他的著作中,没有教导任何学说……除了为君王设计的学说……与提供其他君王的例子……但德性和道德的概念从来没有进入中国人的脑袋。
>
> 为了达到善的观念……需要进行(特定)研究,而(中国人)对此一无所知。①

康德所说的一部分是正确的,在狭义上,《论语》并不是一

---

① 转引自秦家懿(Julia Ching)《中国伦理学与康德》("Chinese Ethics and Kant"),《东西方哲学》(*Philosophy East and West*),第 28 卷,第 2 期,1978,第 164 页。

本类似于我们现在西方意义上的道德哲学的书,因此我们必须努力按它自己的方式来阅读它,而不把我们的条件带到它身上。这是一个非常困难的要求,即使对于学者/翻译家来说,也不可能完全成功(其中一些人确实在他们的中文译文中引入许多当代英语词汇)。但这种尝试是非常值得的,因为《论语》中关于道德和精神的见解很多而且更深刻。因此,让我们把"道德"一词和随之而来的其他术语的概念群编在一起,因为其中许多术语在汉语词汇中没有相似的词。这样一来,读者可能会对其他的人和社会更加开放,因此,对承认人(即作为负担角色的人)的另一种视野也更加开放。

我将保留"伦理学(ethics)"这个比较笼统的术语,将其定义为对人类行为的描述、分析和评估,以及对其提出的批评所进行的研究。有时,我会把"道德(morals)"作为"伦理学"的同义词,但当我指的是围绕着这个术语的当代意义的概念群时就不是这样了。这个定义扩大了伦理学主题的范围,并使我们更普遍地接触到可能与我们或多或少不一致的观点,因此,当我们研究一个哲学或一个神圣的文本时,尤其是正在翻译或解释一个文本,或将一个文本与另一个文本进行比较和/或对比时,我们应该对所有善意的人提出一个基本问题:"如何能使一个高智商的正人君子接受这本书中所表达的对世界和/或人类的看法?"

让我再多说一点关于概念群的事情,以确保在关于如何处理与我们自己的预设不同的基本预设以及差异极大的语言的方法上,我们能够达成共识。即使在西方文化中,道德的概念群也是相当现代的。例如,在乔叟(Chaucer)的时代以及此后英国中世纪和文艺复兴时期,对人类行为的描述、分析和评价采用了诸如"效忠(liegeful)""无赖(varlet)""利益(sake)""被羞辱的(shent)""诺言(troth)""骑士的(chivalric)""恩惠(boon)""领区(soke)""奉承(sooth)""农奴(villein)""农民(churl)"等其他几项围绕着荣誉的概念群。

同样,印度的记载也使用了"法(dharma)""轮回(samsara)""莫克萨(moksha)""三昧(samadhi)""业力(karma)""婆罗门(Brahman)""苦(dukkha)""幻(maya)""阿特曼(atman)""无明(avidya)"等诸多术语。现在如果我们想进入我们的中世纪祖先的伦理世界,或印度教徒和佛教徒的世界,我们必须理解这些概念,并正确地使用术语来表示它们。换句话说,为了不是简单地学习,而是从其他文化中学到新知,我们必须努力让他们的"思想家"尽可能地用他们的术语而不是我们的术语向我们说话。①

我想说的是,当我们详细考虑本书的一个主要焦点,即何以成人的时候,我们也必须牢记这些内容,因为许多文化似乎并没有像我们一样在其受众中塑造出自我意识,他们和我们的语言及描述都清楚地表明了这一点。如果一个人把他的不幸境遇说成是他的法(dharma),视为他在前世轮回中的行为造成的业力后果,那么他的自我意识一定与一个农奴截然不同,后者把他生活中的悲惨事实归咎于有一个残酷的领主,而这个

---

① 关于这些主题的全面讨论,见安乐哲和我的《论翻译和解释》("On Translation and Interpretation"),载于在弗兰克·克劳斯哈尔(Frank Kraushaar)编辑的《东方》(*Eastwards*)中,Peter Lang,2010。

领主对他的领区进行剥削性管理,且从不给予恩惠。

我将在本书中做一些类似的事情。虽然"个人(individual)"和"人(person)"在普通话语中几乎可以互换使用,但我将前者的含义限制在被设想为自主的个人自我的人身上,而"人(person)"将指"角色承担者"。同样,虽然我在这里偶尔会把"道德(morals)"作为"伦理学(ethics)"的同义词,但我更多的时候是把它作为当代道德哲学概念群的定位词,如上所述,而且我也不会以这种方式使用"伦理学"。

关于概念群的最后一点评论,可以与先前关于价值排序的讨论联系起来。一种语言经常会有一个术语来代表相互接近的几个价值群,这可以告诉我们关于该文化的一些重要信息,特别是与具有不同词汇的文化相比。在西方,礼貌和道德都很受重视,但不道德比不礼貌要糟糕得多,所以我们要小心翼翼地使用适当的术语作为描述词。

但是,在中文中"礼"(在第八章中将讨论)用于描述同一不端行为的连续严重性。在中文里围绕着"孝"相似概念的价值群,通常简单地翻译为"孝顺"。我和安乐哲在翻译那部以"孝"为名的经典时,则将其译为"家庭敬畏(family reverence)",但这个词也包含了爱、服从、忠诚、感激和尊重等价值①,因此任何对"孝"的翻译都有可能被目标语言的母语使用者误解(尤其参见第六章)。另外,当我们用"身体"这个词来指代我们的肉体人格时,中国人却有(至少)五个概念:身、体、

---

① 《中国家训》(The Chinese Classic of Family Reverence),夏威夷大学出版社,2009。

躯、形、躬。① 对概念群的敏感性可以提高我们在不同语义环境下对意义和解释的细微差别的认识,从而使那些对相应语言不熟悉的人能够更近距离地解读它。

道德准则的适当性限制

最后,我们可能不得不说,任何要求认可"肆意残忍的行为应该得到奖励"这样主张的制度,作为道德准则是完全不合理的,即使支持这一主张的信仰体系的逻辑是无懈可击的,因为可以想象,如果这样的一种主张声称是道德的,那么英语中相反的术语"不道德的"就完全失去了意义。

但在所有不太极端的情况下,我们在评价道德信仰体系时采用的合理性标准,应该与我们在更直接的认知领域所采用的标准相差无几。如果道德多元主义要在元伦理学层面上作为一种可行的哲学立场得到认同,它就不能允许走下万事皆可的盲目相对主义的滑坡,而必须寻求建立标准和约束,以勉强界定一套可接受的伦理准则,这些准则符合适当性条件(adequacy conditions),在认知上不亚于规范上的合理性,并因此被视为可接受的准则,尽管这些准则可能在某些或许多方面与其他

---

① 这些名词我都在《论古典儒学中生理死亡的非终结性》("On the Non-Finality of Physical Death in Classical Confucianism")中进行了解释,载《东方学报》(*Acta Orientalia Vilnensin*),2007 年第 8 卷第 2 期。我们还可以就此注意到,如果至少有五种方式可以命名我的身体,那么仅从关系上看我自己应该是相当容易的;另一方面,如果有一个本质上的我,它是我的五种身体中的哪一种?

准则不同。黄百锐在他的《自然道德》一书中已经精心而细致地做了这方面的工作，我请有兴趣的读者参考，因为对这些条件的详细说明远远超出了本文的范围。① 在此，我只提出我自己的一个粗略的纲要，即道德多元主义除了向盲目的相对主义敞开大门之外，还能有什么其他的意义。作为一套可能的适当性限制，供讨论的初始近似值（first approximation）包括：

一、道德准则是一个群体所认同和遵循的，并有其拥护者；

二、准则可以被阐明并探讨其意义；

三、准则有能力抵御挑战，并至少有一套专门阐述该准则的文献（书面或口头）；

四、准则的经验性内容必须对所有的人来说都是可信的。

五、准则的内部应该是一致的，它的几个要素应该是融贯的。

六、准则必须有自我修正的知识资源。

七、准则至少应该对其他一些守则的遵守者有一定直观的吸引力。

八、具体问题具体分析，上述标准中的其中之一可能会基于非循环论证而被放弃。

九、该准则不能与任何全人类普遍性准则相冲突或背离。

---

① 《自然道德》，前引书。第二部分的所有内容都是关于这个问题的。

几乎可以肯定的是,这份清单必须加以扩大、澄清和修改;还必须表明这份清单及其辩护并不取决于只体现在现代西方哲学中的推理模式。这只是一个粗略的、现成的初始近似值,而且是一般性的,但我认为它有足够的实质内容,可以为跨文化的道德对话提供一个初步的概念基础,而我们日益缩小和日益脆弱的地球正使这种对话势在必行。要想完善适当性标准,就必须使我们与本工作的基本思想保持一定距离。我在此提出这些可能的充分性道德规范标准,只是为了表明彻底的相对主义不一定是伦理学多元主义的"滑坡"后果。我再次请读者参阅黄百锐的书以获取更多详细信息。

同时,我们还可以做一些简短的补充评论,以提高我们在这里思考可接受的道德准则而不是"唯一真实的道德"的可取性。首先可以指出,在上一章开始讨论的更纯粹的认知领域,这九条准则/约束都会在判断信仰的合理性和充分性方面占有一席之地;尽管最近分析哲学工作的主旨已经从理性转向合理,但在语言学、形而上学和认识论的哲学工作中,仍然需要清晰和严谨。

当然,一个新的形而上学或认识论的主张在第一次提出时,不会符合第一条标准,第二条和第三条标准在时间上受到限制。标准四和标准五同样直截了当地适用于认知领域和规范领域。第六条是直接的:任何领域的信仰体系如果没有自我修正的能力,都不可能在变化的世界中长期生存。第七条之所以与众不同,是因为它不应该成为哲学主张合理性的必要条件,但至少可以说,如果该主张对任何人都没有直观的吸引力,那么它被认真考虑的概率就等于零;或者说至少在我看来是这样。第八条只是说这些约束是标准,而不是高高在上给人类的戒律。而第九条则是作为不可接受的准则的标志。

我相信(但我不会在此努力辩护)就"合理性"的定义而言,这些充分条件的合理性并不是循环论证,因此可以制止道德上的宽容成为道德上无法容忍的。一些道德准则声称可以接受,但会发现并非如此。但其他一些真正与之相冲突的准则,即使它们都是同一文化遗产的一部分,甚至可能被邻居所认同,却通过检查。肯定存在(至少)两种符合所有限制条件的准则,但在一些政治和道德问题上(例如堕胎)却存在完全相反的要求。

在这一哲学大背景下,我们现在可以谈谈本书的一个重要主题:个人自我的概念。

Chapter 3

On the Existence of the Individual Self, and Self-Identity

第三章

论个人自我的存在与自我认同

在我们的语言中,最具有误导性的表述技巧之一就是使用"我"这个词。

——路德维希·维特根斯坦①

个人自我观念

基于理性自我意识的个人自我观念,是西方思想史上最根深蒂固的"建构"之一。从其起源于古希腊的灵魂三重性,到犹太教-基督教的统一版本(unitary version),其中它在塑造我们的意识方面扮演着主要角色,这种自我意识包括:我们是谁,我们是什么,因此我们应该如何生活,如何与我们的同伴互相交往,以及如何塑造我们共同生活的制度。

但是,如果个人自我是一种幻想,那么以它为基础概念的道德和政治理论很可能是错误的,因此,我们可能需要一些新的(或非常古老的)想法,来了解我们是谁,我们是什么,我们应该如何生活,如何与我们的同伴互相交往,以及如何塑造我们共同生活的制度。那么,本章的目的是让读者接受这样一种

---

① 《哲学评论》(Philosophical Remarks),芝加哥大学出版社,1980,第57期。

可能性,即他们不再是以往他们被引导相信自己所是的那种"人"。

在其现代形式中,个人自我概念来自约翰·洛克(John Locke)。他对"灵魂"这个概念并不十分关注,但他在理论上确实依靠上帝,把神学与政治理论联系起来,并颁布了所有人生而平等的观念,他在《政府论(下篇)》中有力地论证了这一点:

> 人的自由和依照他自己的意志来行动的自由,是以他具有理性为基础的,理性能教导他用以支配自己行动的法律……如前所述,人按其本性都是自由、平等和独立的……①

这种自由平等理性的个人自我观念成为现代西方道德哲学和政治理论的基础概念,并且在社会科学和行为科学中也有很大的影响,从弗洛伊德到韦伯,再到米尔顿·弗里德曼(Milton Friedman)和兰德智库(RAND Corporation)理性选择理论的发展。尼克拉斯·卢曼(Niklas Luhmann)对这一焦点进行了概括:

> 社会学理论……将历史视为个人主义不断增进的过程。其经典著作中包含了围绕这一点而建立的重要理论:社会分化的加剧导致符号框架的日益泛化,这使得越来越需要重新明确情境、角色和活动,这就导致人类的个体性

---

①Prometheus Books,1986,第 36 页。[中译参考洛克:《政府论(下篇)》,叶启芳、瞿菊农译,商务印书馆,1964,第 39 页。——译注]

越来越强。①

社会学家和其他思想家发展的许多理论都以不同的方式对个人进行了定义。对弗洛伊德来说,或多或少是生理上的自私自恋(self-absorbed);对资本主义经济学家来说,则倾向于颂扬这种自私(self-ishly),而托克维尔则对此表示担忧;爱默生和其他协和派超验主义者则将其看作是自我依恃和自我表达;或者是严格理性的利润最大化的大脑实体;或是取自一些乌托邦意识形态的自我沉溺的利他主义自我。但是,他们的个人主义都曾假设人是完全不同的,并且如果不是孤立的话,都能够在很大程度上被描述、分析和评价;并且,最终是价值、尊重和尊严的基本对象。尽管其中一些人之间存在重大差异,但我将把它们全部称为个人主义的变体形式。

所有形式的个人主义,其另一个共同点是自由概念的中心地位,因为自由首先体现在个人的自我之中。对许多政治思想家来说,社会不过是个人的集合体,因此,除了绝对的必要(为了安全)之外,不得限制个人按照自己的意愿选择、生活以及按照自己认为合适的方式使用财产的自由。另一些思想家则接受合作是必要的,个人至少在一定程度上是通过与他人的自由联结而成为他们自己,因此认为社会的任务是最大限度地允

---

① 《个人的个性》("The Individuality of the Individual"),载《重构个人主义》(*Reconstructing Individualism*),海勒(T. C. Heller)、莫顿·桑莎(Moirton Sonsa)和大卫·韦伯里(David Wellbery)编,斯坦福大学出版社,1986,第313页。

许个人按照自己的意愿生活,而不会受到他人强制的外部压力,而这些压力对社会的维持是不必要的。这两种立场都是可以辩护的,所有可能存在于其中一种或另一种立场中的道德观和政治理论,都是以作为做人的基本定义的个人自我概念为基础的。

不过,如果用"定义"这个词,可能会有误导性,因为我们对人的总体看法很少是以严格的定义来正式描述的,而更多的是以笼统的、主观的方式来描述。在本书中,我同样关注的是对人的定义和对人的愿景这两个方面的对比。例如,这里有两个相当不同的形象,基本上说明我们身边的人是什么样的。第一个相当简短:

> 今人乍见孺子将入于井,皆有怵惕恻隐之心。非所以内交于孺子之父母也,非所以要誉于乡党朋友也。……由是观之,无恻隐之心,非人也。①

另一个更长、更生动的例子是:

> ……人的非社会的社会性(unsocial sociability)……是与一种不断威胁要分裂这个社会的普遍抗拒连结在一起……他具有一种离群(孤立)的强烈倾向……期待到处都会遇到抗拒,因为在了解他自己时……他知道他也倾向于抗拒别人。正是这种抗拒唤起了他的所有力量,推动着他去克服自己的懒惰倾向,并且由于虚荣心、权力欲或贪

---

① 《孟子》,前引书,2A6,第82页。

婪心的驱使而要在他的同胞们——他既不能容忍他们,又不能脱离他们——中间为自己争得一席地位。于是就出现了由野蛮到文化的真正的第一步……那么,为了这种不合群性,为了这种竞相猜忌的虚荣心,为了这种贪得无厌的占有欲和统治欲,让我们感谢自然吧!①

简而言之,第一句话强烈地表明我们不是孤立的人,我们对彼此的本能基本上是社会性的,需要加以培养。第二句话让人联想到一个相反的形象:我们的本能是强烈自私的和反社会的,但通过使用理性,它们可以而且必须得到控制。

这些名言不是我随意选择的。每一个中国的学生都知道,第一句话出自儒家的"亚圣"孟子,它自公元前 3 世纪首次提出以来,对中国思想产生了深远的影响:人只有和其他人在一起才有可能成为人。我将在本书后半部分从角色承担者的角度来推进这种做人观。

另一个引文虽然只有两个多世纪的历史,但它表达了自那时以来非常广泛的观点。人们徒劳地寻找一个更好的理由来证明竞争性资本主义经济制度以及随之而来的政治和道德。它是康德写的,当然也清楚地说明了为什么他如此专注于纯粹

---

① 康德:《世界公民观点下的普遍历史观念》("Idea of a Universal History from a Cosmopolitan Point of View"),见《历史理性批判文集》(*In History*),路易斯·怀特·贝克(Lewis White Beck)译,Bobbs-Merrill Library of Liberal Arts,1981,第 15—16 页。[中译文参考康德:《历史理性批判文集》,何兆武译,商务印书馆,1990,第 6—7 页;以及《康德历史哲学论文集》,李明辉译,联经出版公司,2013,第 9—10 页。——译注]

的和实用的理性,以及为什么休谟的情感主义一定会让他吓得不轻。我在本章和下面的两章中所反对的正是基础个人主义所反映的这种做人观。

虽然康德的观点写得较晚,但康德的愿景在洛克所定义的人性概念上也很明显。它完全是抽象的,但是从那以后一直具有惊人的影响力(我们现在可以看到为什么),尽管它在当时或现在都与现实相差甚远。但是通过援引上帝,洛克能够坚持认为人类不能完全用对立的眼光来看待,因此反映出一种孟子式倾向,并论证了父母与子女间的义务关系(encumberedness)。如果把神性加以悬搁,孔子绝对会赞同上述观点。

> 上帝赋予父母养育,保护和抚养后代的义务……同时也赋予孩子永久孝敬父母的义务,这义务蕴含着内心的敬意和敬畏,并通过一切外在的表现来表达,限制子女做任何可能伤害或侮辱、扰乱或危害赋予其生命之人生活幸福的事情。①

换句话说,洛克很清楚,在生活中,我们并不是"自由、平等、独立"的,但他和他的继任者们在构建人类的道德、政治、经济模式时,却拘泥于抽象而非体验性,这反过来又决定了表面上最能表达我们人性的制度。而康德的尚未理性的生物(Kant's not-yet-rational creatures)隐藏在背景里的不远处。

---

① 《政府论(第二篇)》,前引书,第 38 页。[参见前引中译本,第 41 页。——译注]

在更近的当代,约翰·罗尔斯(John Rawls)在他的《正义论》中毫无疑问是我所谓的个人主义者,和康德一样,他依靠理性来推导他的国家政体,这在他的"正义第一原则"的陈述中很明显。"每个人对与其他人所拥有的最广泛的平等基本自由体系相容的类似自由体系都应有一种平等权利。"①他的自由主义批评家诺齐克(Robert Nozick)也是个人主义者,因为后者在其《无政府、国家与乌托邦》的序言中开篇就说:"个人拥有权利,有些事情是任何人或团体都不能对他们做的(做了就要侵犯到他们的权利)。"②但罗尔斯也受到了来自社群主义方面的尖锐批评(而且批评得很好)。除了少数主张关怀伦理的女权主义者外,与其他大多数哲学家相比,迈克尔·桑德尔(Michael Sandel)与儒家的共同点要多得多,但在我的感觉中,他也是一个个人主义者:

> 在咨询我的喜好时,我不仅要衡量它们的强度,还要评估它们是否适合我这个人。我在斟酌的时候,不仅问我真正想要的是什么,而且问我到底是谁,最后一个问题让我超越了对我欲望的关注,而反思我的身份本身。③

阿拉斯代尔·麦金泰尔(Alasdair MacIntyre)是一个与桑

---

① 哈佛大学出版社,1971,第 220 页。
② Basic Books,1977,第 xix 页。
③《正义与善》("Justice and the Good"),见《自由主义及其批评家》(*Liberalism and its Crities*)迈克尔·桑德尔(Michael Sandel)编,纽约大学出版社,1984,第 171 页。

德尔非常不同的社群主义者,但是,他也将自己的研究建立在个人的概念上:

> 这些美德发现它们的重点和目的不仅……维系着个人生活的形式,在这种形式中,个人可以把自己的善作为整个生活的善来追求,而且还维系着那些为实践和个人生活提供必要的历史背景的传统。①

这些观点为每一个思想家提供了不同的自我意识,但在本体论上它们是一体的:个人自我就是我们之所是(what we are),这个概念是我们所有伦理研究及其政治对应物的隐含前提。

基础个人主义

今后我将把这种非常普遍的观点称为基础个人主义(foundational individualism)。因为不同的哲学家和社会科学家对它的含义确实有许多不同的说法,我必须结合个人自我的概念对它的情况多说几句,在这个概念中,形容词和名词应同时使用。

正如我已经说过的,我们相信成为一个人意味着什么,在很大程度上影响着我们所形成的道德直觉,这种直觉对我们赖以生存的道德观,以及对我们希望生活在其中并认为是最公正

---

① 《正义与善》,见《自由主义及其批评家》,迈克尔·桑德尔编,第145页。

的政体观念有很大的推动。不幸的是,在政治上以及道德上有很多观念都处于危险之中,例如,19世纪浪漫主义者认为由于所有的人在根本上都具有表现力,因此任何对他们的侵犯都是"反人类的",或者如果我们是资本家,任何政府对个人(和公司)牟利的限制都不利于生产服务于人类的产品。这两个例子都反映了对遏制政府控制的关注,但是,除了基本的个人主义之外,它们无论是在论点上,还是在其基础上都有实质性的不同。

简单分析一下个人自我的概念,从总体上看,"个人的(individual)"这个部分基本上是个我的(personal):从我们的名字到我们的血统,再到我们居住过的社区;我们的性偏好和性别、母语、公民资格等一切都会决定我们的身份。但是,我们也是作为自我(selves)的个体,这并不仅仅意味着我们可以从他者中独立出来(如果不是别的,就是通过物理位置)。而是在哲学上意味着,作为人,我们也拥有洛克所描述的使我们值得尊重的抽象属性——矛盾的是,这也是与所有其他个体自我共有的属性。①

为了使这一概念在道德和政治上成为一个强有力的概念,正如我们已经指出的那样,首先必须将赤裸的自我稍微充实起来。我们都是社会性的生物,受到与我们互动的其他人的强烈影响,这一点一直被各方所承认,但很少有人认为在道德和政

---

① 尊重,是的。但作为我们日常生活的描述词,它却很失败。至少对我自己来说,我很少是自主的,因为我无论做什么事都必须考虑到别人;是受累的(而不是自由的),因为有些事我必须做;我很少完全理性地做出一天的"选择",即晚餐做意大利面还是猪排。

治(以及形而上学)的层面上具有任何真正的后果。对于大多数基础个人主义者来说,我们的社会自我也不可能具有令人信服的价值,因为我们的具体环境大多数是偶然的,因为我们没有对它们行使任何控制权——即我们的父母是谁、我们说的母语、我们的公民身份,等等。因此,必须赋予人类作为个体自我的首要价值、尊严、完整和重要性的东西(也是必须得到所有人尊重的东西)是他们有目的性的行动能力,有自我管理的能力以及自我意识,即他们必须有自主性(autonomy)①,当然,为了自主性,人类必须是自由的②,而且是理性的③,即不只是受本能或激情的支配。

这种在道德上、政治上和形而上学上被充实的自我概念是

---

① 理查德·林德利(Richard Lindley)1986年在Humanities International Press(Atlantic Highlands, NJ)出版的这本书对自治进行了详细分析。毋庸置疑,林德利只从基本的个人主义意义上讨论了这个问题。对于理解其他可能性而言,更有希望的是约翰·特拉法根(John W. Traphagan)的《反思自主性》(Rethinking Autonomy)(SUNY Press,2013),以及艾琳·麦卡锡(Erin McCarthy)的《道德具身性》(Ethics Embodied)(Lexington Books,2010)。比起自主性,她更注重具身性,但她还是有近似于特拉法根的结论(他们都是日本思想的学生):"在我所捍卫的自我模型上,人类与彼此和周围的世界有着错综复杂的关系。"(第99页)黄百锐的说法很有趣:"对于儒家来说,自治是一个成就术语,那是一种很罕见的成就。"《关系性与自主性的自我》("Relational and Autonomous Selves"),载《中国哲学杂志》(Journal of Chinese Philosophy),第31卷,第4期,2004年12月,第426页。不过,我怀疑"自主性"这个词的意义是否可以这样扩展。
② 见下文第四章第四节。
③ 见上文第一章第一节。

一个自由的、理性的、自主的个人,这种说法显然是几乎所有现代西方道德和政治理论的基础,从霍布斯、洛克和康德到马克思、边沁和密尔,再到罗尔斯和他们的拥护者,甚至延伸到大多数当代的社群主义者和/或女权主义者,即使后两类人更能体会到他人对做人进行充分说明的重要性。如果我们没有履行责任和义务的自由,我们就谈不上责任和义务。如果仅仅是本能驱使我们履行职责,我们就无法得到尊重(如果说我们有义务做爱或撒尿,那是废话)。除了能够履行职责外,我们还必须能够选择其他方式,否则我们将无法自主。我们怎么能谈论责任、义务、民主、权利等,而又不假定负有这些责任和义务,并享有一些基本权利[1](例如包括选举权)的自由、理性、自主(通常是自利)的个人呢?

因此,至少就道德或政治目的而言,我们具体是谁似乎并没有任何区别,因为如果我们把对人的定义集中在这种抽象的个人主义方式上,那么似乎可以得出这样的结论:在思考我们应该如何与我们的同伴打交道时,我们必须自相矛盾地忽略他们的具体性、个人的个性,取而代之的是尽可能地抽象和概括地看待自我。如果每个人都具有与个人自我概念相关的自由、理性和自主等备受重视的品质,而正是这些品质我们必须始终予以尊重,那么,除了一些小细节之外,他们的性别、年龄、民族、宗教、肤色等等,都不应该在我们决定如何与他们进行道德和政治交往时发挥任何重要作用。不仅仅是因为这些品质对我们每个人来说都是偶然的;撇开细节不谈,它们也是无关紧

---

[1] 这是第四章第四节的主题。

要的。因此，从这一点来看，我们似乎有责任为我们的道德和政治寻求在任何时候都适用于所有人的原则，否则，建立一个没有群体冲突、种族主义、性别歧视、仇视同性恋和种族中心主义的和平世界的希望就永远无法实现。

　　这是支持接受规范意义上以及描述意义上个人自我概念的一个强有力论证；这是当今几乎所有自由派和保守派基本认同的极少数观点之一，尤其是在美国。你应该把人定义为自由的、理性的、自主的个体自我，无论这是不是小小的警告(minor caveats)。（下一章主要是讨论为什么我们不应该这样定义人，及为何其他的说法更容易建立公正和平的社会。）

　　对这种人类道德观的影响（对美国法律制度也有不小的影响）最大的哲学家是康德，他的很多道德体系都建立在他的"我"的概念上。根据康德的观点，第一人称代词"我"的使用所伴随的自我意识是一个定义性的假设，它通过赋予人类持久的身份和控制感，将人类提升到高于所有其他形式的生命之上。事实上，对康德和其他许多人来说，"我"是人类尊严所依赖的自治感的基础。

> 　　人意识到自我概念这一事实使他无限地超越了生活在地球上的所有其他生物。正因为如此，他是一个人格；凭借这种意识的统一性，他保持为同一个人格，尽管他可能遭遇到所有的变故……他享受这种优越性，即使他还不能说出他的自我，尽管自我已经存在于这种思想中，正如所有的语言在以第一人称说话时都必须想到自我，即使这一语言并不用一个特定的词来指称这种自我概念。这种

(思维的)能力就是知性……起初孩子只是感觉到自己,而现在他开始思维自己了。① ……("我思"必须能够伴随我的一切表象;因为如若不然,在我里面就会有某种根本不能被思维的东西被表象。②)

但是,单独的人称代词"我"本身并不向我们提供某物的概念,也不提供其他东西的概念。它是一个语言实体,是一个索引词,它将我们指向一个特定的情境,比如"现在""这里""那个",在这个情境中,"我"的语句发生了。因此,让我们暂时从哲学中退出,转而从心理学的角度出发,以更个人化的方式来思考这个"我":我真的认为我拥有一个个人自我吗?

我是谁?

很多时候,我对自己最确定的事实莫过于我有一个自我。这的确是一个个体的自我,而且是完全独一无二的,因为没有

---

①《实用人类学》(*Anthropology from a Pragmatic Point of View*),V. L. Dowdell 译,Southern Illinois Press,1978。[中译文参考康德:《实用人类学》,《康德著作全集》第 7 卷,李秋零译,中国人民大学出版社,2008,第 119 页,译文有改动。——译注]

②诺曼·坎普·史密斯(Norman Kemp Smith)翻译的《纯粹理性批判》(*Critique of Pure Reason*),第 16 节,《论统觉的源始综合的统一性》。Palgrave Macmillan,2003。[中译文引自康德:《纯粹理性批判》,李秋零译,中国人民大学出版社,2004,第 118 页。——译注]

人和我有同样的历史,也没有人有同样的希望、恐惧、梦想、喜欢和不喜欢、优点和缺点,最重要的是,我的记忆。我觉得我绝对肯定自己是一个不同于其他任何个体的自我,虽然我肯定经历了变化,但本质的、基本的我还是一如既往。而且我相信(愿意相信)我是自由的,我在大多数时候都是为自己做决定的,因此是自主的,而且当我做决定时我会很理性。因此,康德一定是对的。

直到我开始更仔细、更深入地思考。

在经过几次徒劳无功地努力向自己描述我的独特性之后,我开始回想起洛克最杰出的经验主义继承者和康德的前辈苏格兰思想家大卫·休谟的观点。休谟不加赘述,他非常认真地对待经验主义的基本原则,即所有的知识都来自感性经验,由此必然得出,我们不可能有关于自己的知识,因为这就要求我们同时是经验者和体验者,而这是不可能的。持这种观点的并非只有休谟一人。例如,罗德里克·齐硕姆(Roderick Chisholm)已经表明这点,让-保罗·萨特(Jean-Paul Sartre)和鲁道夫·卡尔纳普(Rudolf Carnap)①等其他不同的哲学家也持有这种观点。以自传体的形式,休谟报告说:

---

①《人与物》(*Person and Object*),George Allen & Unwin,1976,第23页。齐硕姆自己认为他可以认识自我,但却是通过一个相当曲折的定义和逻辑,如果我没有看错的话,其结果似乎是"我认识具有'与我相同'属性的个体概念",参看第28页。但即使某种程度上是正确的,齐硕姆所确立的最多最大结论是他是他,而不是他是谁。尽管我对他的一些结论有异议,但是,我还是向每一个关心西方哲学史上这些问题的人推荐齐硕姆的书。

就我而论,当我亲切地体会我所谓**我自己**时,我总是碰到这个或那个特殊的知觉,如冷或热、明或暗、爱或恨、痛苦或快乐等等的知觉。任何时候,我总不能抓住一个没有知觉的**我自己**,而且我也不能观察到任何事物,只能观察到一个知觉。……如果有任何人在认真而无偏见的反省之后,认为他有一个与此不同的**他自己**的概念,那么我只能承认,我不能再和他进行推理了。我所能向他让步的只是:他或许和我一样正确,我们在这一方面是有本质上的差异的。他或许可以知觉到某种单纯而继续的东西,他称之为**他自己**,虽然我确信,我自身并没有那样一个原则。①

休谟对其他很多东西也持怀疑态度,包括道德的基础:

"我们可以得出结论,道德并不是理性的一个对象。"……由此可见,我们必须体会到,我们可以**相信**我们的道德是正确的,但不能**知道**它是正确的,因为理性不能为我们产生它;我们的道德行为最终是以我们的情感(激情、情绪)为基础的:"因此,道德宁可以说是被人感觉到的,

---

① 《人性论》(*A Treatise of Human Nature*),Penguin Books,1985,第299页。休谟在这段话中是以认识论而不是以本体论为导向的,但就我们的目的而言,其含义是相同的。[中译文引自休谟:《人性论》,关文运译,商务印书馆,1980,第282页。——译注]

而不是被人判断出来的……"①

正是读了休谟关于知觉、知识、因果关系特别是道德的这些类似的论点,才使康德"从教条主义的沉睡中醒来",正如他自己所描述的那样。因为除其他原因外,他坚信道德律的普遍性。但是,如果道德是建立在情感的基础上,那么道德就没有希望在任何时候对所有人都具有约束力,因为众所周知,人们的情感(情绪、激情)在对他人的感觉和对他人的喜欢和不喜欢、宗教信仰等方面都是千差万别的。但每个人都有理性的能力,康德认为,因此,如我们所见,必须有一个"我",然后才能经历。因此再一次地,休谟错了。

但是是什么让他错了呢?在非哲学的层面上,诚然,我很难不相信,有一些非常基本的东西决定我之所以是我,没有这些东西,我就不会是罗思文,也不会是其他人。然而,我越是想准确或清晰地说明那东西是什么,就越是难以做到。我究竟"拥有"什么,使我成为我自己,而不是别人?

请注意,我试图回答我是谁的问题,是指我自己(一个反身代词),而不是指其他人。第一人称和第二人称或第三人称模式的认同是有区别的。当我们提出这个问题时,试图对自己回答这个问题并不等于向他人或为他人认同自己。当参加政治调查

---

① 《人性论》,第 522 页。[此段引文引号内部分是直接引用休谟《人性论》,其余部分应该是间接引用,在《人性论》原文中找不到对应段落。引号内直接引用的两句参见中译本休谟《人性论》,关文运译,商务印书馆,1980,第 508,510 页。——译注]

时,我倾向于说"民主党人",在棒球调查中,我倾向于说"小熊队球迷",对移民官说"美国人",在被问及职业时说"教授"。所有这些都能在特定的目的上正确地识别我,但是显然,这些例子本身就不能很好地帮助您识别唯一的我——正如这些例子本身所表明的那样。这些谓词不仅不能非常具体地识别我,而且似乎我也不会因为改变其中任何一个或所有的谓词而失去任何关于我自己的本质——我是谁,而不是其他人。我可能会放弃民主党而转投共和党,或(更可能)转投社会党,抑或改变对红袜队的效忠,甚或辞去我的学术职位,以及进入或离开其他任何数量的团体,但我仍然相信有一个基本的我和以前没有任何变化,只是现在在次要或第三等方面有所不同。困扰我们的问题仍然是:具体来说,是谁改变了政治忠诚度,或者加入了红袜队(小熊队的球迷可能也会问我为什么),或者放弃了教授职位? 或者说:为什么我们认为自己知道我们在这种转变中没有发生根本性的变化?

乍一看,我们可能会倾向于通过参考我们的许多记忆来确定我们独特的个性。没有人可以拥有和我完全相同的记忆。然而,每个人都有大量的记忆储存,所以我们可能需要用一种更聚焦的方式来重新表述这个问题:哪些记忆让我成为了我? 在我追问这个问题的时候,如果我的读者把自己放在我的位置上,将非常有助于理解这个问题,因为我在报告自己的同时,大部分时间都在质询你。

你是谁?

所以我问:你是谁? 为我描述一下你的独特之处;你与别

人有什么不同？我猜想你在尝试回答时将会感到困惑，至少在一开始，就像我一样，当你开始意识到将可能的"你"的集合缩小到你是其中唯一的成员的极端困难时。你可以说："是我的记忆让我成为了我，独一无二的我；别人不可能拥有我一模一样的记忆，即使我有一个同卵双胞胎也不行。"我可以准许你这么说，但这并不能回答关于你认为你是谁的问题。想想看，作为一个快速的格丹克（Gedanke）实验，你的整个记忆库可以被检查，它的内容也可以被列举出来，而你能实际回忆到脑海中的记忆正是这个庞大库存中每个第1250项的总和。由此可见，如果你把你的自我身份与你的记忆基本联系起来，那么每个第1250项记忆位的集合就是独一无二的你。但随后，你遭受严重的电击，你的记忆发生了变化，你根本无法再调用记忆位中的任何一个，但是取而代之的是，现在每个第7735项记忆位都可以被意识到。你认为你会成为一个完全不同的人吗？为什么是或为什么不是呢？

当然，我们强烈认为，除了变老的过程之外，我们在生命的不同阶段并不是非常不同的人，或者说有不同的记忆。想象一下，一个50岁出头的人思考如果他不是去了法学院，并在接下来的25年中成为一名执业律师，他可能会做什么。虽然细节会有所不同，但我猜想很多人都曾这样自然而然地想象过自己可能走过的其他道路。但是，再深入思考这个问题，就会发现，设想如果你没有成为律师，可能会有什么希望、梦想、恐惧或期望是没有意义的，因为你确实成为了律师，你过去25年的律师生活对你现在的希望、梦想、恐惧和期望产生了深远的影响，但如果你不走你所走的路，就不会有这些希望、梦想、恐惧和期望。所以,如今你设想当初的其他可能性,真的没什么意义。

如果这一点不清楚,至少部分原因是"我"给我们每个人施了心理咒语。无论自我认同多么难以捉摸,我们似乎都确信我们有一个自我认同。很多人在人生的某个或某些阶段都会说和想:"如果让我重来一次……"然后设想另一种生活。但那就不是他们的生活,而是别人的生活。就我自己而言,我可能会对着时光中弹回的自己想:"好吧,我当过海军陆战队队员,结过婚,帮着养家糊口,当过教授;去过那里,做过那个,现在我要做别的事。"但无论我现在可能幻想做什么,都不可能是我做的,因为罗思文曾是一名海军陆战队队员,结了婚,帮着养家糊口,成为了一名教授,而他现在所想做的一切或做的一切,都受到了他所过的生活的深刻影响。

如果这看起来仍然很奇怪,至少部分观点可以由神经精神病学家理查德·雷斯塔克(Richard Restak)解释,他写道,最近的研究表明大脑是动态的而不是静态的,"它在我们的整个生命周期中不断变化"。"我们可以认识到这一见解的真实性,"他接着说,"当我们毫无乐趣地重读一本曾经喜爱的书,并想知道以前是什么吸引了我们。……我们第二次没有享受到这本书,因为,由于大脑一生的可塑性,相比第一次读这本书时,我们已经是不同的人"①。

---

① 《同理心及其他奥秘》("Empathy and Other Mysteries"),前引书,第50页。另见《研究表明,您不会保持不变》("You won't stay the same, study shows"),《纽约时报》,纽约版,2013年1月4日,第A15版。

但我们不必只关注自我认同的这个幽灵般的我:什么样的个人自我是一个彻底的失忆者?或者想想阿尔茨海默病患者。在最近一本关于这个问题的书中,苏·哈珀恩(Sue Halpern)指出,当疾病的迹象开始显现时:

这时候你就开始说某人不是她自己。我们甚至对自己说这句话,但这怎么可能呢?……除了你自己,你怎么能成为任何东西?显然,理性的答案是,你不能……你现在只是你自己。如果那个自己不记得自己,会如何呢?如果您曾经所是的那个人只是别人的记忆……又该怎么办?①

顺着这个思路,我们可能会对我们认为自己"真正"是谁产生矛盾的直觉,尤其是在休谟要求我们进行"无偏见的反思"之后,所以按照哈珀恩的思路,让我们转而简单地考虑一下如何去独特地识别他人;如果我们能在这一点上更加清晰,可能会有助于我们在具体的自我认同上的努力。

他是谁?

你有一个非常亲密的朋友,吉姆。他是你的大学室友,是

---

① 迈克尔·格林伯格(Michael Greenberg)在《纽约书评》(2008年12月4日,第10页)中引用。哈珀恩的书是《记不起我忘了什么》(Can't Remember What I Forgot),Harmony Books,2008。

你婚礼上的伴郎,是专业的竖琴手,也是你的高尔夫球友。你无疑会正确地相信自己,你非常了解他。你可以非常准确地、长篇大论地告诉任何人,吉姆是一个与众不同的人。但是,吉姆不幸在一次可怕的车祸中被一个醉酒的司机所害。虽然"他"奇迹般地活了下来,却成了一个四肢瘫痪的人,有一张整容手术无法修复的可怕的毁容脸。最糟糕的是,当你第一次去医院看望"他"的时候,你会发现他的外伤已经造成了记忆的完全丧失。"吉姆"已经完全失忆了,他不仅不知道你是谁,更进一步,他甚至不知道自己是谁。

我的预感是,你会继续坚持认为吉姆还是吉姆(不管有没有吓人的引号),从最基本的层面来说,我不会对这种认同产生怀疑。这是一个合理的,而且显然是人性化的结论。但另一个更普遍的结论紧接着从这些情绪中产生,肯定是反直觉的,因此它最初相当令人惊讶:无论是我们的身体性,还是我们的记忆,或者是它们两者的结合,都不能成为识别一个独特的个人自我的必要条件。亲爱的读者,你可能想通过简单地反对这个例子来抵制这个结论——当考虑具体案例时,确实是反直觉的:"当然朋友吉姆仍然是吉姆,首先是在逻辑和语言的层面上。你,罗思文,在你的思想实验中提到他时,你自己一定也是这样假设的。我无法认真对待你的例子,除非我相信你在要求我自己进行这个实验时指的是同一个实体,因此,如果这个实验要使我或其他人有任何兴趣,我必须同意你的假设。而我也同意你的假设,在一个更具体、更实际的层面上:他还能是谁?给他起另一个名字有什么意义?谁会给他起这个名字?为什么呢?"

44

这一反对意见的修辞性质起初似乎很重要，但请注意，它建立在独特个人自我(the unique individual self)的假设上，因此是一个循环论证。对我们后面的思考更为重要的是，这个反对意见的逻辑力量是语法上的，而不是实质上的：反复使用的代词必须毫不含糊地保留相同的指代才能使包含它们的陈述有意义，并且在句法上是正确的。如果我做的不是我的批评者指控我所做的事情，他就不会明白我在说什么。

让我们回到我们每个人都必然得出的逻辑结论，如果我们希望像我们的反对者那样坚持"吉姆"的持续身份的话：无论是身体特征还是记忆，或者是它们两者的结合，似乎都不能成为自我认同的必要条件；一定还有别的原因。更吊诡的是，在一系列有趣的情况下，身体特征和记忆，无论是单独还是组合在一起，甚至可能都不是识别一个独特个体自我的充分条件。例如，越来越多的人接受解除对长期昏迷患者的生命支持，这表明，肉体不能足以将一个人识别为一个特定的人类个体，而最近哲学上流行的"缸中之脑"(brains-in-vats)的讨论更强烈地表明，仅仅拥有一个持续不断的记忆（甚至感觉）不足以赋予这种实体以任何形式的身份识别。①

---

① 最近在许多科幻小说写作和《黑客帝国》电影的推动下，"缸中之脑"论点是西方哲学中怀疑论的当代变体，如同柏拉图的"洞穴比喻"和笛卡尔的"恶魔"。希拉里·普特南(Hilary Putnam)在他的《理性、真理与历史》(Reason, Truth and History)中的第一篇文章中做了长篇的讨论（并尝试反驳），剑桥大学出版社，1981。另见丹尼尔·丹内特(Daniel Dennet)的《头脑风暴》(Brainstorms)，Bradford Books，1981。他的文章《我在哪里》("Where Am I?")以一种新颖的方式利用了这个概念。

托马斯·内格尔(Thomas Nagel)相当详尽地考察了一个相关的例子,一个聪明人遭受了脑损伤,使他在精神上退化到"满足的婴儿"的状态,残存的欲望可以由一个监护人来满足,并因而无忧无虑。内格尔认为,虽然我们都会同意这种情况的发生对这个人而言是极其不幸的,但这完全不意味着这个满足的婴儿是不幸的,他在讨论的最后指出:"事实上,能否说(那个受伤的成年人)还存在着,这是有一些疑问的。"①

然而,回到哈珀恩的那段话,对于内格尔的例子,我们可能想说,受伤的成年人继续"存在"于那些与他亲近的人的记忆中,就像我们可能想对哈珀恩讨论的阿尔茨海默病患者说的那样,即他们也存在于亲人的记忆中。② 这是一个重要的观点(我们将在后面的章节中详细讨论),但请注意,这并不能帮助我们自己更清楚地了解为什么我们如此深刻地感受到我们有一个独特的、自由的、理性的和自主的个体自我。

对于许多人来说,这种自我与灵魂联系在一起。对于亚伯拉罕信仰的大多数信徒来说,我们的灵魂是长生不老的,这是一个非常有力的理由,让我们相信我们拥有一个个人自我。当碰到许多海报,广告牌或传单中的粗体字问"**您会在哪儿度过来世?**"时,即使是不可知论者也可能会停下来思考一会儿,"我希望,在天堂"将是忠实信徒的共同回答,促使他们转向更符合宗教信仰的行为方式。但是我怀疑他们中的大多数人将会对关于组成自己灵魂的那部分自我永居之地的天堂在细节

---

①《人的问题》(*Mortal Questions*),剑桥大学出版社,1978,第5页。
②也许我们可以对死者说同样的话。参见下文第九章。

上所知甚少。

例如,如果你问一个基督徒朋友,认为自己到了天堂时会是多大年纪,你可能会失去这位朋友。几年前《纽约客》的一幅漫画描绘了两个相貌出众的老人坐在云上,他们身着白衣,带着光环和竖琴。一个人对另一个人说:"如果我知道我将永远83岁,我不确定我会喜欢活到83岁。"或者问朋友愿意活到几岁时去天堂。好吧,如果他一生中最快乐的日子是在他的孩子们还年轻的时候,他很可能认为32岁是最好的年龄。但这是否意味着他的孩子们永远不会长大?假设他的大女儿最幸福的日子是当奶奶的时候,她能不能既当一个年轻的女孩,又当一个成熟的老女人,度过永恒的时光呢?如果说我身上有什么本质的东西使我成为了我,那么它在什么年龄段最能体现?总而言之,引入灵魂的概念,在西方(和中东)固然已经很普遍,但对我们理解自己的独特性帮助并不大。天堂和不朽的灵魂也许是存在的,但我认为,凡人是无法理解这个概念的,它至少和那些非关系性的自我认同概念一样是未发展完善的。

我举这个例子的目的不是要诋毁任何信仰的信条。宗教和不朽的主题将在第八章和第九章中再次详细讨论。我在这里提出这个问题是为了表明,我们拥有永生灵魂的想法并不能加强我们对于本质上是自主的个人自我的信念:如果我们确实有一些本质上的、不变的东西,我们把它归为有一个不道德的灵魂,那么我们认为我们在审判日会是谁,并不比我们认为我们现在是谁更容易确定。

自我怀疑的其他基础

可以引用一些其他论点来支持对持久的、本质的个人自我概念在认识论和本体论上的怀疑主义。例如,考虑一下自我欺骗的概念,在过去的几个世纪里,特别是自弗洛伊德精神分析学兴起以来,在此领域大量哲学上的(更不用说心理学上的)笔墨已经泛滥了。自我欺骗的想法本身就是一个奇怪的想法,因为看起来很矛盾:我们不喜欢欺骗者,同情被欺骗者;但当他们(施骗者和被骗者)是同一个人时,恰当的反应应该是什么?更糟糕的问题是:他们是同一个人吗? 如果别人坚持认为我在某些基本方面欺骗了自己,并说明我是一个什么样的个体自我,那么谁的说法是正确的,或者可以是正确的呢? 如果别人的这种自欺欺人的一些说法对某些人来说,至少在某些时候是真实的,那么,就一定会得出这样的结论:至少有些人,至少在某些时候,并不是他们认为的那个人。这就是说,我们只有在我们已经倾向于认同一个人关于他们是谁的自传性叙述时,才会接受他们的叙述,而不管他们是否说过什么。①

关于回答"我是谁?"的问题以及"你是谁?"和"他是谁?"的几乎所有变体问题,我还有很多话要讲——而且已经讲过

---

① 我所知道的关于自我欺骗的最清楚的解释是赫伯特·芬格莱特以此为标题的书(加利福尼亚大学出版社,2000),附录 B 很好地解释了我们如何欺骗自己。

了。仅仅再快速地谈一谈其中的几个问题。我还没有提到许多所谓的"人格分裂(split personalities)"的案例,患有双相情感障碍的人、极端自闭症的案例以及其他案例。在这些人的几个"自我"中,哪一个才是让他们拥有独特身份的呢?或者也可以想一想,即使在非仇视同性恋的社会中,变性人也是如此;在这些关于自我认知有问题的人中,有明显清晰的叙述模式。(因此,我们又怎么能有理由把自我认同强加给他们,尤其是在他们反悔的情况下?)举个尖锐的例子,凯瑟琳·尼克尔斯(Katherine A. Nickels),一个变性人,在她为儒学研讨班撰写的支持关系性而非个体性的学期论文中,写下了以下内容①:

> 作为一个通过医疗转型在人生半途而变成的跨性别者,性别曾经是,而且现在仍然是身份认同背景下的一个非常关注的主题。然而,这更多地与我如何被对待以及如何与他人相关联有关,而不是与某些实现自我的东西的内在需要有关。……对我而言,性别是不存在的,除非它具有关系性。

神经科学的其他几个领域也对独特的个体自我的概念提出了

---

① 《儒家和同性恋身份表演理论中的性别》("Gender in Confucian and Queer Performative Theories of Identity"),为我的同事和挚友倪培民的研讨班写的未发表的论文,2008年8月12日。我感谢她与我分享论文,当凯瑟琳还写到儒家的角色伦理学对思考关于个人身份的问题有很大帮助时,我心里暖暖的。

挑战,甚至在自我意识、自我感知或决策制定方面。关于后者,一位神经科学家最近认为,大脑的研究越复杂就越明显的是,大脑必须不断地工作以保持自我意识,而且很多时候并没有独特的决策者——可以说没有人负责。① 当然也不乏一些还原论者,他们也会坚持认为不可能有自我这个东西,有时候说得有点夸张,比如以研究双螺旋著称的弗朗西斯·克里克(Francis Crick)就写道:

> 惊人的假说是,"你",你的喜怒哀乐,你的记忆和野心,你的个人身份感和自由意志,其实不过是神经细胞及其相关分子的巨大集合体的行为。②

类似性质的名言还可以举出几十条,但我不想把我对自主的个体自我概念的否定建立在神经科学工作的基础上,我关注的是这个概念的社会和心理学层面,从而是哲学层面,而不是它缺失生理学基础。

托马斯·梅岑格(Thomas Metzinger)在他的跨学科专著《无人》(Being No One)中,横跨实证科学和人文学科、神经科

---

① 有关讨论和参考书目,以及这些注释中的其他参考,请参见(Scientific American Mind)杂志(2010年7月至8月)中的乌韦·海尔维格(Uwe Helwig)的《宾格我、我自己和主格我》("Me, Myself and I")一文。

② 欧文·弗拉纳根(Owen Flanagan)在其杰作《灵魂问题》(The Problem of the Soul)中加以引用,Basic Books,2002,第57页。对于每个思考自我的人来说,弗拉纳根都是基本读物,尤其是考虑到我们正在学习的关于大脑的知识(弗拉纳根对此非常了解)时,他的思想就特别重要。

学和心智哲学,对自我概念的挑战更进了一步,他将其书中的基础研究相当鲜明地归纳为以下几个方面:

> 这是一本关于意识、现象自我和第一人称视角的书。其主要论点是,世界上不存在自我这种东西:没有人**是**或者**拥有**一个自我。①

梅岑格所看到的问题是把现象经验本身误认为是一个高级的(superordinate)自我——也就是说,"把载体和内容"看作是比"同一现象的两个密切相关的方面"更多的东西。②

正如梅岑格所坚持的那样:

> 说每个人都对"意识"的所指有一个粗浅认识,是根本不真实的。例如,根据我自己的经验,最常见的误解就在于把现象经验与哲学家所说的"反身的自我意识"混淆,用某种类似于概念或准语言的心理结构来实现自我认知能力。③

梅岑格似乎站在休谟的一边,认为经验是主要的,而反对康德的主张,即我们从一个自我("我")开始。

简而言之,似乎很难描述什么是个人自我——无论是对我

---

① 《无人》,麻省理工学院出版社,2003,第 1 页。
② 《无人》,前引,第 4 页。
③ 《无人》,前引,第 3 页。

们自己还是对他人——然而我们却倾向于继续相信每个人都可以认识自己,并且可以与所有其他人类区别开来而被独特地识别,因此对于我们每个人来说,"我是谁?""你是谁?""她是谁?"这个问题总要有一个明确的答案。但是,也许这种信念与其说是建立在事实的基础上,不如说是我们在寻找事实来支持这个信念之前所做的一个预设:我们事先就觉得身份问题一定有一个答案,这种不加反思的假设如此普遍,以至不被觉察。这在许多专业哲学家和心理学家中同样普遍存在,正如哲学家约翰·格林伍德(John Greenwood)在他对身份问题的调查研究中指出的那样:

> 关于身份认同的许多哲学和心理学描述的唯一共同点,就是致力于**心理原子主义**——认为心理状态可以独立于它们与其他心理状态的关系而存在并且可被个体化的学说;以及**个体主义**——认为人可以独立于它们与其他人的关系而存在并且可被个体化的学说,认为社会集体不过是个人的集合体。对于大多数基于"认知标签"的所谓"社会"身份认同理论也是如此。①

还有一个更重要的原因,就是希望每个人都把"我是谁?"和"你是谁?"作为自己的个人问题来问,这具有严重的哲学意义

---

① 《一种认同感》("A Sense of Identity"),载于《社会行为理论》杂志(*Journal of the Theory of Social Behavior*),第24卷,第1期,第25—26页。黑体为原文所有。

和后果。其原因就在于我们倾向于对问题本身给出的那个回答的自我应验的性质。也就是说,我们越是相信自己确实是根本上的个人自我,最终独立于所有其他人,我们就越容易成为这样的人。人们认为自己在多大程度上是独立于所有人类同胞的,那就在多大程度上肯定是心理-生理上的,但同样也受到家庭环境和特定文化背景的影响——甚至可能受到很大的影响。我不知道哪一个是自我定义的更大决定因素,但显然我们的社会越是发出强烈的信号(通过政治演说、广告、文学等——我们是独特的、个体的自我、自由的、自主的、理性的和自利的),我们就越有可能认为自己是这样的。阿道司·赫胥黎(Aldous Huxley)把做人的原子主义本质说得很清楚、很直白:

> 人类聚居一处,共同行动,相互回应——然而其实我们永远都是孤独一人。受难者们虽然手挽着手登上历史的舞台,但当他们被钉上十字架的时候,却总是孤独一人。①

19世纪的女权拥护者伊丽莎白·卡迪·斯坦顿(Elizabeth Cady Stanton)也是如此:

> 我们独自来到这个世界……又独自离开这个世界。我们每个人都必须独自进行生命的航行……由于在极端

---

① 《知觉之门》(The Doors Perception),Penguin Books,1963,第12页。

情况下,我们必须依靠自己,智慧的指令指向个人的全面发展。①

显然,这些例子可以翻上百倍;在世界许多地方,尤其是在美国,这种情况越来越明显,许多人并不孤单,他们认为自己基本上是孤独的。十年前罗伯特·普特南(Robert Putnam)在他的《独自打保龄》(Bowling Alone)中所描述的情形——书名足以解释该书的内容,从那时起变得更加普遍。②

只要我们对"我们是谁"提出不同的说明,自我应验的预言对我们的个人自我概念的重要性就会变得很明显。我确实知道我是谁,而且可以具体说明,这将同时表明,赫胥黎、斯坦顿和其他无数人对个体自我的看法不仅应该被认为是错误的,他们还应该被认为是不幸的,因为他们把强烈的自我孤立的心理意识强加给了自己。我认为做人意味着什么,这一点必将影响着我所采取的那种道德观,更基本的是,影响了我对与他人关系的意义(如果有的话)的理解。

如果不是一个个人自我,我还能是什么?

当我重新回到日常生活中,不再试图孤立地、抽象地思考自己时,"我是谁?"的答案就变得极为简单:我是老亨利(Hen-

---

① 玛莎·努斯鲍姆(Martha Nussbaum)发表于《国家》杂志上的一篇文章(2006年2月27日)中加以引用。

② Simon and Schuster,2001。

ry Sr.）和萨莉·罗斯蒙特（Sally Rosemont）的长子。他们对我过去和现在的身份产生了深远的影响，正如我影响了他们的生活一样。那么，首先也永远是最重要的，我是一个儿子；在我生命三分之二的时间里，我也是乔安·巴尔·罗斯蒙特（JoAnn Barr Rosemont）的丈夫，同样对对方产生了重大影响；我还是五个女儿的父亲，他们孩子的祖父；我是老师的学生，学生的老师；我是朋友的朋友，邻居的邻居，同事的同事，等等。当所有这些相互关系都被具体化了，而且它们之间的相互关系也被阐明了——我不仅对萨姆来说是"萨姆的父亲"，而且对她的朋友、丈夫和孩子来说也是如此——那么我就已经完全被个体化了，却没有任何剩余的东西可以用来拼凑一个个体的自我；或者在我看来是这样。如果没有这些关系，我不知道我怎么能被识别，更不用说独特的识别了。就所有实际的和心理学的目的而言，我将是一个无名小卒。但有了这些关系，我不知道还需要什么来确定我是独一无二的罗思文；没有人和我一样，我并不孤单。你也不是，如果你能挣脱个体自我的魔咒，可以脱离其他个体自我进行描述、分析和评价。恕我对大卫·休谟的阴影表示歉意，在这一点上，我可以切合地转述他的观点，将"知觉"统一替换为"角色"：

> 就我而论，当我亲切地体会我所谓**我自己**时，我总是碰到这个或那个特殊的角色，如父或子、友或邻、师或生。任何时候，我总不能抓住一个没有角色的**我自己**，而且我也不能观察到任何事物，除非从一个角色的视角出发。……如果有任何人在认真而无偏见的反省之后，认为

他有一个与此不同的**他自己**的概念,那么我只能承认,我不能再和他进行推理了。我所能向他让步的只是:他或许和我一样正确,我们在这一方面是有本质上的差异的。他或许可以知觉到某种单纯而继续的东西,他称之为**他自己**,压倒并超越了他在生活中扮演的人类角色,虽然我确信,我自身并没有那样一个原则。①

我将从第六章开始,详细讨论儒家关系中的人和由此而来的角色伦理。现在,如果我的读者能够接受这样一种可能性,即休谟(以及超过 10 亿的佛教徒)是正确的,他认为,对居住在我们每个人身上的本质的、个体的自我的信仰是一种本体论的虚构;也许是一种心理上令人欣慰(和/或令人恐惧)的虚构(就像对不朽灵魂的信仰一样),但仍然是一种虚构。在一个非常简单的层面上,我们很想认为我们每个人都有一些关于我们的东西,一些本质性的东西使我们成为独一无二的我们,而不是其他任何人。但是,只要我们忽略了人与人的相互关系,而仅考虑到他们所谓的孤独性,试图描述这种独特的本质就会被证明是极其困难的。当我们试图在社会真空中建立标准来说明是什么使他人成为独一无二的人时,尽管我们几乎总是能够在特定情况下这样做,我们也会遇到类

---

①见前面第 77 页注释①。我首先在《谁选择》("Who Chooses?")一文中使用了这个表述,见《中国文献和哲学语境》(*Chinese Texts and Philosophical Contexts*),该书是我为葛瑞汉(Angus Graham)编辑的纪念文集,Open Court Pub. Co.,1991。

似的困难。

诚然,在一些情况下,如果你在某个群体中占据了一个角色,如果你在这个群体中做了特定的、众所周知的事情,那么你就可以被独特地识别出来。如果你是一名职业棒球运动员,并且是第一个在大联盟打球的非裔美国人,你一定是杰基·罗宾逊(Jackie Robinson);如果你是音乐家,写了《月光奏鸣曲》,你就是贝多芬;如果你是第一个踏上月球的宇航员,你就是阿姆斯特朗。有不少人可以这样认定,也许是千分之一。但对于我们其他九百九十九个人来说,告诉别人我们是独一无二的某某,至少可以说是有问题的,除非是在与其他人的关系中。(知道他写了《月光奏鸣曲》是很重要的,但并不能真正告诉我们很多关于贝多芬的事情,他也需要他的角色才行。)

要相信人的定义是人所扮演的角色的总和,没有其他剩余,似乎有更大的困难。首先,它表明如果我们只不过是角色的总和,而且这些角色在我们的一生中都在变化,那么没有什么能使我们中的任何一个人本质上成为我们自己——这至少在最初是反直觉的。其次,郝大维和安乐哲从伦理学而非认识论的角度阐述了一个相关的观点:

> 西方社会理论是以有利于个人绝对性的观念来权衡的,这表明他们很难在不挑战自由和自主观念的生命力的情况下,为社会的相互依存找到适当的理由。……正是"个人"这一观念在其最严格意义上是为儒家思想所质疑

的,"社会性"才是人类存在的根本。①

到目前为止,在本章中,我的重点是突出我想挑战的个人自我概念,但阐明儒家的观点需要将其置于这个背景之中,并突出相互关联的角色承担者,这确实也将"挑战自由和自主观念的生命力"——更多的是:共同构成伦理学和政治理论主题的大多数道德和政治品质——诚实、勇气、权利、智慧、义务等——都是个人内在固有的,而不是关系所有的,因此,如果将注意力转移到后者,它们似乎就会消失,而我正在敦促我的读者考虑这样做。换句话说,我是在要求读者做某种形式的"格式塔转换",即那些对我们作为人类最基本但却截然不同的观点。就像说明格式塔转换时采用的常见图片一样,我们看到的是一个穿着维多利亚式服装的年轻女子或老妇人,但我们不能同时看到她们两个。我们同样不能同时看到两张剪影的脸是面对面的,或者在画面中看到一个瓮形中央舞台;但是同样地,维特根斯坦的鸭-兔图也是如此,以及其他许多类似的图片也与此类似。

因此,为了更清楚地看到儒家的视野,就必须进行格式塔转换;我们必须停止看那个瓮,而要思考两个面对面的剪影,改变视角,既要看到老妇人,也要看到年轻女子。这项任务无论如何都不是一件容易的事,当我们在思考自我定义和理解的时

---

①《通过孔子而思》(*Thinking Through Confucius*),纽约州立大学出版社,1987,第153页。[中译参考郝大维、安乐哲:《通过孔子而思》,何金俐译,北京大学出版社,2005,第185页,译文稍有改动。——译注]

候,更是如此。① 再引用一句话也许有助于让我们在这一点上达成一致;读者不一定要接受在没有个体自我概念的情况下,认真地做伦理、政治等方面的设想,但至少要认真地对待我的承兑(promissory note),描述它可能如何实现,如我相信早期儒家所做的那样。兰德尔·柯林斯(Randall Collins)在他非常重要的著作《哲学社会学》(*The Sociology of Philosophies*)中说:

个人在现代法律和政治中被定义为负责任的行动者;

---

① 理解这一点的一种令人愉悦和敏锐的方式是迈克尔·克劳兹(Michael Krausz)为四个朋友写的对话的主题,该对话的主题有不同的框架:《关于相对主义、绝对主义及其他的对话:在印度的四天》(*Dialogues on Relativism, Absolutism, and Beyond: Four Days in India*),Rowman & Littlefield,2011。他又写了另一本相关的"四部曲",我同样向读者推荐:《自我的统一性与错位》(*Oneness and the Displacement of Self*),Rodopi 出版社。妮娜(Nina)接受了印度教阿德维塔·韦丹塔(Advaita Vedanta)的形而上学,并寻求与那个"一"的联合。许多读者会认同亚当(Adam),亚当是一个相当直率的个人主义者,具有科学的倾向,对妮娜在说什么不清楚;芭芭拉(Barbara)也是一个"现实主义者",但看到了妮娜沉思实践的一席之地,却没有接受她的形而上学,也没有离开她的正常经验的世界。罗尼(Ronnie)是一个近乎儒家的人,但他似乎并不知道这一点,而且在讨论自我反思和(或)高度抽象的观念时,他始终被语言误导我们所有人的能力所困扰。怎么谈得上"一"?更糟糕的是,妮娜并不真正关心谈论它,而是直接体验它。在建构他们关于这些哲学和宗教话题的对话时,克劳兹做得很出色,除此之外,当维特根斯坦在文集的结尾写道"对于不能说的,我们必须保持沉默"时,他对人类可能拥有的宗教经验的深度洞察力是深刻的。但不幸的是,这必然导致对话的停止。

戈夫曼式的(Goffmanian)日常生活仪式崇拜个人自我的自主性和隐私……我们只有从周围的环境中抽象出来,才能得出个人。我们这样做似乎很自然,因为世界似乎是从我们自己开始的。但对我们来说,社会世界(Social World)必须被悬搁起来,才能抵达孤独的个体意识,事实上,只有在特定的个体实践中,我们才学会了如何构建这种纯粹的个体起点。①

根本没有自我?

目前所有这些关注都应该被理解为我们将在第六章认真讨论的角色承担者的叙述前奏,但有两个问题需要直接解决,以便在进一步推进角色承担者的概念之前,继续削弱个体自我概念的牵引力。第一个是内容上的问题,究竟是谁承担了这些儒家的角色?或者换一种说法,谁是吉纳维芙的父亲、乔安的丈夫、塞巴斯蒂安的祖父?

最后,这个问题的最佳答案可能只是"身体(the body)"。如果我们回想一下之前举的例子,即我们可怕的毁容失忆的朋友吉姆,我猜想,即使他完全没有记忆,与我们认识的吉姆没有任何身体上的相似之处,我们仍然会强烈倾向于说床上的人是我们的朋友吉姆。纯粹的身体性及其在时间中的延续性,将是我们说这种话的必要条件,但出于不为人知的心理原因,我相

---

① 哈佛大学出版社,2000。

信也是足够的——尤其是对于那些更容易将事物视为更基本的"真实"而非关系的人。而如果延续的肉体能够满足一个人跨时间的重新识别,那么它也应该能够满足人跨角色的重新识别。这就是专有名词的一个主要功能。吉纳维芙的父亲是谁?小亨利-罗斯蒙特(罗思文);康斯坦丝、萨曼莎和凯瑟琳的父亲是谁?小亨利-罗斯蒙特(罗思文);谁是道恩·史密斯的养父和卡拉·米奇的叔叔?小亨利-罗斯蒙特(罗思文)。我并不清楚,要回答这样的问题,除了我的名字及其体现的意义之外,还需要什么。

请注意,我还可以回答一个后续问题,"谁是吉纳维芙的父亲?"这种方式可以让我们直接进入角色伦理学的核心:"乔安的丈夫"或"老亨利·罗斯蒙特(Henry Rosemont Sr.)的儿子"都可以,其他一些明确的角色描述也可以,所有这些描述都同时意味着还有其他的相互关系,如可以用于"老亨利·罗斯蒙特的儿子"。由此可见,辨认他的一种方法是说他有一个孙女叫吉纳维芙。这就是我所说的我是我所生活的角色的总和,当所有角色都被指定并且它们之间的相互关系得以体现时,那就是我(连同我的身体)之所是,再没有多余的东西可以拼接出一个自由的、理性的自主性自我。对我自己来说,我很难清楚地确定我认为作为一个自主的个体自我可能必不可少的东西,但却能很快地认同我曾经生活过的和现在生活的多种角色。事实上,在我的角色互动中,与他人的认同越是接近,我就越是难以认真考虑成为自主的,或者说是在某种意义上不同于角色的个体。我怀疑这篇自传式的记录能否说服许多读者,所以我提出它只是邀请你们每个人自己——我敢用这个词吗？——思考这个问题。但我也可以根据我们在本章前面所面对的心理学考虑，给出另一个哲学论点：如果你不接受你是你所生活的角色的总和，那么我们又回到了"你是谁？"这个问题，对我们大多数人来说是很难回答的。另一方面，如果你确实接受你是由你所生活的角色构成的，那么自主的个体自我的概念有什么价值？它在概念上有什么作用？我们为什么需要它？

对挑战个体自我存在的一种截然不同的哲学反对意见，在内容上不那么具体，而在方法论上比较笼统，但现在也应该提出来。

反对意见可能是这样的："你已经提供了一些从心理学、本体论以及在休谟的帮助下，对认识论层面的个人自我概念进行反对的论据和证据。它可能是，也可能不是一种形而上学的虚构。但在道德哲学和政治哲学中，即使它确实是一个虚构，也肯定是一个富有哲学成果的虚构；它在这些领域的哲学进步中，至少与其他'虚构'一样富有成效。哲学家们总是习惯于在他们的工作中采用，如自然状态或其当代化身的无知之幕，或社会契约，或仅举几个比较持久的例子。许多哲学家在发展近几个世纪以来对人类的进步做出了很大贡献的概念时，在很大程度上（如果不是唯一的）都集中在这些虚构上，其中有些概念你自己已经提到了，附在个人自我的虚构上：自由、自主、理性、平等、人权，等等。如果这些概念所确定的备受重视的品质并不存在于个人自我之中，那么它们又能附着于什么之上呢？而如果我们确实重视自由、自主、理性、平等、人权等等，那么我们可以说，把人定义为最根本的个体自我，并不是简单的描述性的,而是更基本的规定性的。如果我们把这些自由主义的价值排在很高的位置上(我们当然也是这样做的),那么我们就应该从根本上把人类作为个体的自我,不管这些自我在认识论和心理学上被证明是多么地难以捉摸。即使到头来,基本个人自我的观念确实是一种形而上学的虚构,但它在道德和政治上是一种非常有用的虚构;基本个人自我的定义是规范性的。"

这不是一个无关紧要的反对意见。我们决不能过快地否定个人自我的概念;试图在一本书的一章中就把一个对整个西方知识遗产如此重要和具有决定性意义的概念抹去是不行的。

为了给扮演角色承担者的观念留有余地,我不仅要论证人类作为个人自我的观念在描述上的失败,而且我必须论证,同样的观念在今天作为规定也失败了,实际上阻碍了威胁全球社会的许多最严重问题的解决。

Chapter 4

Normative Dimensions of

Belief in an Individual Self

第四章

个体自我信念的
规范维度

没有机会的自由是魔鬼的礼物。

——诺姆·乔姆斯基(Noam Chomsky)①

一个有用的虚构？

上一章的主旨是，将人类定义为自主的个体自我，在描述上是失败的。我们似乎无法描述我们都应该拥有自我，很难描述是什么让我们成为一个有别于他人的独特个体，或者采用什么标准来决定另一个人是否是同一个个体，随着时间的推移，我们没有强烈的直觉或标准来处理看似异常的情况（阿尔茨海默病患者、人格分裂、极度的身体毁容、自欺欺人的情况、失忆症等）；或者如何回答休谟的逻辑问题，即"体验者可能对体验者有什么体验？"所有这些都表明，至少自主的个体自我的观念充其量是一个混乱的观念。

当然，前面提出的这些论点或其他论点都不能证明人类不是自主的个体自我，支持大脑工作的自然主义描述的证据越来越多，在这方面也没有定论。但我相信，这些论据是相当有力

---

①《新自由主义秩序中的市场民主》("Market Democracy in a New Neo-Liberal Order")，*Z Magazine*，1997年11月。

的,并且神经学的证据也越来越多,正如第一章第一节关于分析哲学的论述,在这种情况下没有证据是可能的。休谟深知这一点,他在前面所引的关于这一点的沉思的结尾处也这样说。重复一下:

> 如果有任何人在认真而无偏见的反省之后,认为他有一个与此不同的他自己的概念……我就不能再和他进行推理了。……他或许和我一样正确,……知觉到某种单纯而继续的东西,他称之为他自己,虽然我确信,我自身并没有那样一个原则。①

但缺乏形式上的证明,并不意味着对个体自我存在的健康怀疑是没有必要的,尤其是当我们牢记自启蒙运动以来,这一思想在伦理学、政治理论和社会科学中的概念分量有多大的时候。然而,在这些领域进行的一些工作是相当有益的。因此,人们很可能坚持认为,这种虚构对提高人类的境遇有足够的作用,所以,无论是否混淆,都应该保留它。

当然,我们应该时刻警惕把对体系或个人的重要规定建立在虚构的基础上。但在目前的情况下,虚构有太多的伦理和政治影响,因此不容置疑。正如我希望在本章中所表明的那样,无论这种立足点的思想在过去有什么价值,它对于解决威胁全球社会的许多严重问题来说,已经变得适得其反了。我们现在就来谈谈这个任务。我的大部分例子将来自当代的美国。我

---

① 《人性论》,前引,第 299 页。

并不为专注于我的国家而道歉,因为相比别的国家我更了解它,相信自由、自主的个人自我的思想在这里比世界上任何其他地方都更显著,并且我也相信,除非美国"自我"不再成为国家间政治的霸凌和恐怖,否则世界的问题无法解决。①

基础个人主义的模式

在本章中,我们在研究自我概念时,重点不会放在本体论或认识论上,除非它们牵涉到至少自启蒙运动以来在哲学上占据中心舞台的基础个人主义的道德和政治层面,其哲学和神学根源要深得多。但首先不妨简单地重述一下前面几章已经讨论过的几个考虑因素,以便在本章中恰当地阐述我的论点。

基础个人主义作为一种哲学(和流行的)"主义",有各种不同的形式和规模,但我认为,所有这些都促成了目前人类状况的不断恶化。在本体论个人主义的两种主要形式中,有一种是无处不在的,即声称每个人都有一个不同于其他所有人类的个人独特的自我。无论这个自我是三合一体(希腊人),还是单一的(福音书),或是现代西方道德和政治思想中附加在人权上的一种不知从何而来也不知其是什么的东西,这是我们的,也只是我们的。

大多数(如果不是全部)思想家所接受的本体论个人主义的第二种主要形式也被称为方法论个人主义,在哲学领域,同

---

①《美国外交政策:人权的执行》("U. S. Foreign Policy: The Execution of Human Rights"), *Social Anarchism*,2000 年第 27 期。

样在社会和行为科学领域,特别是在心理学和社会学领域占据着主导地位。在哲学中,它意味着道德分析的重点是行动能力(agency)、动机或后果。大量的心理学家首先假定心理状态是可以独立的,其次假定个体的人是可以存在的;此外,心理状态和个体的人都可以被有效地分离出来,然后独立地研究。在社会学中,方法论个人主义的主张是,个体自我的集合构成了主要的现实,社会或政体是一种二阶的、抽象的建构,自马克斯·韦伯时代起这种观点就在该领域普遍存在。

哲学家们往往明确地以同样的方式看待这个问题。例如,约翰·斯图亚特·密尔(John Stuart Mill)就允许:

> 社会现象的定律是而且可以是,人类在社会状态下联合起来的行动和激情的法则。然而,在社会状态下的人仍然是人;他们的行动和激情服从于个人人性的规律。①

在认识论中,基础个人主义也很容易被辨别出来。例如,有一个强有力的主张,即人类可以作为独立于文化视角的个人来了解世界,他们可以"看到"世界的"真实面目"。与这种经验层面的客观性概念密切相关的是,认识论的个人主义通常也

---

① 《逻辑、推理和归纳系统》(*A System of Logic, Ratiocinative and Inductive*), Longmans, 1930,第608页。密尔还间接地表明了他在独立与相互依存方面的个人主义取向,他说,"当一个人的行为影响到除他自己以外的任何人的利益时,政府不得干预",直截了当地暗示,一个人可能从事一些对其他人根本没有影响的非同寻常行为。从儒家的立场来看,这将是不可思议的。《论自由》(*On Liberty*), Library of Liberal Arts, 1956,第92页。

与主观性相联系,更具体地说,是与本体论个体自我可以将自己理解为个体自我的主张联系在一起的。

作为社会契约者的个人自我

在政治理论中,本体论、认识论和方法论的个人主义可能以其最鲜明的形式出现在一起:社会契约。尽管亚里士多德允许人类是社会性动物,但他并没有像他可能有的那样在哲学上认真对待这一想法,在他之后,社会层面继续被淡化,直到托马斯·霍布斯(Thomas Hobbes)(1580—1679)那里几近消失。对霍布斯来说,人类不过是原子,可以说,为了保护他们的财产,他们不得不彼此订立契约。这种关于精于算计的个人的虚构就这样被用来产生另一种在其影响力方面无处不在的虚构,即一种"自然状态"——真实的或想象的——在这种状态下,自我追求的理性个体为了自己的利益而聚集在一起,形成一种状态。① 对于霍布斯来说,自然状态可能是可怕的,对于洛克来说,它可能比这更好,或者对罗尔斯来说,拥有失忆症的人可能会如此。但对他们和其他所有人来说,社会政治状态都是人为的,是个人为了更好地追求自己的安全和自我利益而集体推理出的政体所塑造的人工制品。这些意象相当强烈地表明,我们不是社会动物——与亚里士多德相反——而是我们的人类同胞或多或少地只是实现我们个人目的的手段,有时对我们有帮助,有时没有。这种意象所蕴含的规范性很少有人注意到,

---

① 在他著名的《利维坦》中,该书有各种版本。

但我们不能抱怨"自然状态"和社会契约假说太过牵强,没有任何价值,因为人们会立即回答说,它们是接近一个抽象问题的一种哲学上有用的手段,在这种情况下用以回答政治义务的基础问题。如果我们确实是自由的、理性的和自主的,那么我们为什么要把我们的自由交给一个声称可以垄断使用强制手段来确保遵守其命令的国家呢?

这种在道德上和政治上被具体化的个人自我概念,作为自主的、自由的和理性的,显然是最突出的现代西方道德和政治理论的基础,不单单是霍布斯、洛克和罗尔斯,也同样地贯穿了卢梭、康德、马克思、边沁和密尔以及他们的拥护者,而且,扩大限定的话,它甚至延伸到了几乎所有当代社群主义者和女权主义者那里。尽管这些思想家和其他思想家对个人主义的看法各不相同,后两个群体对"朴素"个人主义("rugged" individualism)的总体意识形态贡献不大,但他们都以这样或那样的形式建立在个人主义的基础上,让个人自我充任行动能力、选择、责任等的核心。① 因此,个人也成为描述、分析和评价道德和政治行为的焦点:如果假设不存在一个负有这些责任和义务的自由、理性和自主(通常是自利)的个人来承担基本人权,如何谈论责任、义务、民主、人权等呢?

由于这种以不同形式出现的基础个人主义在启蒙运动的早期成为主导,它在为美国和法国革命辩护的过程中,在概念上完成了大量的工作,从而在两个多世纪里为提高整个西方世界数千万人的政治、社会和创造性生活做出了重大贡献。如果像我

---

① 参见第三章,第72页注释①。

在本书中所主张的,基础个人主义现在对西方和其他地方越来越多的人来说,更多的是在帮助合理化不平等和压迫——以及民主的衰退——而不是捍卫正义或解放,同时我当然也不想减少、无视或废除基础概念在其卓越时期给人类带来的多方面好处。

这些成就无疑促成了现代西方哲学和社会科学对基础个人主义和自然状态比喻的持续认可,但不能因此完全说清楚,因为这两种观念完全是抽象的、不实在的,并且肯定不能准确地说明我们是谁,以及我们是怎么变成这样的;为什么它们如此普遍?

1977年,戴维·戈蒂耶(David Gauthier)发表了一篇没有引起太多关注的开创性论文,他在《作为意识形态的社会契约》("Social Contract as Ideology")①一文中声称,在西方思想中,"社会关系被视为是根据两个或多个自我利益、专有和理性的主体之间的契约(无论是真实的还是隐含的)来解释的"。他还声称,"与此相关的是,在这种意识形态中,对人的基本特征和行为的最好描述、分析和评价,是以把人看作是最基本的自由的、自主的和理性的个体自我为基础的"。

从这种意识形态的角度来看,社会关系只有在被个人同意的时候才被视为合理的(即公正的),同时也是自利的、专有的和理性的。因此,在这种意识形态的社会中,人们生活在一起,而不是人类的自然状态,它是基于契约者的自利而构建的一种假象。戈蒂耶的文章发表后并没有引起人们的注意,部分原因是他本人在其更知名的道德著作中接受了这一意识形态;但换

---

①《哲学与公共事务》(*Philosophy and Public Affairs*),1977年冬季第6期。

个角度解读,这篇文章对于现代西方哲学的大部分内容来说是极具颠覆性的。他宣称,从霍布斯开始,一直贯穿罗尔斯和他本人在内的所有现代西方政治理论的"社会契约论"当然是一种虚构,然而却成为了一种意识形态,他说现在:

> ……是我们自我意识深层结构的一个基本部分。通过自我意识,我理解了人类设想自己与他人、与人类结构和制度、与非人类或自然环境关系的能力。……并根据这些设想的关系采取行动。①

如果戈蒂耶是对的,那么,不把人类(当然也包括我们自己)最基本地看成是自由的、自主的、理性的(通常是自利的)个体自我,以及为了自己的利益或相互的利益而与其他同样的个体订立契约是非常困难的,同样困难的是设想或想象与他人发展其他关系,或者生活在一个非竞争性的其他类型社会。这种认知模式在西方已经包围了我们两百多年,在深层次上,对我们思维的影响甚至超过了戈蒂耶的建议。在讨论约翰·劳格林(John Lauglin)和他的同事们的神经科学研究时,约翰·特拉法根(John Traphagan)说:

> 人类并不是简单地居住在一个环境中——在我们大脑的神经元结构中形成的自我、他人和周围环境的模型——那是与我们大脑中创造认知模型有关的过程的产

---

① 《哲学与公共事务》,1977 年冬季第 6 期,第 426 页。

物,我们用它来解释和协商我们的世界。①

在更深的层次上,戈蒂耶的分析意味着,只要这种意识形态控制着我们,我们就不可能客观或公正地评价正义、人权、人性或几乎任何其他与伦理或政治有关的概念,因为这些概念可能与自由的、理性的、通常是自利的自主个人所订立的社会契约的意识形态相抵触。② 戈蒂耶的论点最好的说明莫过于阿拉斯代尔·麦金泰尔对儒家思想的一些评论,他是西方自由主义(或在这种情况下,更多是保守主义)思想中社群主义学派的主要人物之一:

> ……我的观点涉及否认任何现代国家,无论是亚洲还是西方国家,都能体现孟子或荀子的(角色承担)价值。以他们中的任何一位或两位为师的儒家思想,其政治层面将是地方社区的政治层面,而不是国家的政治层面。③

总而言之,有许多理由可以规范地构建个体自我的概念,即使

---

①《重新思考自治》(Rethinking Autonomy),纽约州立大学出版社,2013,第12—13页。

②麦克弗森(C. B. MacPherson)的《占有性个人主义的政治理论》(The Political Theory of Possessive Individualism)是对由此产生的意识形态在行动中的一个出色的(现在是经典的)批评性描述,牛津大学出版社,1964。

③信广来和黄百锐合著的《儒家伦理学中》,剑桥大学出版社,2004,第217页。

它似乎不能准确地描述作为一个人,以及我们作为人的经验世界。(1)它具有很强的心理层面,我们很难不认为自己是独立的、有别于所有其他人的。(2)它在观念上深深地扎根于我们的意识中,以至于它已经成为一种意识形态,而不是一种哲学观点。(3)它在为某些其他概念(如人权)奠定基础方面起到了有益的作用,在过去的两个世纪里,它为改善数千万人的生活做了很多工作。(4)是"还有什么(What else)?"的问题。换句话说,从哲学上、心理学上和历史上都有很强的理由来对个体自我的概念进行规范化的建构,这也是为什么它是当今自由主义者和保守主义者广泛认同的极少数观点之一,尤其是在美国,自由主义左派和保守主义右派的认同者不在少数。

自由

接受个人自我的概念还有另一个原因:包括它的概念群也包括自由。有谁会批评人类自由的概念呢?有些人可能坚持认为,某些有价值的生命应该比其他人获得更多的自由。然而另一些人可能会坚持认为,明天自由国度的实现需要今天做出许多牺牲。但无论政治上是那些极端保守主义的右派还是威权主义的左派,或者是介于两者之间的任何人,自由的价值在每个人的名单中都被排在最前面或非常接近最前面,是一种纯粹的善。并且个人自我是自由的。

在西方道德哲学和政治理论中,自由概念显然是核心。在法学和当代生活中的许多其他方面,最常见的是在广告中,它也同样是核心。对"你为什么要这么做?"这个问题的挑战是没有道德力量的,除非它的前提是,被审问的人是自由的,可以不这么做。大多数的政治理论(即使是在无知之幕下进行的)仍然是从霍布斯式的假设开始的,即人类根本上是自由的,然后试图证明对国家(政府)的顺从是合理的,这将限制这种自由。而在法学中,正义的要求(无论是在民法还是刑法中,如果不适当考虑当事人的自由,这些要求很少能提出),通常用(相关方的)权利的语言表达出来。当然,惩罚的形式通常是大幅削减被定罪者的自由(特别是如果他们是穷人)。无论你在卖什么东西,如果广告中某处有免费/自由(free)二字,就会得到更多的注意。

自由的概念在实践中的重要性不亚于理论上的重要性,美国政府的三个部门都清楚地证明了这一点,自由在名义上甚至在事实上已经取得了几乎神圣的地位。在法律上,如果能证明被定罪者没有被告知有保持沉默的自由,那么基于供词的重罪定罪就会被推翻。推动福利法案的议员,以增加穷人的机会自由为理由,为该法案辩护。这些法案会遭到那些认为财富再分配措施侵犯了富裕阶层按照自己的意愿处置财富的自由,和/或侵犯了多数人按照自己的信仰行事的自由的人的反对。美国的许多外交政策经常被说成是在世界不同地区促进自由(及其表亲民主),甚至当"自由之国"的政策工具是暗杀、轰炸、全面入侵和占领没有要求美国援助的国家时也是如此。[①]

我们可以从另一个方面看到自由概念的哲学重要性。它是第二章简要描述的更大的西方道德概念群的一个组成部分,

[①] 见第二节。

其中的术语——"自由权(liberty)""权利""民主""正义""选择""自主""个人"等等——如果不同时使用自由(freedom)的概念,就无法明确界定(也许根本无法明确界定)。但是,不管是明确还是模糊,如果没有这个词汇表,今天讲英语的人几乎不可能讨论道德、政治或法律。

鉴于赞同和反对任何特定司法裁决、任何立法或外交政策任何方面的人,都至少在一定程度上以自由为理由,因此,自由不仅被视为概念上的基础,而且被视为一种不容置疑的善。这是我们作为人类所拥有的东西,我们必须被视为生来自由。而不同的道德、政治和法律理论,则根据它们在多大程度上实现或不实现人类自由的最大化而受到明显的辩护和攻击。

这个词除了统一具有积极的内涵外,并不是一成不变的,它一般意味着不受约束、不受限制,并且最终在决定做什么时完全独立于其他人。正是这种"自由"的意义和含义,是美国社会公正问题的主要根源,也是我要挑战的意义。当然,我并不是说束缚(bondage)可能是一件好事。但是,即使暗示有能力随心所欲实现梦想,也与角色承担者在履行其多重责任时关心的不要有障碍根本不同。我们被我们角色的责任所约束,因此必须努力确保我们有足够的资源来适当地履行这些责任,但这与认为我们可以自由地按自己的意愿行事相去甚远。

在其他方面,自由的概念并不是单一的:有许多自由,而这些自由的不同等级,在很大程度上使不同的道德、政治和法律理论相互区别开来。因此,让我们集中讨论一个涉及所有这三个领域的问题,同时也是美国和当今世界的直接关切和冲突的主要根源:人权。

人权

自洛克以来，人权概念采取了多种形式，但自1948年《联合国人权宣言》颁布以来，基本上以该宣言为中心，而该宣言的基础是作为人的决定性特征的自由概念。① 如果我们本质上是自由的——至少在目前来说这与是描述性的还是规定性的理解无关——那么似乎可以这样说，任何人，特别是任何政府都不应限制我们的自由，让我们说任何我们想说的话，与任何我们想与之交往的人交往，接受任何我们认为正确的宗教信仰，以及按照我们认为合适的方式处置我们合法获得的任何财产或物质财富。在美国，这些是最基本的权利（自由），没有这些权利，我们就不可能繁荣昌盛，因此，我们必须安全地享受这些权利，唯一的告诫是，我不侵犯他人的同等权利。对美国人来说，这些权利（这些自由）受到《权利法案》的保护，其中包含了经托马斯·杰斐逊（Thomas Jefferson）修正的洛克的许多观点。它们在本性上是公民的和政治的，通常被称为"第一代"权利。美国人长期以来一直为《人权法案》对政府干预其公民生活的限制而感到自豪，这是对的，并希望世界的政府都受到类似的限制。

将这些公民权利和政治权利视为最基本的自由，其合理性在很大程度上是伴随着将人视为基本理性和自主的个人自我的观点。如果我们确实是这样的人，那么我们也必须是自由的，否

---

① 《世界人权宣言》可在许多地方找到。一个很好的来源是1948—1988年《联合国人权宣言》，人权、联合国和国际特赦组织。其中附有许多有用的材料，the AIUSA Legal Support Network，1988。

则我们就不能实现所谓的使我们成为独特的人性的潜力。随着美国过去一个半世纪的工业发展,这些权利已经超越了人的范畴,包括公司,这些公司也被看作是自由的、自治的、理性的,当然也是自我利益最大化的实体。① 但自由的中心仍然是个人自我。

我必须重申,在任何其他的道德或政治概念中,必须保留从自由所固有的个人自我观念中产生的好处,即使我认为最初的前提是错误的,而且已经成为有害的。数以百万计的人已经受益于这样一种观念:人应该被看作是自由的、理性的、自主的个体,它所带来的人的尊严的增益是值得庆贺的,不应该失去。事实上,有些人可能会认为,在今天许多人对个人自由还没有什么经验的情况下,对高度重视个人自由表示怀疑是有悖常理的。②

---

① 彼得·凯尔曼(Peter Kellman)在《建立工会》(*Building Unions*)一书中很好地描述了公司如何在权利(但不是责任)方面成为个人。Axel Press,2001。

② 事实上,人权概念所带来的好处,显然对沉浸在儒家思想中的学者的激励不亚于任何其他传统。将儒家的人格概念与人权理论的个人主义相融合的一个较好的尝试是玛丽·博克弗(Mary Bockover)的《西方哲学传统中的儒家与伦理 II:一项人格的比较分析》("Confucianism and Ethics in the Western Philosophical Tradition II: A Comparative Analysis of Personhood"),发表在网上杂志《哲学指南》(*Philosophy Compass*)上,首次发布于 2010 年 4 月 7 日。以及她为我的《纪念文集》撰写的《自由的美德》("The Virtue of Freedom")一文,参考马瑟·钱德勒(Marthe Chandler)和罗尼·小约翰(Ronnie Littlejohn)主编的《擦亮中国的镜子:罗思文纪念文集》(*Polishing the Chinese Mirror: Essays in Honor of Henry Rosemont, Jr.*),Global Scholarly Publications,2008。我向所有人推荐这篇文章,即使(1)她以前是我的学生,并且(2)它与本书中推荐的论文相冲突。

虽然美国的《人权法案》只关注公民权利和政治权利,但联合国的《世界人权宣言》走得更远,坚持认为所有人都有基本的社会、经济和文化权利(第22—27条)。这些权利包括工作、医疗、住房、食物和食品安全、教育等权利。这些"第二代"权利在二战后被纳入《世界人权宣言》,以使各国政府承诺在其境内消除贫困。颁布这些法令的总体目的是消除社会和自然障碍,以充分实现我们人的能力。《联合国宣言》坚持认为,如果没有这些社会、经济和文化权利,所有自由和自主的概念都是空洞的。

然而,对于"自由"在描述和(或)证明这两套所谓的权利时是否以相同或不同的方式使用,尚未达成普遍的一致意见。

要说明的是,首先要注意第一代公民权利和政治权利是被动的,其关注的唯一重点是免于的自由(freedom *from*)。这一点可以从以下事实中看出:我只需要忽视你,就可以充分尊重你所有的公民权利和政治权利;当然你有权说话,但不能让我听。要理解这种被动性的意义,我们就必须注意到,社会、经济和文化权利不是被动的,而是主动的。它们在许多意义上是积极的,对于我们目前的关注来说,最重要的是,如果其他人要确保这些权利的利益,我们必须做一些事情(至少要多交税)。换句话说,学校、药品、工作、食品安全、经济适用房、医院等等,都不是从天上掉下来的,而是人类创造的。当代所有以自主的个人概念为基础的人权论述都存在根本性冲突:无论在何种程度上我们都被视为在道德上和政治上有责任协助他人创造和获得应有的财产,即因拥有社会和经济权利而获得的权利。但在这种程度上,我们不可能成为完全自主的个人,享有充分的公民权利和政治权利,可以自由地理性地决定和追求我们自己的事业,而不是必须帮助不幸的人解决他们的问题。

《世界人权宣言》简单地逐一列出所有权利,意味着这些权利是相互兼容的,而且很可能是基于基础个人主义的。但是,如果它们的基础是这样的话,那么这两组权利就互不相容了。因为如果我承认你们的社会和经济权利诉求——也就是你们对基本的食物和食品安全、住房、医疗、工作等的诉求,那么我就必须积极地帮助你们获得这些权利,以便你们可以进行你们的事业。但这样一来,我就不能再完全自由地以个人的身份自利地追求自己的事业,为此,我很可能会强烈地倾向于否认你们根本拥有合法的社会、经济和文化权利。首先和首要的作为个体的自我,为什么我应该相信我是我兄弟的守护者?或者姐姐的守护者?

我们也可以确保伴随第二代权利而来的物质利益,但如果个人主义者认为他可以独自或以某种自由选择的契约形式与其他少数人一起确保这些物质利益,那么这并不能回答他的立场。也不能回答说,他可以自己自由选择帮助别人,因为所有这种帮助都是慈善行为,而不是承认任何人对这些物品的权利。帮助他人必须是自愿的;使之成为强制性的,是对我们作为自由和自主的个人自我的最基本的公民权利和政治权利的侵犯。

这种紧张关系是最近许多对福利国家政策的攻击的基础,在欧洲和美国最为明显,在发达国家的其他地方也是如此,其论点通常是以财政责任来表述的。从某种意义上说,这是正确的:第二代社会、经济和文化权利比公民和政治权利更昂贵,需要付出更多的努力。

人权运动的未来变得更加复杂,因为在全世界范围内,对于这些权利到底是什么,以及如何排列这些权利,仍然没有达成一致意见。如果确实存在普遍权利,那么它们是什么?哪些是基本权利?它们可以被命令吗?是否有不可侵犯的权利?为什么,或根据谁?如何裁决相互竞争或冲突的权利主张?如何平衡与权利有关的权利和责任?应该指出的是,这些问题和许多类似的问题并不单纯是,甚至很大程度上不是法律问题,而是道德和政治性质的问题。①

由于事实证明,在哲学、政治和外交事务中很难就这些问题和相关的人权问题的答案达成一致②,因此,有一种倾向是

---

①在我看来,这就是为什么关于这一主题的许多书籍价值微乎其微。我认为有用的几本书是:詹姆斯·尼克尔(James W. Nickel):《理解人权》(*Making Sense of Human Right*),加利福尼亚大学出版社,1987;杰里米·沃尔德隆(Jeremy Waldron):《权利的理论》(*Theories of Rights*),牛津大学出版社,1984;乔安妮·鲍尔(Joanne Bauer)和贝淡宁(Daniel A. Bell)编:《东亚人权挑战》(*The East Asain Challenge for Human Rights*),剑桥大学出版社,1999;克利福德·鲍勃(Clifford Bob)编:《国际新人权斗争》(*The International Struggle for New Human Rights*),宾夕法尼亚大学出版社,2009。读者还应该看一下联合国出版物汇编,特别是《人权:国际文书汇编》(*Human Rights: A Compilotion of International Instruments*),2卷本,2002。

②萨姆纳·推斯(Sumner Twiss)采取了这样的立场,如果不是在哲学上,在政治上我也表示赞赏。参见他的《论儒学与人权的建设性框架》("A Constructive Framework for Discussing Confucianism and Human Rights"),载于狄百瑞(Wm. T. deBary)和涂伟明主编的《儒学与人权》(*Confucianism and Human Rights*),哥伦比亚大学出版社,1998。

把这些问题放在一边,更直接地关注那些只在口头上说说的国家落实权利的情况。我总体上赞同这一立场,除了对国际特赦组织和人权观察组织等组织的赞誉外,别无其他,但问题和紧张局势不会消失,迟早必须正视它们。

那么,让我们继续分析第一代权利和第二代权利与个人自我的区别。其中最直接的一点是,对于个人自我的公民权利和政治权利,我们不需要看得更远,但对于第二代权利,我们必须把目光投向社会中的其他人。这一点对于习惯于伴随个人自我虚构的人来说,绝不是显而易见的。

首先,应该注意到,几乎所有基础个人主义的变体都把人与同伴、文化脱钩。在心理学中,个人的心理状态与其他状态脱钩;在社会学中,社会是不自然的,只不过是个体成员的总和;在政治的社会契约论中,国家是人为的。这些把人作为自由、理性和自主个体的孤立及非历史观点,不仅把人置于个人生活的历史之外,而且把人的家庭和社区的历史也置于历史之外,这也使得格丹克实验(Gedanke experiment)的"自然状态"的人为性更加明显,而且由于它与有血有肉的人的日常经验相去甚远,所以没有真正的解释目的,具有误导性。同时,按照这样的思路去思考,就很难想象另一种形式的生活和社会。从这个意义上说,它作为意识形态是非常"有效"的。

其次,值得重复的是,所有这些个人主义的观点都可能成为自我应验的预言:我们似乎越是能够独立于家庭、朋友和社区而被描述、分析和评价,就越容易认为自己与家庭、朋友和社区隔绝——更不用说我们所属的更大的社会了。正如从大卫·里斯曼(David Riesman)的《寂寞人群》(The Lonely Crowd)①到罗伯特·贝拉(Robert Bellah)的《心灵的习惯》(Habits of the Heart)②,再到普特南的《独自打保龄球》(Bowling Alone)③等书半个世纪以来一直在说的那样。通过把自己视为自由的、理性的、自利的自主个体,并接受社会契约论的意识形态,人类将越来越倾向于把自己设想为自由的、理性的、自主的个体,为了自己的私利与其他同类人进行谈判。

行动中的公民和政治权利

当然,也可以把这个说法说得更积极一些,就像以赛亚·柏林(Isaiah Berlin)在提出"消极的自由"是我们应该从政府那里寻求的所有东西时所做的那样:

> 我希望我的生活和决定取决于我自己,而不是任何形式的外部力量……我希望成为一个主体,而不是一个客体;被理由所感动……而不是被外部影响我的原因所感动。……首先,我希望意识到自己是一个有思想的、有意愿的、积极的存在,对自己的选择负责,并能够参照自己的想法和目的来解释这些选择。④

---

①Doubleday Anchor Books,1963。
②加利福尼亚大学出版社,1985。
③Simon & Schuster,2001。
④《自由四论》(Four Essays on Liberty),第2版,牛津大学出版社,2002。

这些来自柏林的自传言论是在1958年写下的,当时美苏和整个冷战的阴影非常明显,二战法西斯主义的记忆依然清晰。因此,柏林在这里说的话是完全可以理解的,实际上是值得称赞的。我并不想说柏林对社会不公不关心。然而必须指出的是,正是这些话可以被用来为一种基于所谓自给自足能力的朴素个人主义辩护,这种个人主义在道德上允许我们无视政治领域中较不幸运的同胞的命运,从而始终对任何财富再分配措施投反对票;柏林在这里为"受害者有罪论"的论点提供了一个很好的基础,虽然几乎肯定不是他的本意,但却是从他的言论中自然推断出来的。而这起源于这个社会幻想,即社会不外乎其个体成员的总和——那么它怎么可能"伤害"任何人呢?如果个人不对自己的行为负责,那么谁来负责?

当洛克及其继承者开始强调普遍人权时,个人自我自由和自主的概念的更黑暗的一面也许并不明显,但是会随着国家内部和国家之间的财富分配日益不均变得更加明显,随着美国坚定地将不受约束的资本主义强加给世界其他国家的政策和行动,这种黑暗面现在越来越凸显出来,它加剧了而不是减轻了严重的不平等,而这种不平等在很大程度上助长了当代世界的暴力。事实上,我认为,贫困的持续增长不是这种暴力的唯一原因,但肯定是主要原因。我想更深入地指出,自由的概念本身(就像在美国实际的、政治上的和道德上的理解)与资本主义国家似乎无法有效应对的诸多问题密不可分。要了解这种情况的原因,我们必须认识到:当个人自由的权重(被赋予更高价值)超过社会公正时(社会公正被广泛定义为,为每个人公平分配资源),富人和权贵为捍卫和加强这种自由而采用的政治、法律和道德手段实际上确保了不会实现社会公正,因而也不会减轻贫困。在这种情况下,不平等和不公平的现状将能够无限期地延续下去。而这一点在民主国家的存在,不亚于任何其他类型的政府。

这是一个非常有力的主张:公民权利和政治权利不仅不会导致减轻贫困,反而会阻碍减轻贫困。因此,我们应该更多地谈论在这个全球化时代和在当今美国主宰了绝大多数政治和法律思想的资本主义精神,因为我认为它的基础是基础个人主义和随之而来的个人(和公司)自由概念。

根据一些女权主义思想家的观点,将自由和人权的概念联系在一起,就像在美国一样,也助长了种族主义和性别主义。例如,反色情活动家凯瑟琳·麦金农(Catharine MacKinnon)和安德里亚·德沃金(Andrea Dworkin)就说过:

> 掌权者倾向于将自己的权力称为"权利"。当他们所支配的人想要平等的时候,那些掌权者就会说,如果社会改变,重要的权利就会被侵犯。……法律保护"权利",但主要是保护那些拥有权力者的"权利"。①

---

① 丽莎·施瓦茨曼(Lisa Schwartzman)在她的《自由权利理论与社会不平等:女性主义批评》("Liberal Rights Theory and Social Inequality: A Feminist Critique")中引用,载于 *Hypatia*,第 14 卷,第 2 期,1999 年春季,第 26 页。

在阐述弗雷德里克·道格拉斯(Frederick Douglass)的观点时,辛西娅·威利特(Cynthia Willett)指出:

> ……西方的自由观念……无法为种族主义美国的社会进步提供标准。如果没有道格拉斯叙事中嵌入的自由建构,我们就缺乏一种方法来理论化美国白人和黑人受压迫的一个更根本的来源。①

回到贫穷问题上,我们必须重点关注的是,我们越是富裕,我们就越是不愿意把第二代权利看作是真正的权利,因为如果我们承认第二代权利是真正的权利,我们肯定会变得不那么"自由"和自主——也不那么富裕,因为要付更多税。相反,我们将不仅仅行使投票反对福利措施的权利,我们还要充分行使第一代的言论自由权利,我们要大声疾呼,还要为那些不把第二代人的权利看成是权利,而是看成是"希望"或"愿望"的公职候选人购买广告和提供财政捐助,就像美国参议院一直拒绝批准联合国《社会、经济和文化权利公约》那样(美国是唯一一个没有这样做的发达国家)。前联合国大使让·柯克帕特里克(Jeanne Kirkpatrick)更加明确和愤世嫉俗,他把《公约》称为"写给圣诞老人的信"②,而她的继任者莫里斯·艾布拉姆斯

---

① 《母性伦理和其他奴隶道德》(*Maternal Ethics and Other Slave Moralities*),Routledge,1995,第131页。

② 诺姆·乔姆斯基在《流氓国家》(*Rogue States*)中引用,South End Press,2000,第112页。

(Morris Abrams)将这种权利要求描述为"不过是一个空容器,可以将模糊的希望和不确定的期望倒入其中"①。

如果我们坚持道德必须建立在自主个人概念的基础上,那么我们将如何说服不仅是古典自由主义者,而且还有柯克帕特里克、艾布拉姆斯,以及美国政府中的许多有权势的人,人们确实有工作的权利,或医疗保健的权利,甚至有受教育的权利?如果我们说他们有道德义务投票支持福利措施,以确保第二代的社会、经济和文化权利,他们会立即回答说,他们有道德义务不认可这些措施——显然,一旦他们运用个人的自由、自主和理性来谋求自己的私利,我们是不会说服他们的。我们可以确信,当他们提出这些论点时,他们将得到所有其他具有强烈的种族主义或性别歧视倾向的人(无论是否富有)的欢呼和鼓掌。

同时,我在此还想强调的是,我们专注于维护和加强法院和立法机构所保护的第一代权利的形式自由和自主,已经成为我们在美国和世界其他地区未能实现更大的平等和公正的一个重要原因。那些"富人"和"有钱人"显然不想扰乱现状,因此会花很多钱来确保他们能拥有更多的东西。虽然毫无疑问,这是高度个人主义的,而且他们会声称是道德的,正如我稍后所论证的那样——但这恰恰不是民主的思维。

考虑一下著名理论经济学家曼库尔·奥尔森(Mancur Olson)的以下说法:

---

① 《流氓国家》,South End Press,2000,第112页。

蓬勃发展的市场经济,除其他外,需要有提供安全的个人权利的制度。储蓄、投资、生产和从事互利贸易的动力尤其取决于对可出售资产的个人权利。同样,如果没有权利设立有法律保障的公司,私营经济就不能适当地利用……生产机会。①

现在,乍一看,当我们提到私有财产时,似乎是在说经济权利,因而也是第二代权利,但实际上我们并不是这样。除了两次开创和废除禁令之外,《美国宪法》的二十七项修正案或者是程序性的,或者是涉及公民权利和政治权利的,而能够保持、拥有和保障自己的财产,在第二、第三、第四、第五和第十四修正案中都有明确的规定。1972年,波特·斯图尔特(Potter Stewart)法官说:

个人自由权和个人财产权之间存在着基本的相互依存关系。……财产权是基本的公民权利,这一点早已得到承认。②

为了了解为什么会这样,我们必须明白,财产权的概念既不是指实际占有,也不是指所有者与物品之间的关系。相反,

---

① 《发展取决于机构》("Development Depends on Institutions"),载于 College Park International,1996年4月,第2页。
② 引自詹姆斯·W. 伊利(James W. Ely, Jr.):《其他权利的监护人》(The Guardian of Every Other Rights),牛津大学出版社,1992。

财产权是所有者与其他人之间关于物的一系列关系,由此可见,那些拥有大量金钱购买物的人,在不动产、物质产品和服务方面的"权利"将远远超过那些生活在赤贫中的人。记者利布林(A. J. Liebling)曾指出:"只有拥有新闻自由的人才能得到新闻自由的保障。"①

为了说明奥尔森的推论如何在实践中发挥作用,为了强调赋予第一代财产权和经济权利优先于第二代经济权利的重要性,我们只需看看过去几十年来美国公司迁往海外的工厂关闭情况就可以了。我们看到,从20世纪70年代和80年代的钢铁厂到棉花厂、汽车厂和玩具厂的关闭。这些工厂中,有不少是在盈利的情况下被关闭的。然而,政府不仅没有采取任何措施阻止这些工厂的关闭,法院还维护了公司拒绝将工厂出售给试图购买工厂以维持生产和就业的当地城镇和(或)工会的权利。② 但是,当个人的公民权利和政治权利神圣不可侵犯时,几乎没有什么办法可以阻止这些不幸的操作。我在这里的观点并不是简单地指责公司和联邦政府(尽管它们理应如此),而是概念性的:如果没有人可以削弱我作为个人或公司的自由,让我对合法的东西为所欲为,那么这些公司关闭工厂或让它们闲置而不是把它们卖给另一个买家,只是在主张他们合法的公民和政治权利。但是,如果我们认为工人在胜任工作的情

---

① 我未能找到这句箴言的来源,但维基百科中Liebling的条目也引用了这句话。

② 例如,仅在俄亥俄州的一个城市就发生了几次。见1997年6月14日《国家》杂志上马克·库珀(Marc Cooper)的《一个被背叛的城市》("A Town Betrayed")。

况下,有权在工作中得到保障,有权期待他们的养老金计划和健康保险继续有效(而公司却继续盈利),那么,这些公司的行动、政府的不干预和法院的支持,都会在道德上受到怀疑,在一个真正体面和民主的社会里,很可能是不允许的。但很多人很难这样想,因为受到如下观念的强烈影响:每个人作为自主的个人在自然状态下为了自己的利益而相互签订契约。我们也不再惊讶,美国参议员候选人相信他可以通过在竞选演讲中宣称"我不负责你的医疗服务。如果你得了癌症,我会为你感到难过。但这是你的问题,不是我的问题"①而赢得选票。

个体主义意识形态能被克服吗?

这种根深蒂固的意象也使人很难将对基于自主个人的第一代人权的挑战视为除了暗中支持一种或另一种形式的专制政府之外的任何东西。因此,我必须重申,我并不打算以任何方式这样做。倒不如说,我关心的主张是将我们的道德和政治观点建基于基础个人主义之上,并不是替代法西斯的唯一哲学选择。之所以被认为是这样,主要是因为不惜一切代价地倡导以自由、理性、自利的自主个人概念为基础的资本主义意识形态想象力的效用,这个概念反过来又导致了道德思维中自私和利他主义的二分法,以及政治领域中个人主义和集体主义的二

---

①该评论是共和党参议员候选人史蒂夫·隆根(Steve Lonegan)在2013年的一次特别选举中发表的。他的对手科里·布克(Cory Booker)的竞选演讲和募款邮件经常被引用。另请参见第二章,第46页注释①。

分法。在我看来,这些二元对立的观点过于尖锐,使我们难以接受新的或旧的方式来设想做人的意义,以及随之而来的自由和社会正义的观点。它们是摩尼教式的二元对立,对个人主义者和集体主义者来说都是自私的,现在需要挑战它们。我们诚然可以保留两者的见解,但当寻找更好的方式来面对今天的世界时,如果我们考虑到可能存在一个更和平和公正的明天的话,就必须整体放弃它们。为了让抛弃变得更容易,我将描述和规定早期儒家所设想的另一种做人模式,但希望一旦我的读者能够开始从基础个人主义的意识形态下走出来,儒家的愿景不会显得陌生或不可行。在本章中,我最关心的是论证个人主义对人的定义在道德和政治上的破产,这种定义允许现状继续下去,并将竞争设想为除了专制或其他更糟选项之外的经济活动的唯一动力。

如果我对奠基于基础个人主义之上的第一代和第二代权利诉求之间内在不相容性的分析是正确的,那么这就表明,自由的、拥有权利的自主个人在未来不会比他们在过去更有能力对我们为什么要关心他人(我们没有自由选择关心的)的问题提供充分的答案。换个角度看,尽管公民权利和政治权利的价值基础显然是自由,但社会和经济权利似乎更植根于正义概念,尽管它们也更经常地以自由的语言表达。因此,我们也可以用其他方式说明权利的冲突:(个人)自由的概念被用来压倒对(社会)正义的要求。或者说,以权利为基础的程序正义(而权利又以基本的个人主义为基础)胜过以善为基础的分配正义。我们将在第六、七章回到一个角色承担者会看到的人权概念。现在,我只想总结一下,在基础个人主义的意识形态下,越来越明显的是,"人人享有自由和正义"比今天的美国更接近描述牙仙子(tooth fairy)①的童话世界。

对自由、理性、自主的个体自我概念的许多含义的反社会性的理解,一个相关的问题很可能更普遍地归因于我们在思考道德、正义和类似的问题时,头脑中保持的抽象的哲学观念。在对最佳政体进行理论分析时,我们尝试在抽象的层面上构建一个状态,即使不是理想的状态,至少也是近似的状态。在这种状态下,我们当然会希望最大限度地实现自由、平等,保证资源的公平分配,要求每个人在直接影响到他们的事务中都有发言权,我们对如何最好地实现这些目标进行了长时间的思考。但是,如果只沿着这些思路思考,就很难记住并不存在理想的共和国。我们都生活在现存的状态中,或多或少地存在着不平等、不公正、贫困、暴力等特征,而这些特征在今天看来都明显地在上升。因此,虽然我们当然应该问"什么是最好的国家"这样的问题,但是这个问题的重要性应让位于"我们如何才能将现有国家改良为一个更好的"。

然而,在每一个实际的国家中,有些人比其他人拥有更多的财富和权力,因此有更多的自由、资源和能力来表达他们的愿望并得到尊重。这些愿望几乎肯定会包括希望维持自己的特权,因此他们会希望保持和加强现状,他们会尽可能地在政治上利用自己的财富和权力来阻止威胁这些特权的法律变化。

---

① 牙仙子是源自北欧文化的幻想人物。民间传说当孩子失去一颗乳牙时,应该把它放在枕下或床头柜上,牙仙会在他们睡觉时来访,用一小笔钱代替失去的牙齿。——译注

他们也会想为自己的地位寻求道德上的合法性,声称自己的国家没有重新分配财富和权力的道德(和法律)制高点。所以在贵族社会中,财富和权力是作为与生俱来的权利累积起来的,那些想要改变现状的人必须主张人与人之间的平等,从而为非世袭的资源分配争取道德上的优势。如果可以通过强制来管制乌合之众,那么可以声称(已经声称),决不允许人民公敌延缓每个人的伟大明天(Grand Tomorrow)的发展(这似乎永远不会实现)。因此,变革的推动者必须做出道义上的回答,即今天生活的人与明天生活的人一样,享有同等的资格获得对正义和资源的要求。

所有这些都是在说,那些希望改变目前状况,走向一个更公正的社会的人,如果他们要获得足够的追随者,通过投票箱来实现改变,就必须使用一些其他的道德或政治基础概念(广泛的暴力是唯一的其他选择)。但在目前的情况下,富人、超级富人和他们分配了一些权力的爪牙通过《人权法案》不断地援引自由、平等和尊重法律的观念,他们正在利用这些观念,以达到很好的效果。这种宣传的道德吸引力是如此之大,以至于绝大多数"茶党"①支持者都支持那些根本不符合他们狭隘自身利益的政策。许多人从这种令人费解的现象中得出结论:普通美国人相当愚蠢。我的结论是,他们表现出了巨大的道德力

---

① 茶党运动是美国共和党内财政保守的政治运动。该运动的成员呼吁降低税收,并通过减少政府支出来减少国家债务和联邦预算赤字。该运动支持小政府原则,反对政府赞助的全民医保。其成员由意志主义者、右翼民粹主义者和保守主义激进主义者组成。2009年之后发起了一系列运动。——译注

量,而这种力量正被不断轰炸他们的意识形态和刻薄的、极具误导性的报道、广告和竞选活动所误导。

那么,那些寻求变革的人可以根据什么来论证他们想要带来的变革具备道德或法律上的优越性呢?

为了证明这个问题的力量,我们应该更具体、更详细地审查最具个人主义立场的支持者的论点,以及他们关于一个可接受的道德准则的主张:古典自由主义者(libertarians)。

Chapter 5

The Apotheosis of the Individual Self:
Libertarianism

第五章

个人自我的神化:
古典自由主义

当你有钱的时候,独立是很容易的。

——马哈利亚·杰克逊(Mahalia Jackson)①

今日的古典自由主义

近几十年来,古典自由主义作为一种道德和政治哲学的受欢迎程度有了显著提高,甚至在自由民主国家,选举出的官员即使不是信奉古典自由主义的全部原则,也是信奉它的大部分原则。在这次对古典自由主义运动的批判中,我将再次从美国引出我的例证,因为美国的古典自由主义运动显然是最强大的。但是,许多在欧洲国家成长的极端保守主义团体在他们的意识形态中都有一些古典自由主义的成分,尽管他们更常被称为"民族主义""民粹主义""反动主义"或"本土主义",所以我的评论应该会引起欧洲读者的一些兴趣,且不亚于美国读者的兴趣。② 同样,鉴于美国影响全球事务的不对等能力,我们完

---

①赫伯特·布鲁斯特(Herbert Brewster):《前进更高一点》(*Move on Up a Little Higher*),马哈利亚·杰克逊(Mahalia Jackson)编,Apollo,1947。

②在我写这几页的时候,玛丽娜·拉彭(Marine La Pen)的国民阵线是法国第三大政党;蒂莫·索尼(Timo Soini)的真芬兰党在芬兰上次选举中赢得了20%的选票,现在是政府中最大的反对党;在荷兰,盖特·怀尔

全有理由聚焦于影响"自由之地(land of the free)"和"勇敢者家园(home of the brave)"事务的意识形态。

造成这一现象的因素有很多。通过革命战争从英国独立出来后,制宪会议的主要议题之一就是担心联邦政府不要太强大。将福利国家视为一种厌恶并不限于古典自由主义者,因为美国的许多福利领取者都是少数族裔(就像欧洲的移民一样),古典自由主义和民族主义一样,为原本被认为是种族主义的事情提供了道德和政治掩盖。在美国,任何重大移民改革都是不可能的,就像福利国家一样,应将其视为道德上而非经济或政治上的分裂。

对古典自由主义在美国的兴起同样重要的是,人们对政府越来越厌恶,因为政府似乎越来越不重视被统治者的需求和愿

德(Geert Wilder)是自由党的议会领袖,是该国第四大政党;希腊的"金色黎明"极端民族主义政党正在崛起;在其他欧洲国家,也有一些规模较小但不断壮大的具有自由主义思想的政党在成长。造成这种现象的因素有很多。福利国家对于发展中国家的不幸者来说是一个相当大的诱惑,而欧洲(或美国)已无法维持安全的边界,唯一能阻止移民的希望就是消除这个诱惑。这也是法国和荷兰的勒庞和维尔德等本土主义较强的政党的一个号召力。芬兰的情况则不然,那里的少数民族人口(除了拉普人)少得可怜。上次大选时(2011年4月)我和妻子在赫尔辛基,他的共同竞选主题是反欧盟:"为什么勤劳的芬兰人要向西班牙银行付钱,因为他们向买不起房的西班牙农民提供愚蠢的住房贷款?"令我们芬兰学术界的朋友们大吃一惊的是,索尼的演讲在全国许多地方甚至是赫尔辛基都引起了相应的共鸣。希腊"金色黎明"党现在在议会中占有席位,他们也强烈反对欧盟,但在他们的情况下,他们对欧盟要求采取紧缩措施以换取新贷款而强加给希腊工人的经济混乱感到愤怒。

望,而且受制于大公司,抑或因为它们似乎根本没有能力治理。

古典自由主义几乎无一例外地被视为政治光谱中的极右翼,只略微偏向法西斯主义(或右翼无政府主义)的左边。而本章的重点的确是古典自由主义的右翼、极端个人主义形式。然而,我们必须小心,不要总体上把古典自由主义的立场过于简单化,因为它的信奉者把自己置于政治格局的各个角落。它的一些政治含义可以将其置于左翼(相当接近于左翼无政府主义),而另一些则明显是极端保守主义的取向。至少在某些问题上,它们之间有很大中间地带。

背景资料

简明扼要地描述这场运动的特征的最好方法可能是将个人主义的古典自由主义者(和无政府主义者)与古典自由主义的社会主义者(和无政府主义者)①区分开。自由的概念对于这两者都是至关重要的,但前者主要关注的是让国家最大限度地不管束他们和所有其他人,而古典自由主义社会主义者则倾

---

① 许多自由主义者同情无政府主义,但那些关心财产的人(也就是我们大多数人,至少在某种程度上)不会同意废除所有政府,而是希望有类似"守夜人(night watchman)"的国家来保护他们的财产。罗伯斯特·诺齐克(Roberst Nozick)在他的《无政府、国家和乌托邦》(*Anarchy, State and Utopia*)中详细讨论了这一主题,引用如前。如伊恩·弗莱彻(Ian Fletcher)在《自由主义:新的反美主义》("Libertarianism: The New Anti-Americanism")一文中指出的那样,自由主义者被定义为携带信用卡的无政府主义者。HuffPost Politics blog,2011年1月19日。

向于相信政府几乎是按照统治精英的命令行事,这会阻碍人们自由团结起来以社区方式管理自己的事务。但即使在这里,要划清意识形态的界限也是非常困难的。比如19世纪著名的个人主义的古典自由主义/无政府主义者莱桑德·斯普纳(Lysander Spooner),他虽然是彻头彻尾的个人主义者,但他却为美国刚刚兴起的劳工运动做了大量的工作,并与威廉·劳埃德·加里森(William Lloyd Garrison)和温德尔·菲利普斯(Wendell Philips)一起成为废奴运动中强有力的领军人物。① 拉尔夫·瓦尔多·爱默生(Ralph Waldo Emerson)也是一个彻底的个人主义者——《论自助》("Self-Reliance")可能是他最著名的文章——但他不是一个古典自由主义者(或无政府主义者)。② 同时,一股强烈的社群主义暗流也贯穿了美国的知识生活,其中有些是鲜明的古典自由主义的社会主义者,从19世纪兴起的一些乌托邦式的意向性社区就可见一斑,有些还以宗教为动力——印第安纳州的罗伯特·欧文(Robert Owen)的新和谐(New Harmony)③、艾奥瓦州的阿曼纳(Amana)和纽约

---

① 史蒂夫·肖恩(Steve Shone)对斯普纳的思想和作品有很好的概述。见《莱桑德·斯普纳:美国无政府主义者》(*Lysander Spooner, American Anarchist*),Lexington Books,2010。

② 爱默生的《论自助》("Self-Reliance")注释版载于大卫·米基克斯(David Mikics)编辑的《注释版艾默生》(*The Annotated Emerson*)中,Belknap/Harvard University Press,2012。

③ 欧文的主要著作是《新社会观》(*A New View of Society*),由Create Space LLC再版。《印第安纳历史杂志》(*Indiana Magazine of History*,1999)专门介绍了新和谐实验的历史。

的奥奈达(Oneida)①,是其中比较著名的(也是以阿曼纳的电器和奥奈达精美的银器而闻名)。

所有古典自由主义者似乎都同意自我所有权的原则,以及他们合法获得的所有物品的所有权,但个人主义者坚持认为,无主的自然资源属于主张拥有它们的人和(或)运用劳动将之转化为有价值的商品的人。而社会主义的古典自由主义者则坚持认为,无主资源属于整个社会,因此必须对其征用进行补偿。这两个群体都不喜欢政府对私人事务的干预,因此倾向于赞同同性恋和堕胎权等热点问题,并反对美国在海外的许多军事误判。左右两派古典自由主义者之间的分歧往往取决于如何权衡实质正义与程序正义。

然而,古典自由主义的社会主义者在今天的美国却相当缺乏;"茶党"团体及其政治代表的言论所投资的是个人反对国家的自由。考虑到美国不平等现象的日益增长,这一点相当令人惊讶,更令人惊讶的是,对古典自由主义思想的持续批判相对较少,尤其是来自道德和政治哲学家的批判。也许他们和其他许多人一样倾向于认为,尽管它有直接的吸引力,但目标显然是错误的,以至于不值得努力反驳。约翰·肯尼思·加尔布雷思(John Kenneth Galbraith)也简明扼要地提出了类似的观点,他说:"现代保守主义者从事的是道德哲学中最古老的实

---

① 多洛雷斯·海顿(Dolores Hayden)在《七个美国乌托邦:共产主义社会主义的体系结构》(Seven American Utopias: The Architecture of Communitarian Socialism)中对它们都进行了详尽的论述。麻省理工学院出版社,1979。(海顿也研究新和谐。)

践之一;也就是说,为自私寻找一个优越的,道德上的理由。"最近,一位流行的古典自由主义批评家把它描述为"一种臭名昭著的自私哲学"。①

但是,将古典自由主义视为头脑简单或以谩骂的方式加以否定,本身就是头脑简单的做法。我相信,仔细研究它的基本论点,就会发现它是连贯的、一致的,按逻辑标准来看,并非一个不合理的道德准则和政治立场。它与经济学交织在一起,是古典自由主义对资本主义的基础假设的逻辑延伸。这些假设中的大部分我们已经讨论过了,尤其是自由的至高无上重要性。然而,要享受自由,就不能把人类从根本上看成是群体的成员——因为那必然需要制约他们的自由——而本质上要把他们看作是个人。当然人类与他人互动,影响他人,并受他人影响,但就几乎所有的知识意图和目的而言,无论是经验性的还是规范性的,都应该站在他们自己的立场上,作为不受约束的个人身份来描述、分析和评价他们。而且他们是完全拥有自己的。

我们还考虑了古典自由主义的其他基础假设,即人不仅本质上是自由的个体,而且是理性的,能够克服本能,并从各种可能的行动方式中进行选择,这是他们被视为自主的并受到推崇的必要条件。

现在你会说:"等一下。这些基础性的假设绝不是古典自

---

① Brainy Quotes 网站上引用了加尔布雷思的名字。第二段引文来自伊恩·弗莱彻《自由主义:新的反美主义》("Libertarianism: The New Anti-Americanism"),前引。

由主义者的独有特征;我以为你是在说,将人定义为自由的、理性的自主个体是所有自由主义者,无论是古典还是新自由主义,以及绝大多数保守主义者所共有的,更不用说无政府主义者了。而且这些假设彻底渗透到美国文化的每一个组成部分之中。"

你这样说是正确的。这些基础性的假设似乎是描述、分析和评价几乎每一个现代道德哲学家和政治理论家,以及更多的美国机构中的人的行为所必需的。康德的道德哲学思想的开始和结束是有理性的个人,他们可以合理地相信自己是自由的,而每一个自由的理性个体对于边沁和密尔来说亦是如此。正是霍布斯自然状态下的理性个体将自己的部分自由拱手让给了一个主权者,他们的后代在罗尔斯无知之幕下重新思考同一个问题。

自由、理性、自主的个人愿景同样是我们法律制度的基础。如果我杀了人,除非我疯了(不理性),或被胁迫(不自由),否则我一个人要独自负责。同样的愿景也为我们的社会道德提供了依据。是自主的个人才有价值和尊严——不只是对康德而言——因为他们可以选择自己负责的目的。我做了一件英雄的事,会受到赞扬,但如果得知是我妻子做的则不会,或者如果我没有意识到自己在做这件事也不会,以及被告知如果我不做就会被杀死,那就更不会。

因此,我在这里之所以关注古典自由主义,是因为我相信,它只是将这种自由、理性的个人自我的概念发挥到了其逻辑极限,因而值得我们密切关注,因为我们所有人都或多或少地效忠于一种类似的人类愿景。尽管我们可能不喜欢自由主义,但不能像许多人似乎认为的那样,轻易就把它否定了。

而且它也不应该被忽视,因为它现在所起的作用(不仅仅是在古典自由主义者中)在这个世界上最富有的国家中维持着可耻的不平等程度,今天每四个孩子中就有一个孩子在贫困中成长,而最富有的10%的人却控制着国家近80%的财富。①我相信,对自由主义进行更深入的分析将表明,在当代世界中,自由和理性的自主个人是如何阻碍社会正义的实现,即使是在所谓的民主社会中。

而且因为同样的关于做人的观点,也是反对自由主义和保守主义的论点依据。在我看来,所有自由主义和保守主义对这种观点的基本立场的挑战最终都必须失败,且只能被视为古典自由主义道德上的一个替代选择,而不是对它的驳斥。鉴于基础个人主义,任何论点都不能建立起朝向社会正义的基本价值重新排序,它们都将沦为"我喜欢"或"你喜欢"的分歧而没有解决之道。在后一点上我可能是错的,但我想把它作为哲学上的挑战留给我的自由主义和保守主义的同事们;到目前为止,我听到或读到的为数不多的对古典自由主义的所谓反驳,无论采用哪种具体的个人主义意识形态,都没有给我留下深刻的印象。如果要否定古典自由主义对道德高地的要求,在我看来,必须以非个人主义的方式——即由角色承担者,或佛教徒,或其他人类和(或)生命体中的立足点来否定。

---

① 这方面最令人惊讶和厌恶的统计数据是乐施会在2014年1月的时事通讯中发布的,没有人对此提出质疑:最富有的85个人比世界上最贫穷的50%的人口——35亿人拥有更多财富。

目前的情况

请允许我就个人自由与社会正义之间的紧张关系作片刻阐述,以此引出对古典自由主义基本立场的力量的更细致考虑。不仅在经济和政治上,严重的不平等现象开始侵蚀美国的社会和道德结构,这并非前所未有。随着资本主义的发展和壮大到现在的主宰地位,富足(对某些人来说)中的贫困(在许多人中)在其历史的大部分时间里一直困扰着这个国家。然而,在过去,当自然界的果实可供采摘时,以社会正义的名义要求重新分配财富的道德呼声通常被反驳,反对者认为可以通过提高生产力,在不限制富人的个人自由和财产权的情况下减轻贫困:随着经济蛋糕的扩大,每个人都能分到更大的一块,因此,富人感到有理由可以对街上穷人的痛苦视而不见。

美国目前的历史在这一点上让人没有什么乐观的理由,但人们可以继续坚持认为"保姆国家"干预了自由市场的运作,从而抑制了生产力的增长,随之而来的是赤贫的减少,取消管制,放开市场,平衡预算,国家就会繁荣起来——无论如何,大部分都会繁荣起来;这并非是一个完全不合理的论点,不少经济学家——实际上,几乎所有的经济学家都提出了这个论点且已经有两百年了。

直到现在,美国太多的紫色山脉不再雄伟,其硕果累累的平原已经或正在迅速变得贫瘠。我们的天气越来越恶劣,我们的空气越来越难以呼吸,海浪开始拍打着我们一些沿海城市。整个地球,特别是美国,不能再忍受过去一百五十年来所经历的剥削程度,更何况世界上的人口还没有趋于平稳。

如果这种观点是正确的,那么似乎只有通过一些财富再分配措施才能实现分配(社会)正义。如果经济大饼不能再以牺牲地球为代价来增加,那么现存的和未来的大饼就必须以不同的方式来分配,而这不能不以牺牲目前的富裕阶层为代价。但这只能减少他们的个人自由:他们必须付出更多的钱来援助不幸者的困境,他们在寻求增加财富的过程中必须忍受更多的管制,他们真正的自由就会减少。

而这在道德上似乎是有问题的:如何证明仅仅因为一些人比其他人拥有更多的资产,就限制他们对自己的资产所能做的事情?因此,古典自由主义者(不只是超级富豪)可以继续在道德上捍卫自己的立场,呼吁个人自由和自主以及随之而来的正义的程序形式,以压倒旨在减轻贫困的立法事项和以分配(社会)正义的名义对公司进行管制。

政治哲学家蒂博尔·马尚(Tibor Machan)说过:

> ……在古典的、自由主义的、古典自由主义的政体中(根据其自然、个人权利的宪法),自由的资本主义经济体系将占上风。当然在法律上也不能保证不受贫穷和不幸的影响,也不能强迫任何人向其提供供应品以减轻这些条件。这是否构成损害该系统的理由?……答案是,这并不能成为放弃古典自由主义方案而选择其他的,比如说福利国家的理由。①

---

① 《关于斯特巴的评论》("Comments on Sterba"),载于《道德与社会正义》(Morality & Social Justice),詹姆斯·斯特巴(James Sterba)编,Rowman&Littlefield,1995,第60页。

马尚的理由在于不损害保护自由、自主的个人财产权的法律制度,这一点也不奇怪。但是,社会正义的拥护者也会颂扬个人的自由和自主,就像对古典自由主义者一样,两者都是纯粹的善。那么,如何反驳后者建立在同样假设上的道德论点呢？只要自由主义者(还有保守主义者,以及社会主义者),分享古典自由主义立场的基础,他们对后者的反对几乎肯定不会有说服力,如我已经在论证的。我们目前的困境也许不应该被看作是政治性的,而应该被看作是植根于整体的个人主义道德(和精神)取向,需要每个人从根本上重新思考。我认为做人意味着什么,在很大程度上决定了我将采取什么样的道德观,更基本的是,影响了我的道德直觉的发展,而道德直觉的发展对我最终采用的道德观做出了重大贡献。

古典自由主义者的论点

为了更清楚地看到这一点,让我们更详细地研究一下古典自由主义者的基本论点。如果我们相信,作为个人,我们不需要我们的兄弟(或者我们的姐妹)的帮助来继续我们自己的生活,那么我们为什么要相信我们是他们的守护者呢？如果我们能照顾好自己,为什么他们就不能呢？正是通过这种方式,非常富有的人——不幸的是,还有很多其他人——在道德上和政治上为自己的行为辩护。他们不会说他们是贪婪的、自私的、贪欲的、无情的、种族主义者或者有任何其他卑鄙的品质,或者至少乍一看似乎具有其中许多卑鄙的特质。相反,他们会说他们是根据原则行事,特别是个人固有的自由原则,即只要他们尊重所有其他个人也有同样的自由,就可以按照自己的意愿自由地追求自己的计划。因此,这些人只是在坚持独善其身的权利,以及按照自己的意愿处置资源的权利。这些都是最基本的社会契约。

然后,古典自由主义者可以用经济论点来扩展他的道德论点:他们中的大多数人还会声称,从长远来看,如果无论何时在所有领域保护所有未被监禁的个人(和公司)的自由,让自由市场支配所有商品的最大公平分配,那么绝大多数人的生活会更好。为了实现这一崇高的目标,不需要用任何明显可见的手。

换句话说,我们可能会怀疑,很少有华尔街的经纪人、银行家、石油、制造业和媒体大亨以及富人中的其他人认为自己或希望自己被视为道德怪物。因此,他们提出道德、政治和经济方面的论点——从安·兰德(Ayn Rand)到亚当·斯密(Adam Smith),罗伯特·诺齐克(Robert Nozick),以赛亚·柏林(Isaiah Berlin),米尔顿·弗里德曼(Milton Friedman),路德维希·冯·米塞斯(Ludwig von Mises),弗里德里希·哈耶克(Friedrich Hayek)以及其他许多重要思想家[1],使自己摆脱了

---

[1] 多年来,所有这些思想家的书都很畅销,而且仍然相当畅销。对于安·兰德来说,就是《阿特拉斯耸耸肩》(*Atlas Shrugged*)和《源头》(*The Fountainhead*),这两本书分别于1999年和1994年由Plume再版。亚当·斯密的经典之作《国富论》有各种版本。罗伯斯特·诺齐克:《无政府、国家和乌托邦》(*Anarchy, State and Utopia*),同上。以赛亚·贝林(Isaiah Berlin):《自由四论》,同上。弗里德里希·哈耶克(Friedrich Hayek):《通向奴役之路》(*The Road to Serfdom*),芝加哥大学出版社,2010;《个人主义和经济秩序》(*Individualism and Economic Order*),芝加哥出版社,2012。路德维希·冯·米塞斯(Ludwig von Mises):《人的行为》(*Human Action*),

道德困境。这些思想家中的一些人是经济学家而不是哲学家或政治理论家,这一点在这里并不重要,因为经济推动了当今地球村的政治和社会文化,从而也推动了地球村的规范和价值秩序。当然,在哲学家的帮助下,我们可以在康德和密尔的伦理学著作中,或者在卡尔·马克思的著作中,找到对自由作为一种不折不扣的善的更充分的辩护。①

因此,从古典自由主义的角度看,我对你的主要义务只是不干涉你,这也是我所要求的全部回报。我不为生为白人、男性、美国人或其他什么人负责,就像我不为你生为刚果人、柬埔寨人、富人、穷人、高个子、矮个子或糖尿病患者负责一样。我现在要为自己负责,也要为与我自由签订互利和义务合同的人负责。因此,我会找到我自己的工作,获得我自己的医疗保险,制定我自己的养老金计划,在我有能力的情况下购买住房,并负责我的孩子的教育,谢谢你。知道每个人都会追求自己的私

Liberty Fund,2007;《社会主义:经济学与社会学的分析》(Socialism: An Economic and Sociological Analysis),1986。重要的经济学家米尔顿·弗里德曼(Milton Friedman):《资本主义与自由》(Capitalism and Freedom),芝加哥大学出版社,2002;《自由选择》(Free to Choose), Mariner Books,1990,以及《为什么政府是个问题》(Why Government is the Problem),Hoover Institution Press,1993。

①在其关于异化的著作中,马克思的愤怒是显而易见的,他描述了工厂非人的工作条件使渴望自由的人类精神死气沉沉。这些是所谓"早期"马克思的著作,它们被称为"巴黎手稿"或"1844年手稿"。它们在一个世纪内没有被翻译成英文,并首次被埃里希·弗洛姆(Erich Fromm)在他的《马克思的人的概念》中精彩地呈现出来。Frederick Unger,1966。

利。我也会积极参与选举过程,竞争的激烈程度不亚于自由市场。在所有这些成绩上,你也应该这样做。如果我在任何或所有这些方面发生不幸,我会默默地承受,不向你或任何人,特别是政府要求施舍。我根本不关心禁止堕胎、安乐死、同性恋婚姻,或任何其他私人行为(这是自由主义派的事业),只要它不限制他人的自由。我也不喜欢保守派用自己的名声强迫我交税去起诉外国侵略,就像我不想付给自由派钱去支持福利院流浪汉的吸毒习惯一样。我没有从父母那里得到遗产,但我当然不希望被告知我不能把我一生中合法积累的财富留给我的孩子。而且请注意,对于每一个这样的申明,我都可以制定一个行动指导原则,我可以将我的意志变成一个普遍的法律;请放心,我已经认真对待康德了。

此外,如上所述,近两个世纪以来的大部分主流经济思想都支持这一观点,即如果自由市场占主导地位,而且参与这些市场的人享有最大限度的自由,可以按照他们认为最好的方式进行投资和生产,那么整个世界最终将使许多人更加繁荣。①那些没有兴旺发达的人只能责备自己。这就是个人责任的概念。从这个角度看,个人(和企业)的自由和自利将为社会带来最大的效用,当然,这也说明我也认真对待了边沁和密尔的功利主义。

古典自由主义者的理由就是这样。无论我们喜欢与否,这都是一个非常有力的理由。如果我们反对说我们都有某种义务消除贫困,古典自由主义者就会反驳,说他对穷人的困境没

---

①见第四章,第129页注释①。

有任何责任,因此也就没有减轻贫困的道德或政治责任。他会说,我慷慨地捐给慈善机构,但这是我的事,没有人可以决定我应该捐出自己的财产多少,向谁以及何时捐出。

我们可以对古典自由主义的论述提出其他反对意见,但不应该指望其中任何一种反对意见有多大的说服力,因为古典自由主义者的观点是以自由和未受约束的自主个人、理性自我的概念为基础的。而且它们还得到了社会科学,特别是经济学家的许多理论工作的额外支持,其中90%的经济学家在两个世纪以来一直是资本主义的肆无忌惮的拥护者(当然,总是声称自己是客观的)。① 再举一个例子,理性选择理论(Rational Choice Theory)作为社会和行为科学的分析工具是不可行的,除非假设人类基本上是自由的、自利的、追求利润最大化的实体,一旦偏好被确定,他们就可以不受情感影响地运用自己的理性能力。如果一个人的喜好恰好包括帮助他人,那很好。如果一个人的喜好更多的是自我陶醉,那么零和游戏形式的竞争就会随之而来。而在理性选择理论中,所有的考虑因素总是有一个隐含的要求,这让任何关于它是客观事业的说法都成为一种嘲讽:"为了最大限度地提高偏好,寻求财富(To maximize

---

① 最近最畅销的《21世纪资本论》(*Capital in the 21st Century*)可能因为由一位德高望重的经济学家写得很详细而最终开始平息了这样的神话,即如果蛋糕继续扩大,每个人都会分到更大的一块,这将削弱而不是否定自由主义者的道德主张。不过,在任何情况下,它的发表肯定是有益的。托马斯·皮凯蒂(Thomas Piketty)撰写,亚瑟·高德汉默(Arthur Goldhammer)翻译,Belknap/Harvard University Press,2014。

preferences, seek wealth）。"①

总而言之，我认为，只要我们也继续接受人类基本上是自由的、理性的、自主的个人这一观点，并保留体现这一观点的宪法，我们就永远无法剥夺工业首领、银行家、经纪人和其他富人的道德外衣，也无法控制他们在政治舞台上的统治地位。无论我们多么不喜欢它，或相信许多古典自由主义的信徒只是种族主义者，它似乎符合作为一个可接受的道德准则的所有标准。如果每个人都非常看重自由和自主，我看不出有什么论点能有效地反对古典自由主义者。同样，我们是以牺牲社会正义为代价来购买自由。

在道德和政治上可以挑战古典自由主义者，但在我看来，如果接受一种基础个人主义作为伦理学的基础，就无法挑战。我们接下来要谈到的角色承担者，并且像所有佛教徒一样，也确实挑战了这种立足点。也许还有其他可接受的道德规范，也不需要自主的个人自我。而且也许有一些个人主义的哲学家确实可以提出对自由主义立场的驳斥，但我现在对此毫不了解。无论如何，我把它留给我的哲学同事们，让他们去寻找自由主义道德准则的个人主义反驳。与此同时，我将继续坚持认为，自由、理性、自主的个人自我的概念，无论它曾经多么有用，现在都只是支持统治精英及其爪牙立场的有害宣传。

---

① 参见约翰·麦康伯（John McCumber）《理性选择哲学的失败》（"The Failure of Rational Choice Philosophy"），载于《纽约时报》斯通的评论员页面，2011年6月19日。

第五章 个人自我的神化：古典自由主义

在整个20世纪的大部分时间里，美国关于发展更公平、更可持续的社会、政治和经济组织模式的明确思考受到了1917年布尔什维克革命的阻碍。在接下来的三代人中，反共的意识形态在美国知识分子中占据了中心地位，单纯地反对某件事情，就会扼杀人们思考未来新的（或很古老的）可能性的想象力。每个人仍然对当前的思维感到舒服。现代以个人主义为基础的道德观和政治理论与自由概念的联系，及随着工业时代的到来而急剧增长的资本主义的联系——几乎与启蒙运动在时间上恰好吻合——并非偶然。而作为一种意识形态，这种理论就更有说服力了，它把资本主义社会中替代自由、理性和自主的个人自我的唯一可能选择再次看作是极权集体中面目模糊的一员。

因此，这种反乌托邦的集体主义被认为是个人主义意识形态的唯一选择，难怪这些意识形态现在在我们心中如此根深蒂固，以至于我们不知道还能去哪里寻找可行的战略来处理21世纪的大规模问题。但是，挑战各种伪装的个人主义并不意味着要接受任何已知的集体主义，个人主义/集体主义与道德领域同样是摩尼教的自私/利他分裂一样，并没有穷尽政治思维的可能概念选择。它们都深深地植根于资本主义经济学核心的个人主义意识形态，使它们在我们的思维中很难被撤开。两者都是现代西方的设想，已经超过了它们在过去可能具有的有用性。现在是时候用一些新的（或者说非常古老的）方式来思考我们是谁，以及作为一个人是什么样子，从而思考一个真正的人类社会可能是什么样子。一旦根深蒂固的自由、理性、自利、自主的个人自我的抽象形象开始像机器中的幽灵一样，几乎可以肯定它就是这样的——它所强化的意识形态的有害性也因此变得更加明显——设想人类状况和美好社会的非常不同的可能性就会浮现出来，如果我们愿意寻找并认真思考它们的话。

对于这样的一种可能性，我们现在就来看一看。

Chapter 6

Toward an Ethics of Roles

第六章

走向角色伦理

如果我能对任何生灵表现出任何善意,那就让我现在就这样做吧。因为我将不会再来这里。

——史蒂芬·葛瑞利特(1892,attributed)

孔子会怎么说?

初看起来,古代中国似乎是一个生活在 21 世纪的人们不可能从中寻获资源来修正人格和社会的地方,现代社会日益对立于人类总体繁荣,而只服务于富裕的少数。然而虽然孔子生活在远离我们的地球另一端和 2400 年前,他所面临的问题却与我们当下所面对的问题不无相似之处:持续升级的战争冲突、独裁专制、贫困、扭曲的不平等和退化的环境同样困扰着孔子的世界。生活在中国刚刚开始使用铁器的时代,孔子不可能诉诸先进的技术手段来解决这些问题,因而不得不专注于人类的信念、动机、态度、情感和随之发生的活动,以及由之产生的意义。他相信其中存在着他的时代种种困扰的根源。在解决这些问题方面,除了追随他,我们并没有更好的选择,因为我并不认为我们今天有科技的灵丹妙药,可以用来消除极权主义、严重的不平等现象、贫困,或解决全球变暖、能源生产的问题。现在的粮食生产足以养活地球上生存的 70 多亿人口,并且我们有先进的手段可以在数小时内将粮食运送到地球上的任一地方,然而每天晚上仍然有几百万儿童不得不空着肚子上床,挣扎在饿死的边缘。每天都有人濒临死亡,因为他们不能负担有效的医疗或技术。我们知道应该节约能源,但是我们中的大多数人仍然消耗更多。越来越多的人开始形成共识,即使最大限度地使用替代能源资源,世界范围内的供应也远远赶不上我们对能源的需求。①

"生活中最好的事情不是物质","人活着不是单靠食物"都成了老生常谈;日渐增长的浪费和麻木的物质主义已经在民众日常生活中根深蒂固,特别是在发达国家。更糟糕的是,如果停止过度消费,整个世界经济很有可能内爆。问题是人的问题,只有信念和态度上的转变,伴随着更改的行为模式和有决心的行动,才能解决问题。

同时,我们今天需要研究孔子的另一个原因(许多原因中的一个)是当他讨论人类状况(human condition)的时候,他并没有试图回答那个古老的问题"生命的意义是什么",因为他根本没有提起这个问题。孔子没有如此提问,是因为除非你相信存在一个全善的创造者上帝,否则这个问题根本没有意义,而孔子缺乏这样的信念。(我们将在第九章再次讨论这一主题。)相反他致力于在他的弟子身上培育在生命里发现意义的能力:在此

---

①美国海军核工程师罗伯特·基尔伦斯(Robert Kieronski)和迈克尔·亚美尼亚(Michael Armenia)在美国罗得岛州新港的钱宁纪念教堂所组织的讲座"论对钍反应堆的需求"中做出这一令人惊讶的论断(起码对我而言)。他们的邮件地址是 mrower@ msn. com 和 marmenia2@ cox. net。其他统计数据有几个来源,包括联合国人类发展年度报告、美国友好服务委员会和相关科学家联盟报告。

生——我们唯一知道的生命,在此世——我们唯一了解的世界。

孔子很擅长这么做,因为就其影响所及人群的庞大数量而言,他被认为是历史上最有影响力的哲学家。这些人从生到死都依照着孔子的理论(即使他们中很多人并不能阅读反映这一理论的文本)。他的方法只有很少的形而上学,几乎没有神学,因此不包括任何可能与当代科学冲突的观念;也因此,在我们尝试去理解孔子看待世界和他在其中生活的方式及其中的人时,我们不需要悬置任何怀疑。

需要预先提醒注意的是,"儒学(Confucianism)"是一个极易误导的名称,因为它暗示孔子(孔子的拉丁化写法就是"Confucius")创立了一个哲学体系或一个宗教。孔子肯定不会这么看待自己,他只是简单地把自己理解为一个专注的教师,如论语中的几处自传性评论所表明的。① "儒学"这个词直到19世纪才被创造出来,主要作为中文"儒"的一个替代词,而"儒"也许最好解释为"古典学家(classicist)"。② 为了论述方便,我将继续使用孔子名字的拉丁化表达(Confucius),但也许在比喻意义上将他看作是两千年来中文经典的"守护神(patron saint)"更好。

虽然加到他名字上的"主义(ism)"可以被正确地描述为"宗教的"和"哲学的",但这个宗教关心的与其说是超越,不如说是内在,而哲学则是伦理的、美学的和社会政治的。孔子及

---

①《论语》7.2、7.7和7.8是三个例子。

②显然这一术语是1836年在约翰·弗朗西斯·戴维斯(John Francis Davis)所著的《中国人》(The Chinese)一书中被创造出来的,戴维斯后来成为香港的第二任总督。"儒"在中国更近似于"学者-官员"。

其追随者所继承的商代和西周早期礼仪实践衍生于超自然信仰,但是在孔子生活的时代,受过教育的人群不再广泛接受和探讨这些信仰,虽然这些信仰也没有被明确批判。比如,《论语》记载当一个学生问孔夫子,祖先的魂灵是否在祭礼时在场,他回答说"未知生,焉知死?"(11.12)

换言之,孔子清楚地看到这些将我们与一个丰富的文化过去联结在一起的仪式纽带太重要了,不容许丧失在一个更富怀疑精神的时代,而不管这些实践的原初灵感来自何处(确实一个人不必是一个基督徒,才能被巴赫的一首康塔塔(cantata)所打动)。因此孔子致力于通过将之置于适合于时代的社会和人文环境中,而保存这些文化纽带,正如孔子的追随者所做的那样。通过对传统、习俗、礼仪和仪式的持续关注,早期的"儒"声称是中国传统的守护者和传承者。也正是因为这个原因,称呼一个人是儒家恰恰意味着他是典型的文人学士。

总而言之,至关重要的是理解儒家在塑造中国思想、文化和日常生活中所起的独特作用。在过去两千年的大部分时间里,儒学作为一种带有宗教色彩的哲学都是士人阶层的主导信仰体系。并且因为大部分时间里政府官员都是来自士人阶层,儒学也就成为了中国官方意识形态和主要的智识力量。儒学很少受到挑战,尽管它的"官方"地位衍生出一些政治问题。此外,因为儒家注重以礼仪传承传统,比如家庭义务、祭祖等等,古典学者的意识形态具体化到大多数传统中国普通人的日常生活中,因此普通人也依凭实践而成为儒家,即使他们对哲学的或传统的文献并没有第一手认知。因而,孔子并非仅仅是诸多思想家中的一个,他对早期中国文化传承的捍卫和提升让他成为中国文明的象征,他也由此受到那些持有不同观点的学派(比如道家和佛家),和那些无法直接阅读经典的普通人的推崇。孔子的精神不仅贯注在儒家哲学家的著述和行动中,而且充盈到中国文化的整个脉络里。

这并不是说通过践履儒者之道,传统中国的生活就可以达成某种田园牧歌,因为它肯定不是这样的,并且在展开论述的时候,我们将不得不小心处理儒家思想与儒家社会的关系。此外,我们有必要修订儒家思想的某些维度,以容纳当代世界的道德、政治和精神感受,这些工作将构成我阐释、分析和评价角色承担者的重要组成部分。我并不知道孔夫子是否会满意我对当代世界的解释,但我确信这些阐释是完全符合儒家传统自身的。儒家传统从一开始就是面对着道家、墨家、法家的百家争鸣而发展的,并在当时已经有所嬗变。后来儒学在被佛学挤压数百年后再次复兴,但随后又面临着基督教传教士的挑战。西方帝国主义在它的觉醒启蒙运动中输入了个人主义、平等和民主等观念,再接下来是马克思主义,后者在无产阶级"文化大革命"的社会自毁(Social Self-immolation)中达到高潮。儒学总是能从这些挑战中改变和更生自身,并且今天无论是在中国还是海外也依然如此。儒学重新获得了一种罕见的影响力,这一点让我们重新思考,儒学在今天是否还只是古董意义——或者只对"中央帝国(Middle Kingdom)"的居民有意义。

中文文本和语境

我在古典儒学名目下要思考的观点主要来自大致在公元前5世纪到2世纪之间编撰的四个文本:《论语》——我们的

主要关注点;以及其后的《孟子》——以作者命名的一个文本,孟子后来被尊崇为儒家的亚圣,他的生卒年是公元前390年到前310年;荀子的重要性仅次于孟子,荀子的生卒年大致是公元前312年到前220年,《荀子》是我们要研究的另一个文本;最后一个文本是《礼记》。① 这四个文本并非在所有观点上都保持一致,而且每一个文本自身内部也存在着张力。再者,在所有这些著作中都存在着许多模糊的段落,数量之多使得阅读常常是一个创造性活动。虽然如此,结合另外一些取得经典地位的早期文本——《易经》《诗经》和《尚书》②,这些著作确实

---

①这里使用的文本:我和安乐哲翻译的《论语》;刘殿爵(D. C. Lau)翻译的《孟子》,Penguin Books,1970;华兹生(Burton Watson)翻译的《荀子:基本著作集》,哥伦比亚大学出版社,1963(较新版本使用了标准拼音,Xunzi);理雅各(James Legge)翻译,翟楚(Ch'u Chai)和翟文伯(Winberg Chai)主编的《礼记》,University Books,1967。有时我会对译文有所修改(包括我自己的译文)。

②关于《易经》,我用的是卫礼贤/贝恩斯(Wilhelm/Baynes)版本,普林斯顿大学出版社,1962。关于《诗经》,阿瑟·韦利(Arther Waley)将之翻译为 The Book of Songs, Grove Press,1960。《尚书》,理雅各翻译,在《中国经典》第5卷,Kelly&Walsh,1895年。我还引用了另一部更晚一些的经典《孝经》(The Chinese Classic of Family Reverence),也是由我和安乐哲翻译的,夏威夷大学出版社,2009。细心的读者会从上述引用注意到我在本书中使用的文本都是2000年前的,来自汉代及汉代之前。有很多理由促使我将古典儒家作为唯一的焦点,并且始终如此。其中主要的理由是后期儒家受到佛教长达千年的影响,以及受到道家思想发展的影响,也许会发展出一种关于人的观点,与个人自我更为近似,而非我在这里所支持的承担角色的人。

提供了一个关于美好社会以及生活于其中的人民之美好生活的整体观点。这个美好生活是此世的(this-worldly)和社会性的,理解和评价这一观点的关键是看到儒家的社会性除了道德维度之外,还有审美的、政治的和精神的维度。如果我们想要实现一种完整意义上的人类生活,我们必须学习整合所有这些维度。

这种整合对儒家作为角色承担者的人的观念而言是本质性的,以至于很难彻底沿着一个维度描述这一观念——比如伦理的维度——而不涉及其他维度,比如政治或精神维度,这反过来使得有时保持一个狭隘的分析焦点非常困难。作为辩解,我只能说,首先,如果在某个语境中我们跳转了问题,那个被中断讨论的议题也会在另一个相关语境里被重新拾起,细心的读者会注意到,我在论述中经常提到前后相关的篇章。相应地,我也希望我的读者在这一点上能对我更宽容,当他们想到伦理学、政治学、宗教、美学等哲学和宗教范畴都是西方的范畴,都倾向于将人看作是自由、自主的个人自我,而不是在相互关联和互动中的人,而后者才是我们的核心关注(如果不是唯一关注的话)。

但是我上面对中西观念差异的表述也可能会引起误解,让读者错误地认为我是要为西方个人自我观念提供一种替代性的儒家关系自我观念。我真正致力描述和分析的是作为人(to be a human being)意味着什么,而不是什么是自我。在我看来,对儒家而言,只有相互关联的人(interrelated persons),而没有个人自我(individual selves)。因此,我并不是在思考关于自我的另外一些观点,因为我希望澄清和捍卫的立场是主张不存在自我,因而也没有需要与西方主导的概念范式加以对比或对照的对象。确实有关于"何谓人"的观念上的对比和对照,但这是另外一回事。这并非仅仅是语义学问题。比如,如果以个体自我作为解释前提的话,人作为角色承担者的许多行为非常容易被解读成是利他的,即忘我的(selfless);然而对角色承担者而言,这些行为是成就的途径,而不是一种弃绝。①

儒家的如下主张让一种阐释儒家整合的、动态的观点的工作更为复杂:对人类而言,善的生活与其说是一种目标——某种人们要去赢获和保持的对象——毋宁说是人类生活之道,即"人道"。这种主张直接根源于如下事实:我们始终在变动中,因而与其被看作是人类存在者(human beings),不如被看作是人类生成者(human becomings),如安乐哲和我在我们合著的书中所描述的。② 某种程度上类似于梭罗,我们致力于深思熟虑的生活,而人道是我们努力的方式和原因。③ 然而人道(人类的道路,"Way of Humankind")并非单数的。我们每一人都是独特的,因为我们必须在能力和个人特质的基础上通过与他人的共同生活而走出自己的道

---

① 坚持一种利他的解读——忘我(selfless)的行为,从一开始就陷入与中国人相悖的、前提错误的论证中,因为在中国人的立场上我主张我们并没有自我可以放弃。

② 比如在我们的《早期儒家是有德性的吗?》一文中,前引文。

③ "深思熟虑的生活"引用自《瓦尔登湖》(Walden),参看菲利普·范多伦斯特恩(Philip Van Doren Stern)所著《注释版瓦尔登湖》,Clarkson Potter Books,1970,第22页。

路,从而将我们与他人的互动区别于其他类似的独一无二的角色承担者。再者,我们的道路并非赢获的,而是在我们一生当中遵从的,并且随着我们在角色中越来越成熟,逐步承担新的角色和相应责任时,我们的德性也随之丰盈。如孔子所言的,"人能弘道,非道弘人"(15.29)。

如前所述,这些早期文本都没有提起人生意义问题,但它们确实提供了一种视野和一套规训规则,凭此每个人都可以在生活之中找到一种意义。当我们追求自身人性的完全实现,即持续地发展自己以成人时,生命的意义会变得越来越明晰。持续努力后,我们也许可以达到"君子"境界,甚至更高的、接近发展巅峰的"圣人"境界。对儒家而言,只有在我们的一生中持续地积极与他人互动,我们才有可能达到这种境界。安乐哲对夫子的观点有一段精彩的概述:

> 对孔子和世世代代追随他的中国人而言,人的基本单位是在**这个**特定家庭中的**这一个**特定的人,而不是孤独的、离散的个人,也不是同样抽象的、作为类概念的家庭。事实上阅读孔子时,并不涉及任何核心本质的人之**存在**,仿佛可以作为我们**真实**所是的基础,以及在剥除了家庭层级和社群关系之后依然保持不变的东西。……因此,生活的目标就是通过一种恰到好处的行为方式,妥帖处置那些构成我们独特之所是的角色和关系,从而为自身和他人寻

获和谐与安乐。①

承担角色的人

通过强调我们的社会性(sociality),儒家同时强调了我们的关系性:我并不是一个抽象的个体,而是如安乐哲所强调的,是特定的某个儿子、丈夫、父亲、祖父、教师、学生、同事、邻居、朋友等等。在所有这些角色中,很大程度上我都是被与我互动的他人所规定的,这些人以这样或那样的方式关联于我;这些人也并非抽象自主个体。再者,我们并不像习惯所说的那样,"扮演(play)"角色,而是我们践履角色(live our roles),并且对孔子来说,当所有这些角色具体化,角色之间的关系显现之时,我们也就彻底个体化了,但是在此并没有任何东西留存下来可以拼凑出一个自主的个人自我。这意味着,当我年岁增大的时候,我的角色也会变化,作为我之践履角色的总和,确切地说我也就变成了不同的人。婚姻改变了我,让我成为一个父亲,之后又成为一个祖父。我与儿童期女儿互动的方式不同于与青春期女儿的互动,现在女儿们自己也成为了母亲,我对待她们的方式也再次改变。②离婚

---

①《儒家角色伦理学:一个词汇表》(*Confucian Role Ethics: A Vocabulary*),香港中文大学出版社,2011,第122页。[中译本可参考安乐哲:《儒家角色伦理学———一套特色伦理学词汇》,山东人民出版社,2017,第109页。有较大改动。——译注]

②当然承担母亲角色也极大改变了她们,正如几乎所有女人都会经历的那样,女哲学家也不例外。参看下一个注释。

或丧偶会再次改变我。在所有这些经历中,不仅我变了,而且与我关联的他人看待我的方式也变了。当然,他们自己也总在变化,正如我们可改变彼此。当我女儿有了下一代时,她们(和我的妻子)会开始将我看作"祖父",不亚于我的"父亲"身份。如果我成为一个鳏夫,单身汉朋友也许会邀请我参加持续一个夏天的巡游;但当我已婚有家庭的时候,他不会单独邀请我。虽然我作为学生的角色永远不会消失,但是在我完成学业,成为教授之后,这个角色会被遮蔽。以前的学生成为我的年轻朋友,年轻朋友成为老朋友,所有这些变化都会影响到我是谁以及我如何被定义。当珍爱的老朋友或亲戚去世,留下一个被改变了的、衰弱的我,这个角色的变化就更加突出了。

但是从这个角度来描述我们人际的行为,与我们被灌输的本质自我观念格格不入。我们被教导去思考和感受我们真实之所是,某种在人生变迁中持驻不变的东西。重述第三章提到的观念,"身份危机"概念是一个常见概念,特别是在大学校园里,通常于大学二年级的时候发作。简·春天(Jane Spring)问:"我是谁?"对这个问题,孔子的幽影(the shade of Confucius)很有可能回答说:"考虑到你叫简·春天,你显然是春天先生和太太的女儿。通过门上的名字,我看到你是苏珊·夏天(Susan Summer)的室友,并且从桌上的书本可知你正在上秋天(Fall)教授和冬天(Winter)教授的课。"珍妮打断说:"我并不是指这些东西,我想要知道真实的我,那个不同于其他所有人的我。"对此孔子只能这样回应:"难怪这些叫作'危机'了;你已经抛弃了每一样可能有助于回答你的问题的东西。"

根据儒家的观点,寻求本质自我就像追寻鬼火,因为基本上我们就是被我们在他人中所践履的角色所塑造的。① 当你和父母说话,再转向和朋友说话时,你会改变语气。我们与爱人一起时的举止与对待弟弟或妹妹的态度会一样吗?我面对邻居的样子会和面对陌生人一样吗?我相信,几乎所有人对上述问题及类似问题的回答都是"不"。如果确实如此,那么在一个重要的意义上,我们"真正"是谁取决于我们在什么时间以及在什么环境下和谁一起。这也适用于和我们互动的他人;每一个人都有一个独特但始终在变动的同一性。

从这个动态视角,可以推出如下结论:如果我们确实是始终处于变动中,因而并不具有一个在所有变动中保持不变的本质自我——尽管我们可以通过记忆保有延续感——那么人类完善性(human perfectibility)的目标就是一个不可能的目标,既然没有一个持续的实体作为完善的对象。如我之前简短提到的,早期儒家的人道并非被赢获的,而是被引领的,我们必须在我们一生中努力去弘道(broaden the way)。如孔子的一个重要弟子在《论语》中所评论的:

---

① 劳拉·杜汉·卡普兰(Laura Duhan Kaplan)在《家庭图像:对熟悉之物的哲学探讨》(*Family Pictures: A Philosopher Explores the Familiar*, Open Court Pub. Co., 1998)第73页写道:"1994年6月:在写这本书时,我刚刚当了16个月的母亲……但我形而上学的、道德的和认识论的经验已经在持续改变了。单个人的生命现在看起来有无限价值。并且对单个人的伤害是对脆弱的、无限延展的网络的撕裂。"

曾子曰:"士不可以不弘毅,任重而道远。仁以为己任,不亦重乎? 死而后已,不亦远乎?"(8.7)

虽然早期儒家关于人的观点与抽象的自主个人大相径庭,也不同于当前西方哲学、法律和政治思想中作为伦理分析和政治理论场所的理性的、自由的、极有可能自利的人,但是我希望我们不要将它看作是远离我们的一种理论。儒家思想毋宁说是对我们实际生活的一种相当直接的描述。比如,我必须有一个朋友、邻居或爱人,我自己才能成为一个(对某人而言的)朋友、邻居或爱人。他人对我成人的目标而言并非偶然的或附随的,而是基础性的。只有当我增益他人生命的意义时,我自己的生命才有意义,反之亦如是。确实,他人赋予我人格(confer personhood on me),并且持续如此。就我践履老师的角色而言,学生是我生命中不可缺失部分,而非附带部分。以这种方式,承担角色的人紧密遵从康德伦理学的一个核心洞见,他的第二条绝对命令:"你要如此行动,即无论是你的人格中的人性,还是其他任何一个人的人格中的人性,你在任何时候都同时当作目的,绝不仅仅当作手段来对待。"①在此值得注意的是,虽然儒家应当被看作是根本上宗教性的,但在儒家传统中并无孤独的僧侣、修女、隐士、女修道者或隐居者。道因行而成,但没有人会孤独行走。

---

① 《道德形而上学的基础》,前引书,第 47 页。[中译本参见康德:《道德形而上学的奠基》,李秋零译,北京:中国人民大学出版社,2013,第 49—50 页。译文稍有改动。——译注]

在进一步阐述这种角色伦理学之前,有必要提出警告,以再一次确保读者不会认为我仅仅是在描述一个比西方思想家所习惯处理得更为流动、更具关系性的个人观念。你可能会说,诚然角色承担者是高度动态的,也比亚里士多德所揭示的更深地嵌入社会关系中,但是从你的描述看,角色承担者仍然可以被作为个人自我被辨识出来,难道不是如此吗?

不是的。我们现在从桃子转向洋葱(参看第一章)。到目前为止,我的确在描述个体(persons),但仅仅是就他们与其他个体互动的角色而描述之,并且我专注于这些角色–关系的本质,因为如果想要恰当理解儒家观念,上述分析必须被前置。与此同时,我必须要强调我对人们互动的描述基于有血有肉的人体验到的日常生活。我希望这些描述与读者的生活(当他并未陷入冥想或试图寻找个体性时)并无根本不同,因为我不想说服那些无法在这些描述中看到自己的读者。而这要求同时将个人自我的哲学以及心理学观念放在背景中,如我在第三章将"格式塔转换"作为这一过程的例子进行讨论时所暗示的。此外,焦点不仅仅在角色上,也同等地落在角色承担者之间的互动上,而不是在讨论个人的语境下我们相信个人所具有的品质。个人是善良的,承担角色的施惠者仁慈地对待承惠者;个人是勇敢的,角色承担者则展现勇敢行为;个人陷入爱中,角色承担者则为爱而行动。确认承担角色的个体具有 X 品质的唯一方式是看她在角色相关的行为和互动中是否像 X 那样行动了。总结而言,如果我说某人温和,我并非将一个特点/品质/属性归于她的内在自我,而是在某种程度上预测她履行角色职责的方式。

进一步说,在对角色互动的描述、分析和评价中,阐释方式不同于对个人道德行动的解释,后者聚焦于行动者、实施的行动和总体后果。而就角色承担者的互动而言,阐释必须关注的是施惠者对承惠者做了什么,承惠者又对施惠者回报了什么,以及他们之间这种互动的品质。我们必须询问(在此关系中)是一人成功,还是两人都成功,或者无人成功;承惠者是否受益了;在互动中施惠者的角色是否恰当,以让承惠者能以适当的方式回报,反之亦然;这一互动的审美维度是什么;以及,对儒家而言并非不相关的一个问题是,这些角色承担者互动的恰当范式是否适合于他人仿效?此外,角色承担者之间的所有互动都受这种审查的支配:从葬礼上致哀的方式,到救一个溺水的老人,晚宴上安排座次,帮助父母料理家务,到在准备参加公民抗议活动时将自己与他人链接起来。

对自己当下角色的意识提供了关于互动应当如何发生的规范指导。一个人履行角色的经验越多,他越容易选择出恰当的行为来回应在角色中与其交互的他人。在角色伦理学中,施惠者可以询问承惠者,从他们的角度看什么样的帮助才是适当的。我们能知道 X 和 Y 一起做的事情是高度正确的,因为他们俩都将互动描述为有益于双方的。这也可以帮助回答一个怀疑论者的疑问,即,我们如何能知道普遍繁荣(flourish in general)意味着什么:没有什么"普遍(in general)"繁荣,只有在各个特殊情境下的繁荣,我们可以通过询问所有参与者来知道繁荣是否发生了。

如果道德都与角色的表现绑在一起,这意味着道德准则不可能是私人的事情,因为对每个人而言,所有的角色都只能被他人规定。因而"私人"这个词和"个人"一样只是虚构,就其蕴含"个人的"或"自主的"含义而言。如芬格莱特所言的,"对孔子而言,除非至少有两个人,否则没有人",这完美展示了上述观点。① 从这个角度看,如果这种理论足以描述、分析和评价人类与他人一起的行为,那么我们就不需要任何在当前被使用和研究的道德观念,也不需要作为当代道德基础的自主的个人自我观念。上述观念所产生的任何必需的伦理学阐释工作都可以被关系视角所替代,因而我们可以遵从"奥卡姆剃刀"将它们去掉。

道德认识论

我们人生的第一个也是最为基础的角色就是作为孩子(as child),这个角色贯穿我们一生并在很大程度上规定我们之所是。孝在儒家思想里是需要培养的最高美德之一,这种美德实现在思想与感受的统一之中。我和安乐哲将"孝"翻译为"家庭敬畏(family reverence)",而不是"孝心(filial piety)"。② 我们始终不渝地忠实于我们的父母,承担多种多样的孝敬父母的责任,这些责任将延续下去,而不因父母的去世而终结。如孔子在《论语》中所言:

---

① 《孔子对话中的人性的音乐》("The Music of Humanity in the Conversations of Confucius"),载《中国哲学杂志》,第 10 卷,1983。
② 《家庭崇敬的中国经典》(*The Chinese Classic of Family Reverence*),前引书。

生,事之以礼;死,葬之以礼,祭之以礼。(2.5)

儒家的道德认识论因而很容易被概括如下:一切都始于家庭,每一个人都在子女的角色中开始他们的人生。我们通过孝顺我们的父母来学习忠诚和服从。如果读者不将(积极意义上的)顺从(deference)理解为(消极意义上的)屈从(subservience),并认识从小学习遵从父母的最好方式并不是通过强制,或更糟糕地通过责骂,而是通过观察父母如何孝敬他们的父母即我们的祖父母,那么读者会更容易理解儒家的观点。对儒者而言,孝顺的态度,与慷慨或责任感一样,是人格发展的一个基本因素,并且,培养孝顺的行为模式,和其他行为模式一样,对提升角色互动的品质有着重要的作用。因而,你并非单纯地孝顺你的父母,而毋宁说是孝顺孝顺者(deferring to deferrers)。这一点至关重要。一个孩子会自然而然顺从他的父母和祖父母,如果后者以恰当的方式与之互动。孩子总是无助的,他的父母和祖父母慷慨地、富于爱意地照料了他,顺从应当是一个自然而然的回应。(毕竟大部分时间是如此。)屈从则完全不同:屈从意味着必须对强权低头,无论它是多么不值得尊重和爱戴。角色承担者则是通过践履角色的恰当方式而使人敬仰和爱慕。这些情感可以成为家庭传统,凝聚在大大小小的礼仪中,并由之而得到表达;通过维持和强化这些礼仪,共同参与者越来越深地认同彼此。通过参与礼仪,你将看到并感受到一个在时间和空间上延展的特定关系网络,此时将你与你的祖先连接在一起,并随着时间的流逝,也将扩展到你的后代。(这个礼仪的纽带本质上是宗教性的,同时也是社会性的和伦理的,我们将在第八章和第八章再次讨论这一议题。①)

如果你的父母对待祖父母很服从,这会强烈地鼓励你也采取同样的态度。你顺从是因为你的父母顺从,而他们的父母在他们面前也是如此。你应当慢慢意识到忠诚和恭顺同时也是感恩父母的表达,感恩他们为子女所做的事情,并如此世代延续下去。有时候,比如当父母行为偏差的时候,忠诚和孝顺(以及感激)的最佳表达方式并不是恭顺,而是规劝。当被问及如何事君时,孔子说,"勿欺负也,而范之"(14.22)。以及更为强烈的:"见义不为,无勇也"(2.24)。《孝经》里一整章(15)都用来讨论规劝。

> 故当不义,则子不可以不争于父;臣不可以不争于君;故当不义则争之。从父之令,又焉得为孝乎!

当年轻人看到他们的父母在恰当的时候规劝祖父母时,他们也将学到一课。在中华帝国时期(尤其是在清朝),随着恭顺得到越来越多的推崇和褒扬,家庭和朝堂规劝逐渐沉寂。这构成了对自古以来的中国社会的刻板印象,并在很大程度上导致西方人将儒学作为反动的性别主义、精英主义和折磨人的形式化行为规则而排斥。但是考虑到上述例子和其他一些例子,

---

① 威廉·海恩斯(William Haines)在他的《儒学与道德洞见》("Confucianism and Moral Intuition")[载《早期中国伦理学》(*Ethics in Early China*),前引书]中曾经敏锐地探讨过仪式在个人修养中的作用,仪式可以激发和巩固作为人格修养关键因素的直观和情感。比如,他说"儒家仪式中的许多因素都为参与者和旁观者扩展情感洞察力"(第225页)。

在顺从的行为和规劝的行为之间培育和维持一种可感知的、深思熟虑的平衡并非不可能。如果每个人都不服从，社会就将解体；如果每个人都一味服从，社会也会解体。

感恩是孝顺的一个本质部分，可以有效地激发恰当的顺从、服从感，以及忠诚和必要时的劝诫。培养感恩（通常借助礼仪的帮助）也是陶铸人格的重要部分。以感恩意识为动机的顺从并不会退化为奴性。感恩不应当被仅仅解释为偿还债务的责任。如果我们单纯咬紧牙关，履行"家庭义务（family duty）"，我们将不知道"孝"是什么，或者如何展现和感受"孝"。倾向于在社会契约语境下衡量处境的个人自我会憎恨如下状况：自由和自我被父母的付出所限制，而父母的这些付出既非他们所要求的，他们也没有回报的义务。相反，如果我们是承担角色的个体，在一个世代延续的充满了爱的家庭中被抚育，我们应当在很小的时候就意识到我们父母所做的一切都是为了我们（for our sake），而不是为了他们自己，并且他们付出了许多。同时也开始体认我们如何因此与他们紧密相连，并通过他们与祖父辈相连，一直延续到世系上的其他祖辈。上述认知会让我们有机会这么做的时候，心悦诚服地照料父母。

从最初作为子女的角色——作为兄弟姐妹、小伙伴和学生——我们逐渐成长，自己也成为父母、伴侣或爱人、邻居、工友、同事、朋友。所有这些都是从出生就开始了的交互关系（reciprocal relationships，可翻译为"恕"，另一个儒家德性）。以适用于当代世界的术语来说，这些交互关系最好被理解为施惠者与承惠者的关系。当年纪幼小的时候，我们主要是父母的承惠者。作为我们的施惠者，父母给我们爱、关怀、照料、安全、教育和许多东西。而我们回报以恭顺、爱、忠诚及为父母分忧。①显然角色是有等级的,但并非精英制的。在精英制中,地位绝少变动:精英永远是精英,大众永远是大众;赞助人永远是赞助人,客户是客户;海军上将从来不会接受平常水手的命令,皇室也永远不会向普通人行礼。

虽然是传统的和有等级的,但始于家庭的儒家角色也是处在流变中的。第一,在所有互动中,角色的交互性质使之向两个方向运动。当父母作为施惠者给我们爱、照料和关心,我们也回报给他们忠诚、体贴、爱和恭顺;即使主要作为承惠者,孩子给出的回报也并非无关紧要,那些养育漫不经心的、不听话孩子的父母对此深有体会。第二,对父母而言,孩子既是表达爱和抚育能力的场所,也是焦点。真正的互惠性正在于此。这里我所描述的并非"以牙还牙",而是有爱的、融合的互动。第三点,当我们长大,我们每一个人从承惠者变成施惠者,和既相同又不同的一群人一起,与他们的关系依据于我与谁,在什么时间,在什么环境下打交道。对我母亲而言,我是儿子,对我女儿而言,我是父亲。当我年幼的时候,我主要是我父母的承惠者;当父母变得年老、虚弱的时候,我又变成了施惠者,我和我子女的关系亦如是。我努力做一个好老师,但我也从我的学生身上学到很多。我很可能改变了一些学生;我知道他们也改变了

---

① 艾文贺(Philip J. Ivanhoe)曾写过一篇有趣的文章论证孝可以被看作是亚里士多德意义上的德性,《作为德性的孝》("Filial Piety as a Virtue"),载《中国思想和历史中的孝》(Filial Piety in Chinese Thought and History),陈金樑(Alan K. L. Chan)和陈素芬(Sor-hoon Tan)主编,Routledge Curzon,2004。

我。当我的朋友需要我的帮助时,我就是施惠者,而当我需要朋友帮助时,我又变成了承惠者。我们生活的许多角色统合在一起将我们定义为独一无二的个体,这些关系在我们一生中时时变化,在共同生活中对这些关系的具体实践是我们获得尊严、满足和人生意义的途径,并使我们的创造冲动获得了具体呈现。

如果恰当履行的话,角色互动是相互加强的。儒家的理想社会基本上是家庭和社群导向的,以习俗、传统和礼仪作为我们之间诸多关系和相应责任的纽合力量。为了充分理解这一点,我们必须不仅从其宗教气息来解释"礼"这个术语(可翻译作"ritual propriety",仪式礼仪),也不仅仅参照那些标志着人生里程碑的仪式,比如出生礼、冠礼、婚礼、成人礼和葬礼,而且同等参照那些我们在欢迎、分享食物、照料病人、告别等很多场合所实行的简单的习俗和理解:为了完全社会化,儒家必须在与他人的互动中永远保持礼貌和周到。并且实行所有这些互动都应该既是优雅的,又是喜悦的。我们所有人都被教导在接受他人的礼物或善意时,应当说"谢谢你"(一个小礼仪)。从儒家的视角看,说"谢谢你"也是给出一个礼物,一个小小的善意,向他人表示他们已经改变了你的生命,无论这个改变如何微小。

你也许会说,这样确实很好,但是如果你完美履行了自己的角色,相关其他人却没有做好,你应该怎么办?比如如果你的父亲虐待你,事情会怎样?又或者你有一个专制的君主?《论语》已经明确说一个儒者如果被要求入仕,他应该去事君。但是如果君主是个暴君,你要怎么办呢?这是一个必须提出来的直截了当的问题。但它并不能被直截了当地回答,因为问题真正所问的是一个规则或原则,这个规则或原则可以指导我们如何对待那些没有按规范所要求的那样做好自己角色的人。作为一种根底上特殊主义的视角,角色伦理学不能提供这样一种答案,因为它并没有统一的规则或普遍的原则。我如何可能告诉你怎么去对付你暴虐的父亲?你必须凭自己找到答案,而这也是家庭生活为我们预备的(道德)认识论的一部分。你比其他任何人都更了解你的父亲,也了解其他直接受他的行为影响的人。如果你都不确定应当如何做,还有谁能呢?

我们可以通过讨论第二个例子来更清楚地表述上述观点。作为在政府任职的一员,我不应该试图寻求一个抽象的规则,而应该首先问自己,这个君主是否有感化的可能?如果答案是肯定的,我必须问第二个具有高度特殊性的问题:我是否具有感化他的才能和技巧?如果答案是肯定的,那么我应该以文王为榜样,继续致仕,并时时劝诫君主,正如文王始终规劝商朝末代君主一样。如果对第一个问题的答案是肯定的,但对第二个问题的答案是否定的,即我自身不具有感化他的才能和技巧,那我会以孔子为榜样,辞掉职务,退隐家庭和乡里,并从那里"为政",如《论语》2.21所明确表述,并被7.16和8.13所强化的那样。①

---

① 《论语》原文分别为:

或谓孔子曰:"子奚不为政?"子曰:"书云:'孝乎惟孝,友于兄弟,施于有政。'是亦为政,奚其为为政?"(2.21)

冉有曰:"夫子为卫君乎?"子贡曰:"诺。吾将问之。"为人,曰:"伯夷、叔齐何人也?"曰:"古之贤人也。"曰:"怨乎?"曰:"求仁而得仁,又何怨。"出,曰:"夫子不为也。"(7.16)

子曰:"笃信好学,守死善道。危邦不入,乱邦不居。天下有道则见,无道则隐。"(8.13)——译注如果我对第一个问题的回答是,"不,我并不认为他会被感化",那么我将树起反叛之旗,以文王的儿子武王(其名字即意味着"武力的")为英雄和先驱(precedent-setter)。武王推翻了商朝统治,建立了长命的周朝,并以文王为新王朝的创建者。总结而言,(不同选择)并无矛盾。这里永远需要一个决策程序,但它也总是高度特殊化的,同时要求理性和感性的技巧来作出恰当的决策,而在这方面家庭是学习决策的最好学校。为了做出恰当的行为,你应当尽可能地了解与你互动的人,特别是他们是如何与你互动的。

对于第一个问题,我们要问的是:为什么这个父亲①行为如此恶劣?需要做些什么让他改过自新?他是可感化的吗?如果答案是肯定的,我是否具有改变他的必备能力呢?如果答案是否定的,我能够帮助母亲去感化他吗?如果不能,我怎样保护母亲和手足,最好避免被他的愤怒所伤害?可以咨询帮助吗?确实存在这样的情况,父亲太过暴戾,以至于最佳选择是报警,让警察来干预。父子关系也许会因此断绝。显然这不应该成为第一选择,虽然有的时候我们不得不这么做。这里并没有什么规则,能决定什么时候应当走到这一步,因为每一个处境都是特殊的,由特殊的个体所构成。更一般地说,当所有相关方相互忠实和尊重彼此时,所有人的幸福繁荣才是最大化的。与

---

① 我痛苦地意识到,受到父亲、爱人或伴侣虐待的女性经常被问到极为相似的问题,被问在多大程度上她们自己要为被虐待负责,并因此被指责,即使她们完全无辜。但这种露骨的"受害者有罪论"的性别主义并不意味着在必要的时候我们不应该提起这个问题。

我处于某一关系中的另一方单纯和持续的恶劣态度将迫使我放弃某一特定角色,结束与他的关系。我们必须信任每一角色承担者有能力去判断什么时候应该断绝一段角色关系,以及判断时机是否成熟,因为关系真正破裂会影响到所有人。无论这个父亲多么糟糕,孩子也不会乐于看到他被监禁,以及与之永别。

角色的规范性

角色首先意味着至少两个人之间的特殊关系,有时候也包括更多人,并且角色是规范性的。规范的内容随文化而异,每个文化内部也有所不同。几乎在每一个文化中都有宽容的好父亲和严格的好父亲,只是可能一个文化更为推崇宽容,而另一个文化则更为推崇严格。在当代社会,职业女性越来越和家庭主妇一样,被视为模范妈妈。节俭的父母在一个文化中是典范,但在另一个文化中则是特例。可能关于角色内部多样性的最好例子就是教师的角色。如果让读者回想两三位对他影响最深的教师,我怀疑这些教师有任何共同之处,除了他们都影响了自己的学生,并且都是好老师之外。当然也有许多不同方式去成为一个好朋友、好邻居,好同事或者好爱人。我很幸运有许多朋友,但是他们中间没有任何两人是相似的。他们许多人或许家族相似,但是我是出于不同的理由仰慕和热爱他们的。关键点很明显,无论是不同文化之间还是在一个文化内部,角色会给出约束(constrain),但并不去拘束(confine)。有许多方式去成为一个好老师(好母亲、好朋友等等);虽然角色给出规定行为的规范,但是这个规定非常宽泛。角色互动显然是社会性的,某一特定文化下的角色概念必须被所有相关方分享,才能让角色互动顺畅地进行下去。如果一个警察像法官一样做事,一个朋友像爱人一样,配偶像对待孩子一样对待对方,就会产生不和谐。我们每一个人都必须满足互动中他人对我们的角色期待,他人也必须满足我们的期待,包括不要违反角色中隐含的禁令,除非互动中的一方、双方或多方因此而被贬低。好朋友有许多种行为方式,但肯定不包括背叛。丈夫不能虐待妻子(后面对这一点会有更多讨论),父母不应该忽视自己的孩子,或他们自己的父母。我们每个人任何时候都应该礼貌待人,遵守文化所要求的见面与告别的礼仪。(在美国是握手,在印度是双手合十,在日本是鞠躬,在俄罗斯是拥抱,等等。)

在角色要求对我们行为的约束之内,我们可以表达自己的创造性。我们会倾向于认为行为受到的约束越多,表现就越呆滞乏味,但这不一定是事实。分别聆听由托斯卡尼尼(Toscanini)、雷昂纳德·伯恩斯坦(Leonard Bernstein)和德米特里·罗斯特罗波维奇(Dmitri Rostropovich)指挥的贝多芬第五交响曲的前十六小节。他们都有独特的风格,并直接呈现在音乐中。他们毫不费力表达出创造性,尽管受到贝多芬核心的高度约束。而两个幼儿也许可以在棋盘上用棋子玩他们自己创造的游戏,但这不能说是在创造性地下棋。只有在六十四格棋盘和棋子运动规则的限制下,象棋大师的创造性才能发挥。去掉约束,也就没有了真正的创造性,只留下随机。这是东亚美学的核心原则,但在西方尚不为人知。

在此可以恰当地类比于语言。学好角色的过程类似于我们学好母语的过程:我们越多接触做好自己角色的他人,我们就越加想要和能够模仿他们。同样地,我们学习语言时听得越多,就越能自如地掌握它;我越多体验到他人享受彼此间的对话,我们也会变得越来越享受交谈。

类比可以更深入:角色上的约束也非常类似于语言上的约束。如之前提到的,做一个好朋友或者好老师有许多种方式,并且正式通过我们每一个人践履角色的独特方式,我们表达了自己的创造性。但是这里有界限:朋友不能背叛朋友,教师不能对学生宣传洗脑。语言也是一样:"男孩扔球"这句话有多种表达方式。("球被男孩扔""男孩扔的是球""是那个球被男孩扔""男孩扔的东西是球"等等。)但是"扔那个那个男孩球""球那个扔男孩那个"不在(正确表达)之列。以同样的方式,我们对语言创造性的使用只在语法限制的范围内才是可能的,我们肯定并不觉得语法是我们表达自身的阻碍。创造性地践履一个角色也只有在家庭、村庄、更大的社群附加的约束下才是可能的。一旦习得了角色(掌握了礼仪的"语法"),你就能以富于创造和优美的方式来孝顺孝顺者。对儒学的这一层面,至少奥斯卡·王尔德(Oscar Wilde)是会表赞同的。

还可以进一步深化类比。当语言的使用不符合语法的时候,交流会破碎;当角色规范被违背时,社会互动也会破碎。正如语法会随着时间的流逝、重复的使用、变化的环境而变化,角色也会同样经历改变。某些语法句子相比其他句子变得更为精致、迷人、优雅和适当,某些角色表现也可以变得更为精致、迷人、优雅和适当。如果我可以从我使用的某些特殊措辞中获得乐趣,那么我同样可以从践履角色中获得乐趣。总结一下,依据儒家的劝导,学习好好生活需要很多的实践和规训,以使我们的生命不仅在审美上是愉悦的，而且在伦理和社会性上是恰切的，以及宗教上意味深长的。

当我们承担我们的责任，尽可能地去了解与我们互动的他人，以使我们的行为最为恰当时，我们行为表现的上述所有方面都得到了提升。我们不会带素食的朋友去牛排馆用晚餐，不会在出成绩之前给教授送礼；我们会在母亲节送花，以礼相待正式的朋友，对同伴则举止亲昵；对家庭成员和亲密的朋友，我们会留心他们的举止、脚步中的雀跃或沉滞、嗓音声调和其他非言语线索，并由此确认他们不同的情绪、感受和态度。我并没有实现我的角色责任，如果仅仅将其他人作为一般角色承担者对待，而不是将之看作是独一无二的这一个角色承担者，那么我们就不能期望最大限度地优化我与他人互动的方式。因为所有角色承担者都与其他人交织在一起，他们中没有人会是无面目的(faceless)，因而他们并不能构成任何种类的"无面目的集合"，如法西斯主义者或任何其他"主义者"。相反，相较主张权利的个人自我，承担角色的人更为独特地个体化自身，和个体化其他人。因而，承担角色者永远不会被千篇一律地对待，相反主张权利的个人总是被无差别地看待。

这些也是我相信儒学应该被描述为"角色伦理学(role ethics)"的部分理由(即使严格说来，它并非一种伦理学理论)，在这方面它自成一类，启发我们重新思考人类在他的行动中，在与其他人互动中被描述、分析和评价的可能方式。重述目前为止的讨论要点可见，角色伦理学并不主张普遍原则，因为我们应该做什么取决于我们在什么时候和谁打交道。这意味着道德分析和道德评价的单位并非在任意时间和地点下的行动者,而是施惠者和承惠者之间在某个特定地点和特定环境下的互动。也不能以对或正确(right or correct)来评价这种互动,因为这种评价方式预设了衡量活动的客观标准。相反评价应该基于每一方对互动的贡献,以及所有参与方的幸福程度,而作出适当与否的判断。互动也可以依据美学层面来评价:每一位参与者行动的优雅、热情和柔情,以及它们的完整性。初看上去,个人自我很容易区分粗鲁的行为和不道德的行为,但实际操作起来并非如此:一个行为要如何粗鲁,才会让我们觉得这已经不是单纯的粗野,而是不道德了?粗鲁和不道德的行为都会令他人不快或更糟,因而与其把它们看作是两种性质的行为,不如将之看作是不同程度的不恰当行为;如果别人不断对着你的脸打嗝,你就很难乐于增进他的福利。

我们的角色被看作是高度特殊主义的,因为我们总是要去做特定处境下适当的行为,即"义"。如之前指出的,在与我的祖母的互动中,对我而言恰当的行为会截然不同于我与弟弟的互动,既然你祖母的身体、能力和性格都与我的祖母不同,也会不同于你与你的祖母的互动。到目前为止,学习"什么是道德"的最好场所是家庭,正如它也是学习爱与被爱,学习关怀他人与被他人关怀的最好地方。

西方道德哲学通常将儒家特殊主义(Confucian particularism)看作是毫无疑问逊于普世主义(universalism)的。但是我们依然可以从经典(它们现在和两千年前一样重要)中得到一些概括性的原则:对待老人应该尊重、有爱心、服从、柔顺,对待同辈应该做到己所不欲,勿施于人,对待年轻人应该扶持、关心、爱护,并做他们的表率。当我们还年轻的时候,我们并不会把这些概括当作道德原则来学习。但正是通过与我的祖母多种多样的亲情互动中,我早早掌握了与其他祖母们互动的分寸感。相比于当代西方道德哲学中的大多数议题——堕胎、自杀、安乐死、知识产权、同性恋权利,基因工程等,为祖母制作一张生日卡看起来只是微不足道的小事,甚至不值得作为一个道德问题来思考。

但正如早期儒家经典所揭示的,这些家庭内的小事恰恰构成我们人类活动的基本"素材(stuff)",并且儒家教诲我们,如果能日复一日地做好这些小事,那些所谓"大"事也会自然而然地做成。除了祖母等老人,"小事"还包括与同辈,与年轻一代的紧密互动,并以这种方式让我们每一个人开始感悟我们的共同人性,因为我们中每一个人都要依次经历这些人生阶段,除非早亡。我从与祖母的互动中学到,虽然每一位"祖母"都是独一无二的,但她们有一些共同品质,都践履她们自己的角色,都与他人互动,以至于当我充分理解自己的祖母的时候,我也就倾向于充分理解所有的"祖母",理解她们对各自所属的家庭的重要性,无论她们的肤色、人种、宗教和其他特征有多大差异。只有明白了这一点,我才开始能充分实现我的道德和精神潜能。就其主张植根于家庭关系并由此向外推扩而言,早期儒家的道德认识论相当简洁和直接。

就此而言,家庭和社会角色自身就有规范性力量,为我们应该如何行动和接下来做什么提供指导。事实上,正是这种提升和完善我们的角色践履和关系持续的过程,构成了绝大多数的共同生活,启发我们将早期儒家道德描述为一种角色伦理学,并主张它代表了一种自成一格的思想方向,在西方哲学中并无与之近似的对应道德观念。但是儒学看上去却与我们日常生活里的关注点和环境相当吻合。

意愿负责任

然而,我们不能在我们的互动中仅仅"走过场"式遵从习俗、传统和仪式,也不能因为出于义务而履行义务,否则我们将无法持续完善我们的人性。毋宁说我必须把这些义务变成是我们自身的,并依需要而改造之。请记住对孔子而言,我们的许多责任并非我们自由选择的结果,也不能被自由选择。孔子也许会认为,如果要在伦理学里使用"自由"这个词,那么它必须是一个成就概念(achievement term),而不是一个状态概念。只有当我们想要承担责任时,当我们想要帮助别人(作为施惠者),并乐于接受他人的帮助(作为承惠者)时,我们才开始考虑成为真正的自由。① 这种观点在个人主义道德理论中并不常见,因而需要一个例子来帮助说明这一点。

当你年轻的时候,某天你的祖母特别为你做了件好事,你决定画一幅画来报答她,于是你拿出颜料来开始画。从你和祖母过往的相处,你知道她会极为喜欢这幅画,果然祖母满怀爱意地对你的作品赞不绝口。一切都好。但是第二天早上当你接到朋友的电话,叫你出去玩时,你的祖母却和你说她关节很疼,并问你能否为她按摩一下肩颈。如果你是一个受儒家价值

---

① 在我看来,这是儒家修身的本质所在:培育我们的感受与直觉,通常借助仪式(习俗、传统、礼貌)。可参看前面引用的海恩斯(178页注释①)。

熏陶的好青年,你会为祖母按摩。但是你也许会感到一丝怨恨,感觉自己被牺牲了或感到挫败。然而儒家在家庭内有爱的环境下遵循恰当角色典范的自我修养却会引导你从解除祖母痛苦的行为中获得更多乐趣,多于和朋友一起玩的快乐,并因而促使你更乐意选择前者。我相信这正是当孔子回答弟子关于"孝"的问题时,他所想表达的:

色难。有事弟子服其劳,有酒食先生馔,曾是以为孝乎?(《论语》2.8)

你不应该仅仅简单地履行责任,你必须开始意愿承担责任,想要他人繁荣幸福,并且为此而愉悦,愉悦于践履自身责任,愉悦于因此看到他人幸福。这才是真正的修身(personal cultivation),或如我所倾向于称呼的,一种儒家风格的精神修炼(spiritual practice)。我们需要修身以实现一个丰富的、有收获的人生,并且从天子到庶人都需要修身,如孟子所坚持的:

为民上而不与民同乐者,亦非也。乐民之乐者,民亦乐其乐;忧民之忧者,民亦忧其忧。乐以天下,忧以天下,然而不王者,未之有也。[1]

---

[1]《孟子》,前引书,1B4,第63页。也参看戴梅可(Michael Nylan)和 Harrison Huang 的《孟子论愉悦》("Mencius on Pleasure"),获取在这个主题上的更多洞见,载《擦亮中国的镜子:罗思文纪念文集》,马瑟·钱德勒(Marthe Chandler)和罗尼·小约翰(Ronnie Littlejohn)编,Global Scholarly Publications,2008。

我们总是与他人绑定在一起并息息相关,因而我越是促进他人的幸福,我自己也越加幸福,相反,我的行为越是贬低别人——比如表现出种族主义、性别歧视、民族主义、恐同等倾向——我自己也会越加被贬低。确实在历史上大部分时候中国社会都是高度等级制的,中国女性的历史和她的欧洲姐妹一样黯淡无光。① 同时,也和欧洲一样,中国并不缺乏专横的君主、谄媚的官员、暴躁的父母和顽愚的学究。但是极有必要指出,儒家经典是谴责这类人的,也不会为他们的错误行径辩护。但是如下问题尚未得到中西方学者的应有重视,即这些人和现象为什么以及如何在中国帝制时代的社会生活中变得司空见惯,尽管它与《论语》和其他早期儒家经典相违,类似西方许多战争会被作恶者以"和平之君"的名义来辩护,这同样令人困惑。我将在下文再次讨论这一主题,目前我的主张是经典儒学观点可以重构再造,以谴责和反对性别歧视、种族主义、恐同、奴化,以及任何一种精英主义,而同时保持儒家思想意蕴的完整性。并且儒家观点并不仅仅适用于自身的起源地,也适用于外部世界,甚至更为适用。

依我的阅读体验,对孔子而言,正是通过家庭和家庭角色,我们才完成自己的学徒期,而获得完全的人类成员资格。家庭

---

①然而,在《圣人与第二性》(*The Sage and the Second Sex*)中的一些论文对这种概括提出了质疑,至少是部分质疑。对历史维度的讨论,特别参看戴梅可的文章《金纺锤和斧子:阿契美尼德王朝和汉朝的精英女性》("Golden Spindles and Axes: Elite Women in the Achaemenid and Han Empires"),李晨阳编,Open Court Pub. Co., 2000。

是我们学习爱与被爱、信任与被信任的地方,作为承惠者学习服从、忠诚和感恩,作为施惠者抚育、关怀和鼓励,去领悟在角色互动中什么时候需要温柔,什么时候需要坚定,什么时候应该完全接受他人本身,什么时候应该鼓励他们改变,并且最为重要的,家庭是我们最初因为与我互动的他人快乐而快乐的地方,并从中学会理解他人带给我们的喜悦可以有多大。

　　要求人们在履行角色责任时首先具有特定态度、情感或感受初看上去有点古怪,甚至自相矛盾。但是在繁多的家庭互动中为了妥当而持续地履行道德责任,情感常常是重要的,甚至是必要的因素。对不得不为祖母按摩背部这件事的怨恨不应该持续太长时间,因为毕竟你深爱你的祖母,并且如果你愿意的话,你对祖母的爱可以作为基点,向外推扩到其他与你没有那么亲近的人,让你同样乐于为他们排忧解难。对孔子而言,每个人都需要为自己的人性品质负责,如果一个人不爱自己的父母或祖父母,他也就难以称得上是完全意义上的人(less then fully human)。此外重要的是,应该注意到,在儒家的劝说语言里,说"我们是在对选项的审慎思辨后学会选择如此做"是不正确的。你就是素朴地做了这些事——仿效恰当的角色典范——并且你越经常这么做,就会做得越好。你无法被形式化地教导去"读懂(read)"与你互动者的情绪和态度,后者对互动方式是否恰当至关重要。你越是朴素地"读懂"他人,你越能做好一个"读者(reader)"。类似地,我们不应理性地决定,在某种互动中增进他人幸福的时候我们应该觉得快乐。这种喜悦毋宁说是一段时间后油然而生的,并且随时间的流逝而越发自然。

大多数的互动都是发生在你与你认识的人之间。在与他们的互动中,你追求的与其说是正确的行为,不如说是恰当的行为,因为"正确"似乎暗示有适用于所有行为的客观的外在标准,然而你必须要做的是对这个特殊 X 而言最恰当的行为,后者只能由你打交道的这个特殊 X 的独一无二的特质,以及打交道的时间和地点所决定。因此在家庭和社区里学到的角色伦理应当被看作是对一种自发行动倾向的习得和提升,这种行动倾向应当遵循你在践履家庭、社群中以及家庭、社群之外的角色时所逐渐培养的富于创造性的适宜感。

这些家庭内习得的经验和人际关系技巧,将帮助我们准备好从家庭走向学校,走向周围社区,直到更广阔的天地。朋友是向家庭外世界过渡的一个基本角色,对承担角色的人而言,也是早期儒家所强调的最重要的关系之一;《论语》开篇就说道:"有朋自远方来,不亦乐乎?"(1.1)我们小时候首先会有玩伴,大一点会有同学。他们中许多人可能也只是我的玩伴或同学,但是其中有一些人会成为我的朋友,朋友的角色要求与家庭成员一样的情感回应:爱、信任、抚育、忠诚,以及帮助朋友成长的喜悦。大多数朋友或多或少是我的同辈。有一些朋友可能比我年长一辈或年幼一辈,不过大多数都是在我这个年龄段的。

即便在这里,施惠者与承惠者的范畴也几乎在所有时间里都适用于描述和分析友情,也因此朋友角色也是分等级的,尽管并非压迫性的;绝对平等的角色承担者之间的互动反而是奇怪的。到我的朋友家用餐时,她明显是施惠者;在我家一起用餐时,则我是施惠者。当我的车在路上抛锚,而我的朋友给我带来一罐汽油时,她是施惠者。当她的临时保姆生病,我代为照看她的孩子时,我是施惠者。

所有这些都是明显的,但可能没那么一目了然的是,对日常人类互动的描述中所涉及的互惠原则(principle of reciprocity)并不是"偿还恩情"(或"债务",debt),也不是"报答"或"现在我欠你一个人情",或者任何衍生自社会-经济契约意象的其他相似因素。社会-经济契约是由自主的个人自我来订立和执行的。角色承担者做这些事情仅仅因为这是朋友(有时是邻居)会在互动中为彼此做的事。我们知道虽然斤斤计较的契约者形象无处不在,但事情确实如此,因为除非我完全弄错了,我们总能想到某些朋友或邻居对我的帮助远远多于我对他们的帮助①,或者我对某些朋友的帮助远远多于他们对我,但是他们都是宝贵的朋友。只要我们有能力,我们就会尽力增进他们的幸福,并乐于这么做,和履行我们其他角色责任一样。朋友也是如此待我。互惠应该被看作是角色互动关系内的,而不是在行动之间:承惠者角色呈现与其位置相当的行为——感恩、恭顺和体贴等——这些行为区别于展现关怀、敏感和勇敢等品质的施惠者行为。

---

① 一个身边的例子就是我们的隔壁邻居苏和雷·提尔尼,他们是我们生活在那里的主要快乐之一。他们非常乐于帮助他人,并且始终如一,充满感情。如果按照报答模式,我和妻子将不得不活到110岁以回报他们在过去这些年里给予我们的善意和帮助。世界上真的存在善良的人们。我15岁大的侄孙在家庭团圆周中为7岁大的纳撒尼尔(我们最小的孙子)付出的关怀、善意和情感是另一个动人的例子,展示了富于爱意的角色行为的朴素之美。

在一些极限情况里,我们可以非常清楚地看到"报答"与儒家意义上的互惠的区别:我们承担的某些责任是对逝者的责任,在这种情况下并没有什么"你欠我一个人情"。① 对逝者的哀痛是我们必须培养的另一种感受,借由葬礼等手段我们持续与先辈保持互动,这也是本书第九章的主题。

我们必须持续培育这种态度和行为,即使在我们开始把更多时间花在家庭之外。这是一项艰苦的任务,但按照我对经典的解读,这正是儒家修身所要求的。我们需要努力培育一种感恩而不谄媚的恰当姿态,礼貌而正直地表达异议,满怀感谢但并不卑躬屈膝。另一方面,我们也必须持续努力做一个更好的施惠者,努力帮助而不专横,积极奉献而无怨言,优雅地接受对自身付出的感谢,但不谋求过分的赞誉,等等。

我这里的阐释看上去似乎是利他的(altruistic),但这只是那些依然为社会契约范式所主导的读者的印象。利他主义意味着无私的(selfless)行为,这种行为要求首先有一个自我可以被否定。而我主张,对于作为角色承担者的人而言,并不存在这样的"自我"。相反,正如通过我所描述的这些互动行为,这些角色承担者才相互成就,以至成人(achieve personhood),并

---

① 诚然,在有记载的中国早期历史上,许多祭祖仪式确实被看作是在寻求帮助。大卫·凯特利(David Keightley)在许多文章中讨论过这一主题,参见他的文集《这些骨骸会复活》(*These Bones Shall Rise Again*),罗思文编,纽约州立大学出版社,2014。孔子的部分天才就在于,在人们不再相信这些仪式的超自然目的之后很久,他看到了这些仪式和适当修身的重要性。

且这一成人过程始于家庭,又逐步扩展到家庭之外。①

人权回归

与孔子的时代一样,今天家庭对角色伦理学依然具有重大意义,也值得更为细致地探讨。但在此之前,让我们返回到个人主义视角下的人权问题,并基于前述对承担角色的人的探讨而重新审视之。就基本的人类关怀而言,后一种关于人的观点要比前一种观点更具包容性。从交互的角色承担的视角出发,我们能以不同的方式来理解第一代公民和政治权利与第二代社会、经济和文化权利之间的张力关系,尤其是在个人层面上的张力。如果道德是为祖母做背部按摩,那么我们必须真的去为她按摩了,才能成为一个有道德的人。但是记住公民权利和政治权利是消极的,道德仅仅意味着不干涉别人,而这显然不是我的祖母想要的。虽然第一代权利在公民层面上的巨大作用不应贬损,但必须强调,从个人和团体的层面上看,对这些权利的尊重所费无几,几乎不需要个体的努力,并且实际上在我们的立法和司法体系中已经成为保护权贵的堡垒,持续阻碍第二代权利在世界的许多地方(特别是美国)落地。(第二代权利的)道德是积极的,我们必须帮助穷人,而不是无视他们。由此我们开始理解,当下对公民和政治权利的道德和法律关注是如何造成财富和权力的集中、正义的缺席、民主的侵蚀,并让赢获自由和尊严对许多美国人成为遥不可及的梦想,正如这个

---

① 参看第 190 页注释①。

日益脆弱的星球上发展中国家里的人一样难以实现自由和尊严。我们只需要看看最近美国最高法院在"公民团结案例"（2010年1月20日）上的裁定，该裁定认为限制公司对政治候选人的竞选捐款侵犯了第一修正案的言论自由权。

在强调承担角色的、关系中的人的情况下，让我重述如下观点：我绝不是在暗示我们应该贬低自由（freedom）和自由权（liberty）概念；我们受的约束越多，就越少可能实现与那些规定着我，并且被我所规定的他人的适当关系。然而虽然我需要避免那些妨碍我履行角色责任的障碍，但这与要求过一种无约束的生活完全是两回事。聚焦于自由、理性、自主的个人使得我们难以跨越将自由言论权利与医疗权区别开的鸿沟，并且更糟糕的是，会使得无视较为不幸者困境的"受害者有罪"论延续下去，无论它有多荒谬，并且消极权利与积极权利之间的概念差距也会变得无法弥合；个人自由现在是以牺牲社会公正为代价来换取的。如果为了让自己想怎么做，我必须承诺不干涉他人（社会契约），那么难以说明我怎么也有义务承诺去帮助他们（这并不在契约中）。美国历史没有提供什么理由可以让我们乐观地相信，植根于自主个人观念的人，其第一代公民和政治权利会导致接纳联合国《世界人权宣言》第22—27条所列的第二代经济、社会和文化权利。

另一方面，居于儒家思想中心的承担角色的、相互关联的人慎重对待第二代权利，但这无需忽视或贬低美国宪法前十个修正案所致力捍卫的东西。如果我们一直试图去做有助于他人幸福繁荣的适当的事情，那么如果我们让他们自由言说（我们也倾听他们的心声），他们肯定会发展得更好。我们也许不同意他们所说的,并就他们所说的话规劝他们,但是我们为什么想要让他们噤声呢?同样地,我为什么不想让你有一个广泛的朋友圈呢?当我看到宗教如何鼓舞着你,我为什么要剥夺你按自己的需要去信仰的机会呢?总而言之,就公民权利和政治权利的保障有助于我们的繁荣而言,我们当然必须完全支持和巩固这些权利。

由此,我们应该清晰看到,儒家思想内部可以非常容易和直接地在概念上从第二代权利过渡到第一代权利。但反之则不然;在承认联合国宣言所预示的各种各样权利方面,承担角色的、相互关联的人要比个人主义的拥护者迄今所表现的都更具包容性,或者看起来更具有未来潜力,至少在美国是这样。总之,人权概念一般宣扬人类应该被赋予尊重和尊严,但这一高度有益的功能并不要求假定他们都是自由、理性、自主的个人自我。

我们现在转向阐释承担角色的人的伦理学,将之更集中地放在社会最核心的机构之一(家庭)中来考察。

Chapter 7

The Family and Family Values

第七章

家庭与家庭价值

> 幸福的家庭是相似的,而不幸的家庭各有各的不幸。
> ——列夫·托尔斯泰①

毫无疑问,当代家庭制度处于危险境地,少数例外也多局限在一些特殊社会中,这些特殊社会里家庭角色至少初看上去是稳定的,因为它们非常拘束和压迫,并往往借助权威父权制来强制角色服从。无论是以儒家还是以当代西方的标准来衡量,在这样的社会里家庭中也许还保有安全感,但却缺少了欢乐、惬意、力量和创造性。当然不幸的是,事实上所有的社会都存在这样的家庭,然而在像美国这样的国家中还有其他因素也在削弱家庭制度。来看看美国的几个数据。一半家庭以离婚终结②,对同性婚姻和(或)收养仍然存在很大抵制③,在某些少数族群中75%的新生儿是无配偶的未婚妈妈所生,1/4 的儿

---

①列夫·托尔斯泰,《安娜·卡列尼娜》(Anna Karenina),康斯坦斯·盖内特(Constance Garnet)译,P. F. Collier&Son,1917,第1页。

②《离婚后的生活》("Life After Divorce"),莎莉·艾布拉姆斯(Sally Abrams),AARP Bulletin,2012 年 6 月。

③《刚经历过生育的未婚女性的社会和经济特点:2011》("Social and Economic Characteristics of Currently Unmarried Women With A Recent Birth:2011"),美国人口普查局,2013 年 5 月公布。

童生活在其收入在贫困线之下的家庭中。① 中国的情况也并不乐观,虽然它传统上是敬重祖先的。中国政府颁布了一项法律,要求成年子女常回家看看父母②——这本身就是一个明确信号,即孝道已经滑坡。

然而家庭是培育承担角色的人的主要场所,如我们在前一章所看到的。因此我们必须仔细考虑如下问题,角色承担者能否作为一个可行范畴替代权利持有者,以规定什么是一个完整的人。我相信角色伦理是一个可行的替代选项,而它在中国社会的早期作用更坚定了我的信念。莱布尼茨 300 年前如此描述:

> 如果说我们在理论科学上领先于(中国人)的话,那么,在实践哲学方面,即在人类生活及日常风俗的伦理道德和政治学说方面,我不得不汗颜地承认他们远胜于我们。……他们如此服从上级,尊敬长者,以至于孩子对父母的关系就像具有某种宗教性一样。对孩子来说,任何图谋反对父母的行为,即使是言语都鲜有听闻。任何触犯者都会为他的行为付出代价,就像我们的杀亲之罪一样受到惩罚。……在同辈人之间甚或路人之间也都彼此尊重,彼此恪守一定的礼制。……无论是中国的农民还是仆人,当他们必须向朋友们告别或者他们久别重逢时,都表现得如

---

① 哥伦比亚大学国家贫困儿童中心,http://www.nccp.org./publications/pub-1089.html。
② BBC 世界新闻报道,2013 年 7 月 2 日。

此彬彬有礼，以至于他们的行为甚至完全可以和欧洲贵族的社交举止相媲美。①

即使对那些希望保留自主个人概念的人而言，我相信将家庭带入中心地位，对思考如何构建和改革社会机构以应对我们当前面临的经济、社会、政治和环境等方面的艰巨任务而言，也有着重要意义。确实存在着大量有问题的家庭，比如存在性别歧视、压迫等问题，抑或就是一般意义上的丧失功能。也正是这部分家庭经常出现在新闻中。然而还有更多运转良好的家庭，家庭成员相亲相爱。成员间的互动会反映在我们每日可见的媒体广告中，这点也证明了良好家庭关系的广泛吸引力。此外，家庭也不会像某些人所希望的那样将来会彻底消亡，因为还没有出现家庭的替代物——除非发生核灾难或赫胥黎的"美丽新世界"成真，否则人类的孩子依然是生育出来的，并需要多年照料，才能生存与发展。以下这点值得反复强调：目前在任何社会中都还没有出现能替代家庭、完成儿童抚育的另外一种选项，因此，真正的问题并非是否要保留家庭制度，而是我们应该如何改革家庭，以提升其充实家庭成员生活和创造更好社会的能力。

今天再来谈"家庭价值"也许会让许多喜欢思考的读者感

---

① "Preface to the *Novissima Sinica*"，载《莱布尼茨：关于中国的著作》(*Leibniz: Writings on China*)，丹尼尔·库克和罗思文译，Open Court Pub. Co.，1994，第46—47页。[中译文引自莱布尼茨：《莱布尼茨致读者》，《中国近事》，梅立谦、杨保筠译，大象出版社，2005，第2—3页。——译注]

到惊恐,他们也有理由忧虑,因为这一措辞经常被援引来支持极端保守的社会、政治导向,要求加强父权制、性别歧视和恐同,并且这些导向往往是以对宗教信条的某一特殊解释为根据,而与理性信念相违背。我很同情有这种忧虑的读者,特别是女性读者,她们也许会指责我的论证是误将病症当作解药,并且这"病症"是她们和她们的祖母,以及少数族裔、男同性恋者和女同性恋者等人长久痛苦的源头。① 但是对于暴虐的父亲和爱人、校园性袭击者、反同性恋暴徒,以及其他类似丧失人性的个人,植根于基础个人主义的道德理论又能提出什么解决办法呢?对罪犯的惩罚很少会带来态度上的转变,无论是对作恶者还是更广大的社会而言,并且也仅仅有一点边缘性的威慑作用(如果不是完全无效的话)。除了对受害者中最想寻求报复的人而言,惩罚并无太大用处。

我的论证是,首先早期儒家文本保存了保守主义的最好部分,这部分精华应当被保留下来,并加以变通以容纳当代进步理想。其次,如果确实如此,那么家庭制度和附随的家庭价值

---

① 关于这一主题有大量的著作。比较近的一篇(甚至对母乳喂养质疑)是伊丽莎白·巴丹德(Elisabeth Badinter)的《母乳喂养的暴政》("The Tyranny of Breast-Feeding"),载《哈珀斯》(*Harper's*),2012年3月。关于巴丹德著作的两篇书评可部分作为对此主题的总体概述:Jennifer Szalai《母亲本性》("Mothers Natures"),载《国家》,2012年6月4日;Diane Johnson《妈妈当心》("Mothers Beware"),载《纽约书评》,2012年6月21日。然而也可参考 Molly Worthen 的《秉持家庭价值的单身母亲》("Single Mothers with Family Values"),载《纽约时报》,2013年10月27日,书评版,第1页。

可以被直截了当地应用到更为平等、民主和客观的社会、政治和经济路线上,并成为我们根除性别歧视、种族歧视、恐同和其他反人类行为与态度的最大希望所在。如果我们从幼儿时期就学习如何将促进他人幸福作为自己的快乐来源,我们将难以接受将他人视为次等生物的态度,也不会漠视贬损他人所造成的伤害。

再者,我相信这种做法不只对一小部分人有吸引力,因为自由主义与保守主义之间(很大程度上是虚假的)标准二分法并不适用于此,也因为所需要的改革也并不违背世界主要宗教的信条(我将在下一章进一步讨论这一问题)。我将继续主张推进一种植根于家庭的角色伦理学。① 相比于我们目前有的道德和政治理论,一种在家庭脉络中奠基和发展的伦理学在跨文化维度上更加具有启发性和理论活力。

此外,还有一个理由,可以说明为什么家庭在今天应当成为哲学、政治学和社会分析与批判的对象。许多看起来中国特有的腐败可以追溯至家庭纽带,并因此让减少这些纽带的呼声

---

① 四分之一的单身母亲给共和党投票,其中相当部分是有多个待抚养亲属的非裔美国人。她们并非仅仅是被政客所愚弄,而是有深刻的道德原因。因此,我希望我的论述不仅对各类女性主义有吸引力,同时对这些单身母亲也有同等吸引力。这些单身母亲轻视女性主义,因为"她们将之看作是一种对自爱的崇拜,否认了女性的基本向往,这种向往并非自由的向往,而是对安全的向往"。依据《纽约时报》最近的一篇报道,这篇报道接下来又引用了一位类似的单身母亲的话,"女性主义说'我们'是如此独立,不需要任何人——我不想和这种立场有联系,因为我无法独立完成","秉持家庭价值的单身母亲",前引文。

越来越常见,无论是在中国国内还是国外。但在我看来,即使是我们能想象到的最道德、智慧和能干的中国政府也不能为15亿人口提供足够的社会和经济服务,因此其他社会组织也必须介入,以确保能提供所需要的服务:社会保险、医疗、教育、交通等等。在清除了潜在腐败和压迫因素之后(我并不是要低估这些危险),家庭和本土社区也可以提供许多此类服务。相比于无人情味的养老机构,帮助家庭实行居家养老是一种更为人性化,也更为便宜的提供公共服务的方式。没有理由不让每个孩子都享有优秀的公共教育,不让每个病人都获得所需的医疗照顾。中国绝不是唯一需要操心这些问题的国家,美国和许多其他国家(即今日世界上的大多数国家)都必须面对如下问题:庞大的、多样化的老龄化人口,衰退的自然资源,以及对抗气候变化的影响。

从另一视角看,吊诡的是,虽然启发我们提出某些观点的灵感来源于2500年前,但技术和医学的发展实际上加深了(而不是减少了)我们对他人的依赖,也因此当我们为未来做准备的时候,需要看到无论是就个人层面而言,还是着眼于国家的公共服务供给而言,儒家洞见与我们的当下处境有很大的潜在相关性。如卡斯生命伦理学委员会(the Kass Commission on Bioethics)在2011年的"总统报告"中指出的,我们时代的典型特征似乎是"年轻时代和年老时代都变得更长"。前者在很大程度上是因为经济压力,而后者则是因为医学和科技的进步。换言之,我们年幼和年老需要照顾的时间都变得更长,而生命两端中间的大部分时间都在照顾别人。童年和"老年"(from "diapers to diapers")也因此被重新定义,相应地,我们也必须重新理解"盛年(the prime of life)"①意味着什么。我们下文会再次回到这一点上。

中国与希腊/罗马:差异巨大的家庭背景

虽然家庭在西方也是一个普遍的、无处不在的社会制度,正如它在古代和当下中国一样,但西方的家庭历史和家庭的纽带却迥异于中国。除了少数重要例外,西方哲学家和神学家并不关心家庭,以及家庭成员间的关系。并且,以推动人类全面发展的能力来衡量的话,家庭制度得到的评价也更多是否定意义上的而不是积极意义上。比如柏拉图就严格禁止《理想国》的护卫者拥有任何形式的家庭生活,以免腐蚀他们治理和保护公民的能力。② 一些基督教哲学家虽然可以宽容婚姻和家庭

---

①被大卫·布鲁克(David Brooks)引用在《更长的生命揭示联系我们的纽带……》("Longer Lives Reveal the Ties That Bind Us"),载《纽约时报》评论版,2005年10月20日。也可参看本书第九章对孟子和荀子的引用。

②《理想国》第5卷465 c—e。同时参看第8卷开篇:"格劳孔,我们都同意,一个安排得非常理想的国家,必须妇女公有,儿童公有,全部教育公有……"《柏拉图对话集》,伊迪丝·汉密尔顿(Edith Hamilton)和亨廷顿·凯恩斯(Huntington Cairns)编,Pantheon Books,1961。亚里士多德在《政治学》第2卷 (1260b - 1266a)中批评了柏拉图的"妻子和孩子"的共同体,但在任何地方都没有对源自柏拉图理想的女性平等有所评论。亚里士多德自己对家庭本质的观点(如在《尼各马可伦理学》第8卷和第10卷里所描绘的)虽然更接近现代观点,但最终是由宗教来辩护的,并在理性的基础上进行,厌女症、沙文主义和奴隶制某种意义上对他而言都变得"合理化"了,如果不是对我们而言。《亚里士多德全集》,乔纳森·巴恩斯(Jonathan Barnes)编,普林斯顿大学出版社,1984。

制度的存在,但对他们中的大多数人而言,世俗的婚姻生活显然低于修士或修女们更为高贵的存在,后者因为弃绝了尘世的欲望和追求,而更接近于神。如保罗所说的(哥林多前书7:38)。

当代西方道德也未给予家庭更多的关注(事实上它做不到,原因会在下文分析),特别是在主宰伦理学研究一世纪之久的两种普世主义理论中:康德的义务论,边沁和斯密的功利主义。

但最近有一些道德哲学家开始思考家庭,特别是当看到家庭承诺与义务论或功利主义道德哲学的一些要求似乎陷入无法解决的冲突中,至少无法在义务论与功利主义理论内部解决时。① 家庭议题在伦理学与法律哲学中也已经成为一个主题,并因为作为女性主义哲学一种表达形式的"关怀伦理学"的有益影响而受到一些关注。②

直到20世纪末,现代西方哲学都一直忽略家庭,原因有如下几方面。首先,家庭事务长期被看作是私人事务,而道德却是关于某人的公共形象。某种程度上,这种立场与对政教分离观点日益增长的热情相伴随。只有当相关的人接受了某一特殊教派的教义,宗教才能规定具有强制性的责任和义务。这就是说,这些义务是个人或私人领域里的,如果一

---

① 参看本书第39页。

② 参考文献见参考书目。这一立场最知名的倡导者是内尔·诺丁斯。特别参看《关怀》(*Caring*),加利福尼亚大学出版社,1984;以及《母亲因素:通向道德的两条道路》(*The Maternal Factor: Two Paths to Morality*),加利福尼亚大学出版社,2010。

个人放弃信仰教义，那么这些义务也就丧失了约束力。但是，在公共领域里，道德责任和义务却对社会中的每一个人都有强制力，直到生命终结为止；不受制约的唯一可能是被流放。

在我看来，导致现代西方哲学忽略与家庭相关的潜在道德关怀的另一个重要原因就是我们已经深入探讨过的问题：当今西方可供选择的主导道德理论（义务论的、功利主义的和基于德性的理论）都植根于一种特殊的人的观点，即人根底上是个人，个人是或者肯定应当是理性、自由和自主的（并且通常是自利的）。这一观点的主旨是将所有他人都看作是自由、理性和自主的个人（通常也是自利的个人），并按此与他人打交道。但是这一观点并不能解释家庭互动的方式，或我们对家庭互动的感受，我们无法以这种方式来看待和对待我们的父母、祖父母和孩子。家庭关系，特别是最基础的家庭关系（也即亲子关系，包括父母与祖父母的关系）是无法在自由、理性和自主的个人及其互动的基础上得到描述、分析和评价的，因为父母和子女都卷入了彼此的生命。父母或子女定义自身是谁的一种重要依据就是与对方的关系。如威廉姆·罗迪克（William Ruddick）在类似分析背景下所指出的，"由理性、自利、协商以谋求最大利益的人组成的家庭看上去更像是室友，而不是在生命历程中彼此分享生命的人"①。

另一类的特殊原因是西方许多更为著名的哲学家——

---

①在他的《劳特里奇哲学百科全书》（*Routledge Encyclopedia of Philosophy*）的条目中。

比如笛卡尔、莱布尼茨、斯宾诺莎、贝克莱、休谟、康德、尼采、叔本华等等——都是单身汉并因而对除了他们童年之外的家庭生活所知甚少。①（黑格尔是结过婚的，并在他的著作中简短地讨论过家庭，但只是就家庭有助于他的个人自我观念的发展而言。②）提出这个原因也许有点不敬，但这并非不相关。

现在来看中国这边。早期儒家学者也并未过多地思考过作为一种制度的家庭本身，或者至少并未做过许多书面论述，但是产生这一状况的原因却迥异于西方：家庭作为人类繁荣的基础被看作是一个自明的事实，因而无需详细的分析或辩护。在《期待中国》(Anticipating China)中，郝大维和安乐哲已经论证过，家庭不仅是儒家，也是所有中国思想的基础比喻(foundational metaphor)，没有家庭，我们就还谈不上是人。（安乐哲在他最近著作《儒家角色伦理学：一个词汇表》中继续发展了这一主题。）③因此对儒家而言，也正如对我们自身而言，问题并非家庭就人类的发展和繁荣来看是否是善的，而是哪一些行为典范对于一个家庭而言是最适宜的，可以支持家庭成员的发

---

① 再看一下第六章中对劳拉·杜汉·卡普兰的引用。

② "……家庭成员之间的伦理关系不是情感关系或爱的关系。此处的伦理因素被设定为个体家庭成员对其作为实体的家庭整体的关系……但是，这个整体的行动所具有的有意识的目的……它本身仍然是个体成员。"《精神现象学》(The Phenomenology of Mind), Dover Philosophical Classics, 2003, 第257—258页, 楷体依照原文。

③《期待中国》(Anticipating China)由纽约州立大学出版社在1995年出版。《儒家角色伦理学：一个词汇表》, 前引书。

展和繁荣,并且这些典范可以继而被应用到更广泛的社会-政治语境下。

这种对家庭几乎独一无二的关注可以追溯到中国历史不可考的早期,并且根据陶德文(Rolf Trauzettel)所言,它也关联到如下事实,即自由和自主个人的概念在中国语境下没有影响力①:

> 在中国历史上,相对更大的社会和政治单位,亲属团体的地位保持稳定。可以这么说,亲属团体像年轮一样一圈圈扩充。罗马的情况则相反,亲属团体与政治单位会陷入激烈的矛盾。任何时候社会中的角色都可能会取得对家庭角色的优先地位,并且被明确地容忍,后一点很重要。在城邦的(相比于亲属团体)广泛得多的联系框架下,个人才能获得自由的权利,作为人格的基础。自由隐含人格同一性;反过来,但同样地,自由与负罪的能力是相互关联的。只有自由的人才能是有罪的。如果将社会纽带定义为自然的需要,如在中国的模式下,一个人可能会感到羞耻,但不是罪。

另一方面,对孔子而言,社会(公共)角色永远不能凌驾于家庭(私人)角色之上:

---

① 《人格构成的两种神话范例》(*Two Mythological Paradigms of the Constitution of Personhood*),未出版手稿,波恩大学,2012,第 13 页。

叶公语孔子曰:"吾党有直躬者,其父攘羊,而子证之。"孔子曰:"吾党之直者异于是。父为子隐,子为父隐,直在其中矣。"(13:18)

大卫·凯特利进一步阐明了中国和西方家庭取向(以及相应的道德和政治)的尖锐对比:

> 我认为,环境也许可以帮助回答如下问题:为什么与古希腊人相比,古代中国人如此孝顺、敬老,而古希腊传奇人物总是乐于挑战权威和家长制?为什么亲属团体的权威在中国总是如此强大,即使国家已经成型?在此环境有着相当影响:那些四处走动、不受束缚的船员和商人,受其他文化的影响,必须依赖自身的资源,并且不像束缚于土地的农民那样受权威的制约,这些人更加容易质疑或忽视父母以及那些试图发号施令的人。①

古典学者摩西·芬利(Moses Finley)的观察可以为凯特利的著作提供一个恰当的结语:

> "在一个亲属社会中……'行为很大程度上是在亲属基础上被规制的,由对每一种被承认的亲属关系的固定行为模式所塑造。'这种描述并不适用于奥德修斯的世界,在那个世界,家庭关系虽然依然很强,但却被狭隘地定义,

---

① 《这些骨骸会复活》,纽约州立大学出版社,2014,第81页。

其他强大并且往往更具约束力的关系是在亲属团体之外建立的。"①

在西方现代历史,特别是美国历史背景下,中国与西方文明的这种简单对比可能看起来有点不太公平:水手和商人探索未知世界,世故、勇敢、富于冒险精神地追逐财富,并且最重要的,他们是自由、自主的个人。而作为对照的中国人的形象则会被夸张为:绝大部分都是天真、麻木的农民,只有小部分精英担负维持传统和习俗的职责,并侍奉专制的君主。但我宁可认为如果这个世界受益于古希腊人,那么它也同等受益于中国人,受益于中国的技师、天文学家、政府官员、手工艺人、发明家,受益于中国的诗歌、绘画、音乐和医学。中国文明很可能比人类历史上的任何其他文明都哺育了更多的人口。

本书的主要论点之一就是,虽然我们必定不能放弃附着在希腊遗产上的那些价值,但是其中的一些价值需要对中国的取向开放,并由此被重新排序,如果人类未来不会陷入一片黑暗,而是走向确定方向的话。在我看来,儒家关于人的观点可以为这一重新排序的工作提供极大助力。

---

① 《奥德修斯的世界》(*The World of Odysseus*),Viking Press,修订第二版,1978,第105页。

带有儒家特征的当代家庭生活

122　　　原初儒家家庭观将家庭生活看作是对承担角色的人的培育,这种儒家观点的许多特征已经不适用于今天后现代的、高度技术化和相互关联的多元文化世界。虽然我们永远需要仪式和传统,但孔子所认可的许多受仪式和传统规制的行为在今天已经不能被接受,甚或是不可能的。孔子也许不能很快接受家庭角色是协商的对象,而不是简单地基于性别和历史。孔子也肯定会认为婚姻应当是异性恋的,应该由家庭安排,并高度认同单一文化。还有许多孔子所认同的东西在我看来并不会或不能有助于在当代社会修正家庭。

但儒家家庭观仍然包含着许多洞见,这种洞见可以引导我们重新思考家庭这种不可或缺的制度,这种制度培育承担角色、相互关联的合作者,而非持有权利、自主的竞争者。首先和最基础的,从儒家的视角看家庭是动态的,而不是静态的。我的岳母起初独立居住,后来搬来和我们一起住,帮助照料家人和孩子,再后来当她身体状况变差的时候,就需要我们来照顾。在这个过程中,我和我妻子与岳母的角色关系,以及彼此之间的角色关系都会随之发生显著变化。我们对孩子的角色行为也随年龄的不同而改变,比如对待上二年级孩子的方式就不同于他们上高中时的方式,当然他们对我们的行为方式也会相应改变。家庭成员的死亡会带给这种动态关系重大改变,一个新成员加入家庭也会产生重大改变。家庭必须永远被看作是时间性的和在流动中的,同时又总在追求持续、稳定和生长。①

儒家家庭的第二个基础性的构成要素是世代间性(intergenerationality)。家庭不仅包括妈妈、爸爸和孩子,而且也包括祖母和祖父,也许还有其他人;无论如何,家庭总是多世代的、在经济和社会功能之外还承担着伦理的、美学的和精神的功能。世代间性是理解儒家"什么是人"这一学说,以及理解为什么它在伦理上、政治上和精神上自成一格的关键。当被问到他最想做什么时,孔子给出了如下回答:

老者安之,朋友信之,少者怀之。(《论语》5.26)

儒家家庭的第三个规定性特征是敬重祖先(不是"崇拜")。敬重祖先在古典中国占据一个突出地位,超出我们今日想要达到的程度,但关于对我们祖先的认知,和对他们偶尔的怀念,依然有许多值得讨论的内容。这种敬重承担着重要的心理功能,并且是一种有效的家庭黏合剂。它促进我们对我们之所是的意识,并带有宗教意味。后者是本书第九章的主题。

---

① 相比整体上的西方社会,在中国的家庭要渗透到一个人生活的更多层面。关于家庭普遍性的一些特殊方面,可以在霍华德·吉皮(Howard Giskin)和贝蒂·沃尔什(Bettye Walsh)编的一些论文中读到,《通过家庭的中国文化》(Chinese Culture Through the Family),纽约州立大学出版社,2001。所有这些工作都是由我和安乐哲1996年在马里兰圣玛丽学院主持的NEH暑期学院的参加者完成的。对于他们完成的工作,我们两人都非常满意和骄傲。

与此相关,通过遵循仪式和传统,家庭会得到加强,并且这些仪式和传统也不局限于婚礼、戒律、斋月或葬礼这些大事件。这些仪式和传统也并不需要太过精细:比如,在北欧一些国家,传统婚姻和随附的浮华仪式和环境都消亡了,但是家庭纽带却变得比以往更强,因为其他礼仪和传统发展了,并且这些国家发展成为了带有强烈家庭中心倾向的精致福利国家。朴素而有意义的家庭传统和利益也可以包括每年为母亲庆生时所做的事情,家庭聚餐时的一些特殊规则,或继续沿用孩子年幼时的错误发音(比如"pasketti""breakstiff"),即使孩子们早已不这么说了。一起玩过的游戏,或者其他一百种可能的活动,这些活动因为曾经一起分享过,因而现在被更为热情地重温。当然仪式和传统也可以在任何时候被创造出来:"当下传统(instant tradition)"与其将之看作是一种矛盾修辞,不如将之看作是代际间关系的一种启发式教育。

此处总体观点应当是清楚的:我们很容易认同这些和类似的简单活动。孔子启发我们的是看到这些活动的人性意义,以及理解这些活动如何在人生的不同阶段帮助我们持续地与他人连接在一起。同时,由于如下两点重要而又迥然不同的理由,这一观点也可能带有一种过分简单的假象。

首先,这一观点看上去完全不是一种非常哲学化的论述,因为我并没有费心回应那些曾经讨论过成年子女对父母的义务(或缺乏义务)的哲学家,和那些在分析孝道时论及家长制地位的其他哲学家,以及回应那些曾经提起亲子道德话题的哲学家。① 但是所有这些论证都是基于基础个人主义,并以社会契约论为隐含背景,所以为直接回应这些哲学家,我或者不得不重复一遍我在这里所说过的所有观点,或者就会陷入对对方观点有利的无穷后退。我所能做的就是重审我对基础个人主义的拒斥,就像对"你是否停止打老婆"这一问题,一种有效回答是"我还没有结婚"。还有一种回应方式也就是我现在所选择的:像儒家所做的那样,描述我们的日常经验,将之作为一种理解状况的替代视角,一种更少抽象性和一般化的视角。玛莎·米诺(Martha Minow)和玛丽·香莱(Mary Shanley)在她们关于家庭和女性主义的一个探讨中曾经(虽然我猜,她们并非有意图地)将上述观点表达得非常清楚,当她们提到"家庭生活的一个悖反的品质……就是个人必须被同时看作是一个独特的个体,和一个原初卷入依赖、关怀和责任关系中的个人"②。但是我们并不能同时以两种方式"看"一个人,正如我们不能同时看到年轻妇人和年老妇人,同时看到鸭兔图里的鸭

---

① 在这些主题上的代表性论文可见奥诺拉·奥尼尔(Onora O'Neill)和威廉姆·罗迪克(William Ruddick)编的《拥有孩子》(*Having Children*),牛津大学出版社,1979。其他相关文献有南希·杰克(Nancy S. Jecker):《孝顺义务是无基础的吗》("Are Filial Duties Unfounded?")载《美国哲学季刊》(*American Philosophical Quarterly*),第 26 卷,第 1 期,1989 年 1 月;以及克里斯蒂娜·霍夫·萨默斯(Christina Hoff Sommers):《孝德》("Filial Morality"),载《哲学期刊》(*Journal of Philosophy*),第 83 卷,第 8 期,1986 年 8 月。

② 在她们为《希帕提亚》(*Hypatia*)特约编辑的以此为主题的一期里所作的《导言》中,第 21 卷,第 1 期,1996,第 22 页。

子和兔子,如我们在第二章所讨论的。我们看见的是已经被置入前景的东西,仅此而已。

我关于家庭生活的论述可能给人一种简单假象的另一个原因是,它可能会使得如下论点更难以理解:我们介入我所描述的这些活动是为了这些活动本身,是为了发展繁荣和尽可能接近完满实现我们的人性。这些互动并非仅仅是进入工作世界的某种准备,或相关社会契约的一个完美作品,又或者是为了任何其他纯粹实际理由。对早期儒者而言,它们自身就是目的。

再次重申,本书的一个基础关注就是对比两种关于"做人意味着什么(what it is to be a human being)"的图景:自主的个人自我和承担角色的人。儒家并不追求专业,也并非潜在的资本家,也不认为追逐名声和荣耀是有价值的活动。孔子说:"君子周急不继富。"(6.3)他的继承者孟子甚至更激烈地写道:"为富不仁矣,为仁不富矣。"①儒家认为人生的目标是通过与他人一起和谐地践履角色,以完满实现我们的人性,并在这一过程中,追求更多的平衡、优雅和优美,以在我们的互动中达到训练而成的自发性。要实现这一目标,需要有合作和不断增长的同情共感,而不是竞争,实现目标的过程萌芽于家庭中的角色互动,并且随着我们的成熟,进一步向家庭之外推扩。

子曰:"君子无所争,必也射乎!揖让而升,下而饮,其争也君子。"(《论语》3.7)

---

① 《孟子》,前引书,3A3,第97页。

黄百锐曾经令人信服地论证说，儒家评价文化的标准，是看它在多大程度上促进人类的繁荣昌盛。陈祖为（Joseph Chan）的新书也将中心观点总结在标题中——《儒家至善主义》（Confucian Perfectionism）。① 在持续流变的生命中我们始终致力于在共同生活中最大限度地实现我们与同伴（年轻人、老人和同辈人）的完满人性。

家庭构造

完满的人类繁荣可以在多种家庭结构中实现。

因此本节应该是不同的人们也许想要采纳的可能选项的一个建议，而不是规定。本质的东西是世代间性，以及随之而来的施惠者/承惠者角色。除了这样一种纯粹的儒家基础，我假设对这个探讨中的所有家庭都存在着本真民主程序——在此"本真"意味着每个人在所有直接影响到他的事项上都有发言权——无论是在家庭网络内（合作确定角色的特性），还是在社会层面上（合作确定诸家庭彼此之间的特殊关系，以及家庭与国家的关系）。

此外，通过家庭成员投票决定一些家庭决策，也可以将仪式与民主这两个因素综合起来。应该如何庆祝祖父75岁的生日？我们今年应该去哪里度假？这个周末要看哪一部电影？

---

① 《自然道德》（Natural Moralities），前引书，第115—116页，第205—211页。陈祖为的书由普林斯顿大学出版社2014年出版。

周六晚餐吃什么？创制一种在这些事项上的投票可以加强家庭纽带，特别是如果在投票之前，还能有一段劝说和发表演讲的时间。在这些事情上像对待成人那样尊重孩子的意见，会显著提升他们将来长大后作为公民履行角色责任的意愿。通过观察成年人如何在投票上郑重其事，或通过拥有一套双重投票系统（在这一事项上你最想做的是什么？你认为家庭作为一个整体最想做的是什么），孩子们的教育可以得到进一步提升。①

这些家庭可以有多种组织方式。子女可以是生物学后代，领养的，或者以其他方式安排的。父母通常实行异性恋和一夫一妻制，但也可能处于"开放"婚姻中。父母应该至少有两个，但也可以是更多，他们可以是同一性别，也可能是不同性别。长者（the elderly）可能是父母的父母，或早已寡居的邻居，或父母的兄姐，或夫妻俩熟识的一位老人。在彼此承诺之后，应当仔细探讨如下问题：比如，负担家计的人与照料家务的人应该如何分工，年轻夫妻最有能力照料哪一方的父母或其他长

---

① 我们也许也会注意到所谓"包办婚姻"在美国一些社区（主要是亚裔）的回潮，并看起来到目前为止产生了一些相当积极的结果。参看《包办婚姻的现代教训》("Modern Lessons from Arranged Marriages")，《纽约时报》，星期日，2013年1月20日，婚礼版，第13页。黄百锐也在他对爱的有趣分析中作了接纳性的评论并引用了关于这一实践的数据。参看《善的生活中爱的不同面孔》("The Different Faces of Love in a Good Life")，载《道德修养和儒家品质：与乔尔·考普曼对话》(Moral Cultivation and Confucian Character: Engaging Joel Kupperman)，李晨阳和倪培民编，纽约州立大学出版社，2014。

辈,将来要几个孩子。在所有这些讨论中,年轻夫妻的父母和祖父母都会作为利益攸关方被卷入。

但是讨论的基础并非社会契约理论的自我利益,由自主个人协商而成,而是一些希望承担新角色(比如作为父母,作为照料者和配偶)的人,希望以新的方式促进相关他人的繁荣,并因此有助于实现更完满的自身,以在时间中成就人性,而后者是自主个人所难以做到的。①

在以基础个人主义为根基的、理念论普世主义伦理框架下,这点尤其难以实现,因为这一框架并没有给时间和变化留下空间。我和我妻子应该将年迈的母亲安置在养老院,还是接到家里来照顾? 这肯定部分取决于我母亲的个人状况和她的意愿。但这也肯定会受面临这一问题时我和我妻子所处年龄阶段的影响:如果我们刚30岁出头,我们可能会计算并认为送她去养老院是利益最大化的选择,因为我们照料彼此、孩子、家和工作的责任已经消耗了我们120%的时间,以至于我们甚至没有时间照顾到年迈父母的物质需求。并且我们也很容易提出一条关于应当如此做的可普遍化规则(maxim),坚定相信将

---

① 美国退休者协会2014年6月和7月的公告包含对完全不同类型并偏离标准构造的家庭的六篇描述和访谈,参看《新美国家庭》(*The New American Family*)。其他新家庭模式:参看《纽约时报》对"结婚-契约"的报道,星期日,2012年9月30日,风格版,第1页。在中国,一些年轻人也在改造几个世纪之久的传统中式婚礼礼仪。一个突出的例子就是《快乐的结合:朱子家礼婚礼的现代化改造》,田梅(Margaret Mih Tillman)和田浩(Hoyt Cleveland Tillman)著,《远东学报》(*Oriens Extremus*),49(2011)。

来我们也不愿意成为子女的负担,而是希望子女会在我们衰弱的时候送我们去养老机构。因此我们的决策是可以同时诉诸边沁、密尔以及康德的理论而得到伦理辩护的。然而在我们60岁的时候,我们的回答可能会完全不同。我们现在更多意识到即使是最好的养老机构也会有损人类繁荣,因为人们在这些机构中会丧失私人联系和情感纽带,而选择在家里照顾我们的母亲,即使我们自己的精力也在衰退。另一个特殊原因是,进入老年的我们已经不再能够信守关于机构养老的规则,愿意让子女将来送自己去养老院了。

这个例子不应被解读为是在暗示,主张权利的自主个人自我不能或者不愿意像相互联系的角色承担者那样论证;他们当然能够这么做,而且许多人确实是这么做的。① 这个例子的要点是个人自我在思考时需要应对更多心理学和形而上学的嘈杂噪音。他们将有很强倾向去有不同的前置,从而做出一个不同的论证,寻求一个在所有处境下都有效的道德原则,并要求我们剥夺个人所有专属特性。但是在家庭里,这样的论证是行不通的。在考虑我母亲的偏好时,重点并非她的女性身份,母

---

① 教育研究者李瑾整理了许多材料和论证来说明本段的论点可以更广泛地适用于教育。东亚学生因为勤奋和在学校教育上的成就而出名,她将之在很大程度上归因于不同的动机模式,以及对教育目的的不同取向。她对比了西方的"头脑模型"和东亚道德的、社会的学习模型,前者训练头脑去理解世界,后者则倾向于在道德和社会性上完善自身。她的著作可以向所有种族的父母推荐:《学习的文化基础》(Cultural Foundations of Learning),剑桥大学出版社,2012。[该书中译本《文化溯源:东方与西方的学习理念》,张孝耘译,华东师范大学出版社,2015。——译注]

亲身份,甚至也不是老年人身份:需要在我母亲的偏好与我自己的偏好、孙辈的偏好之间加以精确权衡,各方仅仅被看作是纯粹个人,但这并不是我们实际之所是。

关于自主的个人描述、分析和评价道德思考的方式会如何迥异于在特殊角色中特殊的人,读者可以通过下面这个家庭生活的例子来测试他们的直觉。① 思考有这样一个男子,他献身于和平主义,并选择为和平组织工作作为他的职业:游说、组织会议、集会和示威、讲座,偶尔也会因为针对政府军事灾难的非暴力公民不服从活动而被捕。虽然不时有挫折,但他以自己的工作为荣,并总体上享受这份工作。他的事业虽然不能让他富裕,但也足以让他供儿子读完了大学。然而他儿子毕业之后却报名参加了海军陆战队的士官学校,并在完成基本培训之后,通过考试加入了特种部队。我的读者也许对这个故事会有不同的理解,但在我看来,在这种情况下,他的儿子将会有一份完全自主选择的职业生涯,但这个父亲的所有骄傲和喜悦都会在这一事件转变的那一瞬间立刻消失,只留下沮丧。这不简单是因为儿子的这个选择,而是因为现在父亲对自己作为父亲的角

---

① 接下来的几段包含了安乐哲和我在最近两篇文章中所作论证的一个修改版本:《从考普曼的品质伦理学到儒家角色伦理学》("From Kupperman's Character Ethics to Confucian Role Ethics"),载《道德修养和儒家品质:与乔尔·考普曼对话》,李晨阳和倪培民编,纽约州立大学出版社,2014。另一篇论文是《在家庭和文化中穿越时间:儒家沉思》("Travelling Through Time in Family and Culture: Confucian Meditations"),收入2012年阿莱特莱班中部学院会议论文集中的一卷(即将出版),由Hans-Georg Moller主编。

色有了不同的、更为负面的认知,即认为自己作为父亲很大程度上是失败的。这也不仅仅是因为父亲可能隐秘地希望儿子会想学法律,为和平、劳工、环境等与社会公正相关的议题而奋起斗争。如果儿子学了 MBA,并在金融领域工作,父亲也许会有点失望,但仅此而已。只是当儿子选择了一个与父亲毕生捍卫的非暴力与社会正义的和平主义价值直接对立的职业时,对这个父亲而言,这是一个无法质疑的证据,证明他作为父亲在某些方面是失败的。

如下想法也许有一定吸引力:这个父亲某种程度上过于自我中心了,他或者试图通过儿子的工作来延续自己的追求,或者太过教条,坚持他自己的社会—政治议程,又或者只是单纯没有体会到他儿子的心情,后者为自己的独立、决心和顺利跻身精英组织而感到自豪。但现在让我们将注意力转向这个儿子自身,当他投身一项事业,致力于解构他父亲毕生的工作和梦想:我们要怎么看这个人?如果我们将他看作仅仅是做了一个理性决策的个人,那么我们可能只是耸耸肩,说"那又如何?"或者"这是一个私人事务,是他父亲的问题,而不是一个道德议题"。但我的强烈感受是,如果我们着眼于他是他父亲的儿子这一点来看,他的行为就不值得赞赏,甚至是道德缺失的表现,即使这一行为是私人性质的。我们会认识到,这个儿子相当冷酷,甚至称得上是自我中心,因为他并不关心他的决定对父亲的影响。他的父亲将因为他的决定,而不仅仅是因为伤心,而变成一个完全不同的人。显然这个儿子并不只是不知感恩,而且也极不尊重他的家庭,给与他生命交织的他人造成不幸后果,这也是为什么我相信我们应该轻视他。我怀疑这一点即使对那些并不认同和平主义的人也是成立的。

当然，每一个父母都必须平衡对孩子的指导行为与对孩子自身特性的认可；期望的目标是让孩子接受一套价值秩序，不仅因为这是父母认同的排序，更是因为孩子也相信这是好的排序，并想要遵守它。在我看来，达到这一目标的唯一途径是基于父母对子女的爱，以及父母在养育过程中的榜样行为，而不是抽象的道德规则或原则。再说到作为和平主义者的父亲，他怎么可能在他的价值秩序中给绝对命令或功利原则以更高的地位，而不是将之保留给赋予他生命意义、目的和满足感的总体排序？此外，父亲对自己工作的热爱应当成为儿子的榜样，也因此在这个案例中引发了更多沮丧，因为如果儿子并非真的在意能否成为海军军官，而只是找不到其他工作的话，这意味着父亲的榜样是徒劳的，这也是令人沮丧的考虑。但还不如另一种可能性更令人沮丧：儿子真心喜欢这一参与抗击当前指定邪恶力量的前景。

亲-子互动

到目前为止这个故事的道德含义是清晰的：当处理亲子关系时，我们不能将其中任何一方当作是自由、自主的个人，因为父母与子女不仅在互动中紧密捆绑在一起，而且相互规定对方是谁，曾经是谁，以及将要成为谁；在所有情况下，由情感与共同的历史而合为一体。很大程度上，作为一个父亲或母亲意味着必须在所有时刻都留心观察子女的特质、能力和感受，并将之融入对子女的照料和面向未来的培养之中。而做子女的在选择和遵从自己人生目标前,也必须留心父母的信念和感受,并且子女必须在父母一生中都保持这种敏感,以示忠诚。这种忠诚并不排除对父母(或其他有权威者)的劝诫,正如《论语》和《孝经》清楚阐释的。

孩子的行为和相应态度有多少是需要父母着重培养的,部分取决于父母自身的价值排序,但更多的是由孩子的独特人格决定的。对儒家而言,挑战权威不应被视为小事;但如果只是外在表现出忠实或服从等特质,而没有适当的内在指向,同样不是小事。对他们来说,这些特质是交互的,每一位父母和老师都必须意识到,在何时以及以何种方式,伴随以适当行为来教导适当情感是最好的。

在此需要进一步解释互惠概念(the notion of reciprocity)。所有角色都是相互的,但并非在"以牙还牙"的意义上:比如我今日作施惠者,次日轮到你。理解儒家关于角色互动的分析,我们必须不要强加任何来自理性选择理论、囚徒困境游戏或迷你版社会契约论的因素,这些因素都是由自由、理性、自主个人来呈现的。相反,在角色伦理学中,承惠者的角色必须与施惠者的角色是交互的,不仅就互动而言,而且就伴随的感受与态度而言。需要记住的是,对儒家来说,仅仅承担责任还是不够的,必须想要去承担责任,还必须在承担责任、造福他人的过程中乐在其中,他人也与你在相同的交互关系中(因而进一步提高你的幸福感)。比如,在《论语》首章,我们读到,"其为人也孝弟,而好犯上者,鲜矣"(《论语》1.2)。但同时,"有事弟子服其劳,有酒食先生馔,曾是以为孝乎?"(《论语》2.8)。真正的孝道也会帮助我们深入理解什么时候应该反抗权威,"见义不为,无勇也"(《论语》2.24)。

学习在正确的时间"做正确的事",并掌握互动中的恰当情感,显然需要反复的努力、实践和献身精神。这种努力在许多方面都类似一种精神修炼,并且只有当拥有模仿的榜样时才可能成功。一个人永远不会因为年纪太大而不能去模仿其他人的行为,或成为年轻人的榜样。父母将是大多数人的榜样,他们展现出如下品质:思虑周到但不过分激动,恭敬但不一味顺从,不失尊重地提出反对意见,温柔敦厚而强大,而这些都伴随着对子女的爱意与关注。始终如一这么做非常困难,但是值得为此努力,因为卓有成效。在这方面,艾米·奥伯丁(Amy Olberding)有一段精彩论述:

> 人类的大多数学习,特别是童年的早期学习,是通过观察他人而完成的。儿童生活在一个他能感受很多但理解很少的世界中。……早在儿童理解或能够应用道德规则之前,他已经通过观察和模仿而发展了一种敏锐意识,去体会什么是人,什么是好人。①

父母或教师的敏感性在《论语》11.22中表述得最为清晰,我曾经在前面部分引用过。

子路问:"闻斯行诸?"子曰:"有父兄在,如之何其闻

---

① 《〈论语〉中的道德榜样》(*Moral Exemplars in the Analects*),Routledge,2012,第33页。

斯行之?"冉有问:"闻斯行诸?"子曰:"闻斯行之。"公西华曰:"由也问闻斯行诸,子曰'有父兄在';求也问闻斯行诸,子曰'闻斯行之'。赤也惑,敢问。"子曰:"求也退,故进之;由也兼人,故退之。"

《论语》不应该被直接解读为关于儿童应该如何行为的规范指导;孔子的学生全部是成年人,有些学生几乎与孔夫子一样大。但是《论语》确实强烈建议,做人子女意味着要终身对父母的信念和感受保持敏感,以示感恩和忠诚。而父母通过如此对待自己的父母,成为子女学习的最好榜样。《论语》也不应该被简单地解读为一本育儿手册,虽然它某种程度上应该也可以作为一本育儿指导来研读。通过谨慎而敏感地阅读,今日父母(和老师)依然可以从中学到许多关于如何在当下养育年轻人,并着眼于将来去培养他们。

时间中延续的家庭

时间性关注可以说贯穿于所有成功的家庭生活中,因为当为着孩子尽我们做父母的责任时,这些时间性关注必然会进入我们关于自身角色的思考之中。这些思考并不完全受我们自身年龄的限制,因为要确定如何和我妻子一起胜任父母角色,我必须考虑到过去、当下以及将来。

首先,如我之前提到的,当涉及我们作为父母的照料职责时,比如照料我们孩子的衣食、住宿、书本,以及更为基本的安全与爱时,我们必须考虑到当下。在一个重要的意义上父母需

第七章 家庭与家庭价值 231

要能够如此做，不仅仅是为了孩子，也是为了在履行父母职责的时候获得自豪和满足，这在几乎所有人类社会都是获得人类尊严的一个必要条件：除非人们同时也成为一个施惠者，否则难以获得尊严和实现人生价值。（这也是为什么一个好政府将致力于为每一个人创造报酬合理的就业机会，而不是仅仅提供福利，或者更糟的，漠视较为不幸的人群）。此外，作为接受爱与照料的对象，即使完全依赖父母，孩子也始终以自己独特而重要的方式在回报父母：他们是父母感受和表达爱与关怀的出口。孩子也可以通过顺从来更积极地表达他们对父母的爱与关怀。虽然并不鼓励盲目服从父母，但是必须说顺从是子女对父母表达尊重、爱与关怀的重要方式。（比如，孩子们清楚地知道，如果过了约定时间而迟迟没有回家的话，父母会越来越担心。）因此家庭关系应当被看作始终是交互的（当然这并是契约的）。

在照料子女的责任（满足他们的物质和情感需求）之外，我们还有将他们养育成人的责任，因此我们不仅要关注当下，而且要谨慎长远地考虑将来。也即是说，作为父母，我们不仅关注子女当下，而且要着眼于他们未来最好的样子。我们总是对子女的未来成年生活有一些期许，同时也总是有一些我们不愿意子女未来去做的事情，这些期望的细节很大程度上由子女的心智、生理和心理状况，以及我们的社会-经济环境所决定。这些细节同时也取决于我自身（和我妻子）的家庭历史、种族、公民身份和其他一些社会因素。这些因素很大程度上决定了我为自身，也为我的子女所感受到的希望、恐惧、梦想和目标。没有这些东西，我们将会丧失我们的身份，也不会成为一个真正意义上的家庭。

服膺个人主义道德,将自主和自由置于道德中心的人无疑会反对上述教养方式,因为这种教养方式的关注点并非完全在(或主要在)将子女最大可能地培养成能够理性选择他们自己将来的、完全自主和自由的个人,如植根于基础个人主义的道德体系所坚持的。鼓励子女顺从也通常是被质疑的对象。

但是,我试图依照自己的价值排序生活,这一价值排序对我是谁,我会做什么产生了深刻的影响。我采纳这一价值排序,因为我相信它是善的,并在我与后代及其他人的互动中展示它。当然我妻子也是如此做的,虽然她的价值排序可能和我有轻微差异。毫无疑问我们也会努力向我们的孩子灌输我们的价值观,因为教养孩子的部分任务就是将他们培养成一个有价值取向的人。如果不将他们导向我们自己的价值排序,我们又能使用什么其他价值观呢?这完全不意味着我们应该尝试将子女变成我们自身的复制品。显然我们是完全不同的人,我和我妻子也必须始终把这些区别纳入考虑。比如,我从来没有兴趣将观看体育赛事作为令人愉快的娱乐活动,休闲时我喜欢读侦探小说。但我儿子高中的时候就打一线棒球,也参加田径队。他却从未借阅过我那些破旧的小说,福尔摩斯探案集、卡德法尔兄弟或大唐狄公案等。空闲时间他更愿意观看ESPN(娱乐体育电视节目网),我完全不应该因此而对他失望。

但是伦理相关的事务(或者基本政治或宗教事务,或者某些情况下的职业选择)不同于与个人品位或偏好相关的事务。在这些领域中,我已经接受了一个世界观和相应价值排序,因为最终我相信这一排序要优于任何其他可能排序。出于对道德多元论的信仰,我和我妻子有重大责任向子女表明,其他正派、有智慧的人可能会对价值排序有不同的看法。但是当我们引导子女去接受我们认为是所有选项中最好的一套排序时,我们作为父母肯定并无失职之处,对吧?如果我们不尝试将我们的孩子导向我们自己的价值排序,那么应该导向哪一种排序呢?

当然每一个父母都必须平衡对孩子的指导行为与对孩子自身特性的认可。期望的目标是让孩子接受一套价值秩序,不仅因为这是父母认同的排序,而且因为孩子也相信这些偏好体现一种善的排序,并自愿服从这套或类似价值秩序,如我们之前已经指出的。只有在父母之爱的基础上这一目标才能实现,并且是因为父母自己就是他们认同的最高等级价值的榜样,而不是因为任何所谓的普遍道德原则(或在孩子身上灌输德性的努力)。回到作为和平主义者的父亲的例子,他怎么可能在他的价值系统中将更高的位置给予绝对命令或功利原则的内涵,而不是那些赋予他生命意义、目的和满足感的优先事项?

在承担照料和养育子女的责任时,父母还必须将第三种时间性因素纳入考虑之中。儒家坚持认为,在当下与未来之外,父母和子女还必须参照过去,以使得当下有意义,未来更稳妥。在我看来,在这一点上,儒家有很多洞见值得当代人借鉴。这涉及家庭生活的宗教维度,以及对礼仪的细致关注,尤其是那些与祭祀祖先相关的礼仪。也许正是在与逝去祖先相关联的这些地方,作为家庭敬畏(family reverence)——而非仅仅"孝心(filial piety)"，孝的概念展示出自己最为生动、最具宗教意味的一面，以及更为重要的是，展示自身为加强活着的人之间的纽带与角色，并增加他们生命意义的一种策略，这种策略对21世纪的人和基督时代之前的人一样有效。但是在宗教与仪式语境下直接思考家庭的过去(the family past)之前，我们必须首先思考这两个概念意味什么，以及为什么这两个概念对人类繁荣太过重要而不能被弃置在"历史的垃圾桶"中，即使它们有历史缺陷。①

---

①我是否在用一副玫瑰色眼镜来看待家庭？在诉诸家庭情感的时候，我是否只是在回应现在西方的一个(被构造的)现象？菲利普·阿里斯(Phillippe Aries)与他的研究伙伴肯定会回答"是"，但很多其他和更近期的学者会给出一个毫不含糊的"不"，参看阿里斯与其他作者的《私人生活史》(*A History of Private Life*)，第5卷，Belknap/Harvard university Press 重印，1992—1998。另一边，可参看类似下列著作:《欧洲家庭史》(*The History of the European Family*)，第1卷，大卫·库尔策(David Kertzer)和马尔齐奥·巴尔巴德利(Marzio Barbagli)编，耶鲁大学出版社，2002;《祖先:古老欧洲的挚爱家庭》(*Ancestors: The Loving Family in Old Europe*)，斯蒂文·奥茨曼(Steven Ozment)编，哈佛大学出版社，2002;《中世纪的儿童》(*Medieval Children*)，尼古拉斯·奥姆(Nicholas Orme)，耶鲁大学出版社，2002;还可参看《在西方的东方》(*The East in the West*)，杰克·古迪(Jack Goody)，剑桥大学出版社，1996，特别是第六章。

Chapter 8

On Religion and Ritual

第八章

论宗教与礼

我拒绝罗马教会的教义，但沉醉于弥撒的壮丽与优美。

——乔治·桑塔亚那①

我想指出，宗教冲动是一种全人类的普遍性，是人类在面对比人类更为宏伟，在人类出现前已经存在，把人类包含在自身中，并在人类消亡后持续存在的东西时会油然产生的一种主观感觉。② 下面我将具体阐释和辩护这一提议，但不诉诸任何神圣或超验之物。然而一种完全人类中心的虔敬听上去像是一种矛盾修辞，因此我需要对宗教做一些更为一般化的解释，以便让读者理解我的立场（如果不是接受的话），即早期儒家

---

① 我认为这句话应该是桑塔亚那所写。很尴尬的是我不能确定引文出处，甚至也不确定引文是否逐字正确。我很早就引用过这句话，因为它与儒家立场如此接近而给我留下了深刻印象，并且它与桑塔亚那的观点完全吻合，超过任何其他我读过的作家。为理解这句话在多大程度上符合桑塔亚那的观点，可参看，比如，理查德·巴特勒（Richard Butler）的《乔治·桑塔亚那：天主教无神论者》（"George Santayana: Catholic Atheist"），载《今日灵性》（Spirituality Today），第38卷，1986年冬季。

② 在我与休斯顿·史密斯（Huston Smith）合著的一卷中，我曾经详细论证了这一主张，《是否存在宗教的普遍语法》（Is There a Universal Grammar of Religion?），Open Court Pub. Co., 2008。

观点可以适用于当代生活。出于同样理由,本章第二部分就对礼的概念作一些更为普遍化的阐释。

朝向一种人类中心的虔敬

后来发展为比较宗教学的专业研究领域最初发端于16世纪后半叶亚洲兴起的传教活动。既然传教士的任务是获取皈依者,那么毫不奇怪他们将基督教看作是判断什么是宗教的标准。传教士在遭遇其他类的信念和实践时,首先审查的就是它们在多大程度上接近唯一真实信仰(One True Faith):它们崇拜一神还是多神?它们是否相信来世、灵魂、天堂或伊甸园?虽然这一进路有着明显的方法论偏见,但这些传教士学者极大增益了我们对其他信仰的早期知识,传教士的最初努力为后续研究打下了坚实基础。

但是传教士遗产遗留一个不幸因素,即我们仍然倾向于通过追问"他们信仰什么",来理解任何被贴上"宗教"标签的信仰体系。也就是说,在听说任何其他宗教时,更关心这种宗教的信徒对世界如何起源,世界现在是什么,世界之内有什么,以及世界中人类的命运等问题上所抱有的信念。但这也许并非理解一个人自身宗教的最好方式,更不用说其他宗教。我们不如问:这一宗教的信徒在做什么,他们从事什么实践?他们为什么要从事这些实践?从克利须那神(Krishna)到孔子,这些古代亚洲的圣人尤其不应该被解读为在教导我们世界是如何为了某个理性的或道德的目的而被创造出来。他们最好被理解为是给出一些故事、教训和例子,教导他的学生和信徒在这个并非他们自己或其他任何人刻意创造出的世界中应该如何学习做事,如何实现有意义的、完满的人生。①

这种理解宗教的视角基于如下理由。首先,如我们在第六章已经指出的,"生命的意义是什么"并非一个清晰明确的问题,除非我们已经预设了有一个全能全知的创造者上帝有目的地创造了这个世界,并且他是善的。但是只有亚伯拉罕传统的三个信念(three faiths)做了上述主张,因而在其他精神传统中找到的神学或形而上学显然会服务于其他目的,而不是去探究创世的原因及其内在的善;我们指望希伯来圣经、新约和(或)古兰经能提供这些问题的答案,因为只有在这些经典中这些议题才存在。②

询问信徒自己相信什么并非理解另一种信仰的有效方式,对此我们可以给出的另一个相关理由是,信徒中的大多数人给不出答案。土著居民很少会解释神做某事的原因,那是部落萨满告诉他们的事情。受过教育的基督徒的情况也一样。虽然"耶稣是上帝之子"很快就会到来,但是如果你去问一个卫理公会派教徒,他与他的公理会教友邻居或者他的长老派教徒工友在教义信仰上有什么区别,我怀疑这三人没有谁能给你一个答案。要求详述上帝三位一体的性质多半会遭遇茫然的眼神,正如复活,天堂和灵魂的行为,以及其他上百个重要神学问题

---

① 参看《理性与宗教经验》(*Rationality & Religious Experience*),前引书,供讨论。

② 当然我们需要获悉世界诸宗教的形而上学和神学信念以理解它们特殊的习俗、礼仪和传统——它们的象征意义。

一样。

通过这些例子,我的目的并非要诋毁任何信仰的教义。这些例子是用来表明我们的大多数信仰都是未经反思的,以至于当我们试图将这些信仰置于中心的时候,它们就会引发一些我们难以提供合理答案的问题。复活、天堂和灵魂不死或许是真实存在的,但是我认为,肉体凡胎是无法弄清楚这些观念的涵义的,这些观念就和非关系的自我统一性(non-relational self-identity)一样是尚未充分发展的。

从怀疑转向肯定,我确实相信宗教在繁荣昌盛的人类生活中扮演了重要角色,几个世纪以来让不计其数的人受益。今天的宗教质疑者虽然并不是全无道理,但其力促灭亡宗教则无异于将孩子与洗澡水一起倒掉。虽然我无意忽略历史上与宗教有关的种种残酷,人们以宗教的名义迁怒彼此,但当我们转向宗教信仰的英雄与女英雄寻找灵感时,我们看到并不是诉诸剑、突击步枪、爆炸装置,屠杀不信教者和异教徒的狂热分子。我们看到的毋宁说是可敬的圣人和圣徒,阿维拉的特瑞莎(Teresa of Avila)、阿西西的弗兰西斯(Francis of Assisi)、甘地(Gandhi)、佛陀(the Buddha)、伊本·赫勒敦(Ibn Khaldoun)、老子、诺维奇的朱利安(Julian of Norwich)、黑麋鹿(Black Elk),和其他许多人,他们赞扬了我们的共同人性、爱的力量,并对人类苦难有着深刻的同情。

试图完全消除宗教是相当天真的想法,如果不是愚蠢的话,因为这不可能实现。某些信仰的反现代(anti-modern)基础主义加剧了暴力在世界某些地方的泛滥,但在我看来,对抗这种为信仰拿起武器的趋势的唯一有效力量只能来自这些信仰自身内部；外国人是无法解决问题的，如美国在伊拉克和阿富汗的灾难遭遇所清楚展示的。原因显而易见：宗教是嵌入文化中的。因此任何看上去是对宗教的攻击其实都是对文化的攻击。反过来也是成立的：对我的文化的攻击必定是对我的宗教的攻击。文化（和宗教）是我们定义自己是谁和是什么的方式：没有它们，我们什么都不是。因而我们会尽可能激烈地抵抗所有对我们宗教（和文化）的攻击。

就我所知，没有任何文化（过去的或现在的，大的或小的）不包含许多可以被恰当称作宗教的因素，一些可以类比于我们在亚伯拉罕遗产的三个分支中找到的信念和实践模式。这些因素遍布在每一种文化的艺术、音乐、道德和风俗中。宗教与宗教性表达的普遍存在佐证了我的论点，即宗教冲动是全人类的普遍性。这里有比仅仅铸造一个新词更为重要的事情。还有许多宗教专家也坚持认为宗教的普遍性，并从中得出一个有着重大存在论意义的结论。如果存在"一种宗教的先验统一性（transcendental unity of religion）"①，如果宗教存在于所有文化中，那么所有人类必然体验着同一种神圣，无论我们会选择怎么称呼它（it）、他（him）、她（her）或他们（them）。

但是我们并非一定要做这种存在论飞跃。有能力去体验某种比我们自身大的东西，并不意味着我们必须承认有某种外在于我们的东西，比我们更大。我所关心的这种类型的宗教经验并非对 X、Y 或 Z 的直接经验，而是我经验每一个 X、Y 和 Z

---

① 弗里特霍夫·斯科恩（Fritjof Schuon）所著书之标题，Harper Torchbooks，1975。

的方式。这与其说是在世界内的经验,或者世界的一部分,不如说它是对世界的经验,在世界存在的经验。它不必是某个我们看到或听到的对象,但必定与我观看和聆听世界的方式,与我们参与到世界之中的方式相关。

亚伯拉罕的神圣文本与其他非西方文本一样,给信仰者提供清晰的指导,关于如何通过某些实践而在这个世界里寻找生命的意义,而自我化简(self-reduction)是它们共有的一个关键要素。① 这一点对局限在亚伯拉罕文本的神学与形而上学中的人而言,可能并非立刻一目了然,但是当他们打开非西方的神圣文本,像《薄伽梵歌》、佛经、《道德经》或《论语》时,就会明了。事实上几乎所有这些实践也都可以在希伯来圣经、新约和古兰经中找到,如果我们仔细用心阅读的话。这些神圣文本的技术是多种多样的,从祈祷到冥想,到行善事,朝圣之旅,唱圣歌等很多形式。

这些精神训练可以也确实会产生多种多样的宗教经验,每一种宗教中都有所描述,从主显节到视听上的神秘经验。但我自己的关注点是另一种经验,灵感来自早期儒家的著作和维特根斯坦的论述。维特根斯坦将伦理或宗教经验描述为"一种我们绝对安全的感受"。这一表述无疑是神秘的,并带有基督教的气息(在上帝之手,我们是安全的),但也启人深思。②我自己对神圣文本,特别是儒家文本的解读,揭示了一种更为普遍的归属感,归属于一个群体,这个群体包括先于我存在的人,

---

① 《理性与宗教经验》,前引书,第21页以下。
② 《理性与宗教经验》,在第98页上引用。

与我同时共在的人,以及跟随我之后存在的人。在亚伯拉罕的信仰中,我们谈论"赎罪(atonement)",而这一意义如果被分音节改写为"at-one-ment",可以在儒家语境下得到更好的理解。"调谐(attunement)"也是一个适宜的术语,这些术语都不包含对任何高于人类的存在物的本体论承诺。回到我在前几页讨论的宗教冲动的全人类普遍性,想象在毕业多年之后你和一些朋友到访你的母校,而这些朋友之前从来没有来过这所学校。当你们漫步校园时,你们所有人看到的都是一样的景色,但是当你观看和聆听时,你会感觉到自己属于这里,而你的朋友却没有相同感受。某些具有美感和宗教感品质的东西被添加在经验之上,而这些东西是你所具有、你的朋友却不能拥有的。

在其他著作中,我曾经论证,世界上的所有信仰都提供给我们一些可以遵循的途径,以获得归属感、安全感、一体感(sense of at-one-ment)。① 对各自传统的成千上万的信徒而言,无论是否有形而上学或神学去解释它,这些途径都是已经证明有效的,支持实践者去获得生存智慧,完全在当下这个世界,此处和此时,获得生命的尊严和适意。

一体感(the sense of at-one-ment)或与这个世界的调谐可以有多种形式。我可以首先与人类协调一致,接着再和自然相协调:这也是本书所主张的儒家立场。在道家看来,重点应当颠倒过来,许多美洲和非洲土著宗教也持相似主张。调谐也可以是与自身的深度存在(佛教),或与某个超验存在(印度教、

---

① 亦即《理性与宗教经验》,前引书。

犹太教、基督教和伊斯兰教)。

不同传统可遵循的路径在方法和细节上有所不同,但它们都认可为了达到调谐状态,必须自我化简(ego-reduction),并且所有传统都确认,如果能够遵从规定的实践而变得更少自我,因而更多地向调谐经验开放,那人人皆可达到调谐的状态。当然神圣文本并不保证能获得这样的经验,根本而言,这些经验是精神的馈赠。但是这些文本都主张,如果精神能充分地移开自我,这些经验将发生在我们身上,而这正是宗教或精神修炼的目标,如我所理解的那样。

诚然,研究比较宗教学的学生必须了解神圣文本中包含的神话、传说、神学和形而上学(特别是在亚伯拉罕的文本中)以及自我化简的修炼指令,否则他们将不能解释宗教特有的仪式和象征的意义。比如,如果不知道基督受难史,领圣餐看起来似乎只是一个象征性的同类相食的仪式。米开朗基罗的大卫像在任何情况下都是艺术杰作,但是如果你知道大卫的故事,就可以更好地欣赏他的艺术性。然而单凭神圣文本的这些方面并不能解释这些正派、理智的人是如何接受他们信仰的这些内涵,全然不顾我们现在所相信的世界面貌。它们必须被重新解释,并与信仰者实行的仪式紧密关联起来。这些仪式,与用于支持精神修炼的此世的物资一道,能够持存下去(请再读一次本章开头的题词)。

我们从孔子那里得到的一个启发就是,仪式和其他宗教用具可以无需形而上学前提而持存:我们不必是一个基督徒或信仰来世,也能被巴赫的 B 小调打动,不必是一个穆斯林,也可以参观泰姬陵,不必是一个佛教徒,也可以在龙安寺沉思庭院山水。无论它们的启示是什么，这些和其他不计其数的宗教对象是人类的创造，我们可以就这样欣赏它们，被它们打动，并且被打动的方式很有可能非常类似于它的信仰追随者，即使我们本人信仰另外一种宗教，或者没有信仰。这就是一种人类中心的宗教所意谓的：对全人类普遍的宗教冲动的人类回应。从这个视角看，没有什么东西是神圣的，除非有一个人如此看待它。反过来也是成立的：如果某物对某人是或成为神圣的，那它就是神圣的。至少是一段时期内。神圣化世俗之物的最好方法之一就是通过礼仪践履。

过去和当前的礼仪

汉字"礼"是《论语》中的一个核心哲学和宗教术语，理解它有助于理解孔子的整体论的人文主义观点（holistic humanistic vision）。"礼"的繁体写作"禮"，汉字字形的左边与神灵有关，意思是"提供"或"陈列"，而字形的右边在其古老形式中或者意味着一个祭台，在其中或其上有石质或玉质的牌匾，或者意味着一个置于三脚桌上的祭祀用碗，其中盛着蔬果。无论是哪一种情形，"神灵来接受祭祀的供品"最接近这一字形的原初词根含义。

相比于中文辞典中的其他术语，礼有更多适合于翻译它的英文词汇：最经常被简单翻译为"仪式（ritual）"，或者"仪式礼节（ritual propriety）"，它还意味着惯例（rites）、礼貌（manners）、习惯（customs）、典礼（ceremonies）、礼节规定（etiquette）、习俗（customs）、崇拜（worship）和圣典（sacramental）。当读到"仪式礼节"时,读者最好也把其他术语记在心中,因为礼几乎在其使用的每一个场合都具有上述英文术语的大多数含义。①这一点起初无疑会使大多数西方读者惊奇,因为西方读者倾向于非常仔细区分习俗(握手)与礼节规定(手写感谢信函),并将两者都与礼貌(说"请")区分开来,而且认为上述三者与礼仪规则(不要在宴会女主人开始之前就动筷)都不一样。道德规则(永远信守承诺)又是另一类不同的规则,宗教规则(斋月不能在白天进食)同样如此。

但是孔子似乎将所有这些看起来迥然有别的行为作为一个连续体排列起来,因为这些行为应该始终被最大限度地整合在一起,这涉及孔子关于尽可能成为完整的人意指什么(what it was to be as fully human as possible)的一个深刻理解。也就是说,当在角色互动中尽我们的责任时,我们应当履行好自己在互动中的角色,除非有绝对必要,否则不应该违反任何习俗、传统和礼节规定。我们应该尽可能轻松自然地行动(因为我们已经实践过适宜互动的礼),带着优雅和尊严(同上)。当我们做好自己的角色时,我们应当感到满足和惬意,就像和我们互动的其他人一样。我们总是以这样的方式行动,无论我们是在街上向熟人致意,款待朋友晚宴,帮助亟需救助的他人,还是参加朋友的葬礼。②

---

① 参看安乐哲与罗思文所著《孔子的〈论语〉》(Analects of Confucius)引言中"礼"的术语表,前引书。

② 以一种密切相关的方式理解这一点,可查看李晨阳的《作为文化语法的礼》("Li as Cultural Grammar"),载《东西方哲学》,第67卷,第3期,2007。

对儒家而言，所有这些都需要训练和实践，如我之前所提议的，我相信这些活动最好被描述为精神训练（spiritual discipline）。我们作为家庭和社群成员承担角色的人生或许最好被理解为相互协调的艺术品。在早期中国孔子思想的一个主要继承者就是荀子，每一个学习宗教或礼仪的学生都应该读读荀子论礼的文章。荀子致力于阐释礼的意义，并在这个过程中说：

凡礼，事生，饰欢也；送死，饰哀也；祭祀，饰敬也。①

荀子进一步解释"饰"的细节：

礼者，断长续短，损有余，益不足，达爱敬之文，而滋成行义之美者也。②

因为我们的角色和附随责任的情况始终在变动中，因为我们必须随时准备应对欢乐或悲伤，因为我们必须经常保持恭敬，我们必须更加敏锐地观察我们所处的环境，以及与我们互动的人。所以这基本上是我们所做的一种践履艺术（performance art），绝大多数人在其生命中不遗余力地循道而行，直到生命终结。我们总是在不断地造就（We are always becoming）。

以下是一些引用自《论语》的片段，将"士（scholar-apprentices）"描述为献身于人道的人：

---

① "礼论"，《荀子：基本著作集》，前引书，第 104 页。
② 《荀子：基本著作集》，第 100 页。

士不可以不弘毅,任重而道远。仁以为己任,不亦重乎?死而后已,不亦远乎?(8.7)

夫达也者,质直而好义,察言而观色,虑以下人。(12.20)

士见危致命,见得思义,祭思敬,丧思哀,其可已矣。(19.1)

另一方面,夫子说:"士而怀居,不足以为士矣。"(14.2)还说:"士志于道,而耻恶衣恶食者,未足与议也。"(4.9)

当我谈及礼的时候,我意指的不只是重要礼仪,像婚礼、成人礼、毕业礼、葬礼和宗教仪式,也包括在简单活动中我们展现的行为,比如欢迎、再见、分享食物,还有许多我们与同伴的社会交往,诸如说"请""谢谢"和"对不起"。被介绍给他人时要握手,在地铁里要给老年人让座,为精彩演出鼓掌时要起立,所有这些都是礼。

这一取向适用于大多数礼仪,而不只是涉及许多人的重要礼仪。当我们在街上对一个行人说"早安",在某人打喷嚏时说"祝你健康",我们就走出了我个体的躯壳,肯认了他人的存在,展示了同一文化遗产下的成员资格,以及其他很多含义。这些所谓"细微礼仪"是我们社会互动的黏合剂;没有它们,我们的社会生活在最好情况下也会乱成一团,在最差情况下则会变得野蛮而残酷。人们日常生活中执行细微礼仪的方式也有很大差异,或好或坏,或温暖或冰冷,或死气沉沉或元气十足,或笨拙或优雅而有尊严。想想看当被介绍给他人时,我们握手的方式有多大差异。我也许并不伸出手,而只是向着他人的方向点头致意。我们也许敷衍地伸出自己的手,仿佛往他人手中塞了条死鱼。或者我们会紧紧握住对方的手,以至弄疼对方,来显示自己的力量和自我。最后,我们也可以坚定而温和地握住对方的手,并用左手覆于其上,直直看着对方,微笑着真诚地说:"非常高兴认识您。"因此,对儒家的自我修养而言,附着于仪式的精神训练不仅是要求我们参与到仪式中,我们还必须练习仪式,直到我们无需有意识地执行,直到我们可以毫不费劲地、自发地,以优雅、温暖而高贵的方式完成它,并在仪式中颂扬我们以及参与同伴的共同人性(co-humanity)。

如果我们的生命是由与我们互动的他人所构成的,如果他们对我们的幸福和我是谁的意义有本质影响,那么很明显,仪式(无论大小)在作为角色承担者的人的充分发展中起着主要作用。通过仪式,角色承担者开始看到、感受到和理解自己所做的许多事都会影响到他人兴衰,正如他人的所作所为也会同样影响到我一样。如之前所指出的,当某人为我们做了一件好事的时候,我们所有人都被教育要说"谢谢"(一个细微礼仪)以感激他们让我们的生命变得更好,即使这一改变可能非常微不足道。[1]

---

[1] 参看海恩斯,《儒学与道德直觉》(Confucianism and Moral Intuition),前引书,关于在我们的言语行动中传达情感,第239页。赫伯特·芬格莱特:《孔子:即凡而圣》(*Confucius - The Secular as Sacred*), Harper Torchbooks,1972,第二章;我对这本书的书评文章见《东西方哲学》,第26卷,第4期,1976;以及同本杂志上芬格莱特的回答和我的回应,第28卷,第4期,1978。

从这个角度看，我们也许忽略了那些主张废除仪式的人的批评意见，在他们看来，仪式是对自主个人的思想和行为自由的限制，是保守的和压迫的。有些仪式很可能对许多人没什么有益影响，但是总而言之，对于不时回望过去以获知如何更好地前进而言，这里有很多可以说的。

因此，仪式就是人们置身于家庭和社群内有意义的、交互角色和关系时要遵循的共同"语法（grammar）"。既然每一个独特情境都会呈现给我们一些可能性，我们必须培育适宜感，并凭此持续调适，以使这些关系的意义最大化，在如此做的同时，深化和延伸这些关系，使之成为持续充实的意义源头。只有通过开端于家庭的孝道，并将这些相同的感受延伸至社群中的其他成员，人们才能在时机适当的时候，娴熟掌握角色互动和关系，并在行动中臻于完满。

作为精神训练的礼仪参与因而有多重维度，带有许多伦理和社会意蕴。一方面，当我们意愿自身被礼加诸我们的行为限制所约束时，当我们为过去的习俗和传统俯首，当礼仪要求我鞠躬时，礼仪促成了自我化简。同时，对礼仪实践的密切关注要求一种属于其自身的训练，非常类似于今天许多人学习和练习的瑜伽训练。相应地，实践礼仪的训练可以导向对礼仪的一种典雅、优美、自然而然的呈现，完全不装腔作势，最大限度地促进互动双方在伦理和在审美方面的完善：在经年练习和表演以后，首席芭蕾舞女演员的舞蹈是如此优雅从容、毫不费力和自然而然；如果她需要有意识地去想脚下的那一步往哪里走，哪怕只是一瞬间，舞蹈就毁了。

最后，对儒家而言，礼仪的社会层面总是占据儒家教导的最前沿位置,这极大地帮助了礼的实践者和呈现者去准备好感受与家庭成员(包括活着的与死去的)融为一体的宗教性体验,并且通过额外的努力与幸运,这种一体的体验还会进一步扩展为与过去、现在与未来人类共属共在的感受,近似于在聆听贝多芬第九交响乐最后乐章《欢乐颂》时,我们当中心灵和精神上最麻木的人也能感受到的那种激动,即使这种感受稍纵即逝。当然我们不仅被音乐深深打动,也被"四海之内皆兄弟(Alle Menschen Werden Bruder)"的话语所打动。

有许多人对仪式、习俗和传统持怀疑态度,将之看作是对人类精神的压制而非解放,是深重的压迫,并因束缚于过去,而反进步,更多的是在阻碍人类繁荣昌盛。确实这种思维模式本身就是西方智识传统的一部分。这些指控包含一些真理,是任何秉持善意的人都必须认真对待的;但是仅仅聚焦于仪式在人类历史上的消极方面,很容易遗忘如下事实:被政府、超国家组织、官僚机构和军队所压迫和压制的人要比被仪式、习俗和传统压制的多得多。仪式、习俗和传统越丧失对人的约束力,我们的共同体就会越快萎缩,我们也将不再有任何屏障,可以抵制颁布法令和规制的国家与组织的压迫性力量。

总而言之,我们应该将仪式与传统作为繁荣人生的重要层面来加以认真对待,因为它们:(1)让人们彼此连结;(2)可以在一个不确定的、急速变化的世界中成为稳定性源头;(3)提供与过去的联系,并因此也与未来联系;(4)适当排解和帮助控制我们的悲伤,也给我们带来欢乐;(5)有助于自我化简;(6)为我们的社会生活增添审美维度;(7)在神圣化世俗方面扮演重要角色,无论是对信徒还是无神论者而言。

儒家对礼仪、习俗和传统在引领（即使身处逆境的）繁荣人生方面的意义的分析当然并不能像灵丹妙药那样改进世界。但是应该看到，儒家的分析激发我们重新思考自己的宗教和其他仪式、习俗及传统，并可能尝试从新的角度去理解它们，以及帮助我们避开无意义的深渊，后者日益成为当代生活的特质，尤其是在美国。当代充斥着麻痹精神的物质生活，我们中有太多人被迫从事他们既不喜欢也无满足感的工作，以购买他们并不需要也无法从中获得真正安慰的物品，这些活动会毁坏我们的自然和社会习俗，并毒害我们子孙的生活环境。

即使对我们中一些足够幸运可以过一种有意义人生的人而言，留给社群的时间也变得更少，甚至更少有时间来思考人生的价值或意义。当面对如下越来越难以否认的残酷事实，即我们物质生活的幸福很大程度上是以那些不够幸运的人为代价的，我们也日益变得不安。

确实，仪式、习俗及传统并不能为今天困扰着我们的政治、道德和精神问题提供包罗万象的解决方案，但它们可以成为重整世界的一个非常有益的起点，以使这个世界适宜于全人类共同生活于其中。① 但正如所有有意义的人类努力一样，这项工作也必须从家里开始，始于家庭——我现在将转而讨论这一主题。

---

① 有时候一个象征和（或）礼仪可以迅速获得意义，并很快成为一项传统。关于这种现象，一个最近的、不同寻常的例子是由姜斐德（Alfreda Murck）所描绘的：《金色芒果：一个文化革命符号的生命周期》（"Golden Mangoes: The Life Cycle of a Cultural Revolution Symbol"），载《亚洲艺术档案》（Archives of Asian Art），第57卷，2007。

Chapter 9

The Religious Dimensions of
Role-Bearing Family Lives

第九章

承担角色之家庭
生活的宗教维度

第九章 承担角色之家庭生活的宗教维度

> 我是家庭的面容,
> 肉体腐烂,我却永在
> 投射特征和痕迹
> 穿越一段又一段时间
> 迁越一处又一处地方
> 永不湮灭
> 　　　　——托马斯·哈代(Thomas Hardy)①

在第七章中,我们聚焦于时间(特别是现在与未来)对我们作为角色承担者(既作为施惠者也作为承惠者)在家庭中成长的重要性。我们共同致力于从婴儿期就开始的人际互动修养,并随着我们的成熟,而逐步加强对这些互动的适当感受和态度。本章将延续这一关注点,但是将更多的注意力投向过去,而不是现在和未来,并将讨论集中在人类中心的宗教性和礼(礼仪)的概念框架下,礼充任了我们与先于我们的祖先以及逝者之间的一个基础连结。我们将讨论古代中国纪念逝者的一个诗意讲述,然后回到当代社会中的家庭。从角色承担者视角出发对过去的关注使我们易于以一种更深刻、更具宗教感

---

① 《遗传》("Heredity")(多种版本),1917。[此为哈代的一首诗作。——译注]

的方式来理解儒家关于人的观念,沿着一条连续的时间性(这条时间线在我们出生前早已开启,也不会随着我们的死亡而终止)来看待、感受和理解过去,以及我们自己的人生;这一观念绝不只局限于较早的时代。

个体之死

150   我们如何思考死亡(death)和去世(dying),将会受到我们对于人类生命(life)和生活(living)观念的强烈影响,尤其是受到这些观念定义和描述我们独特人格的方式的影响。如果确实如此,那么我们可以预期,当面对每个人都无法避免的死亡时,自主的个人自我与承担角色的人的态度会有显著差异,而不同于个人的人格自我定义也会反映在既与生者,也与死者有关的态度和仪式之中。

我将只谈一点点西方看待死亡的方式。它们是多种多样的,我猜我的读者可能对其中一些观点很熟悉。本章的任务并非提供一个比较研究。我关心的与其说是在西方当前个人如何对待死亡,不如说是在儒家的启发下,作为角色承担者的人会如何对待死亡。考虑到与自主个人自我相关的意识形态的优势地位,以及我们对自由先入为主的推崇,选择不过一种自我取向的生活是困难的,然而这种生活当然会使得深思死亡变得困难,死亡是肉身的纯粹消亡,太令人沮丧以至于无法认真思考。为重申在鲜明个人主义视角下提出的两个同样沮丧的引文——那也是整个批判的主要目标,阿道司·赫胥黎写道:

人类聚居一处，共同行动，相互回应——然而其实我们永远都是孤独一人。受难者们虽然手挽着手登上历史的舞台，但当他们被钉上十字架的时候，却总是孤独一人。①

在展示出性别的中立性时，伊丽莎白·卡迪·斯坦顿(Elizabeth Cady Stanton)的个人主义读起来毫无二致：

我们独自来到世界……独自离开……无论是贫穷还是富有，有识还是无知，智慧还是愚钝，善良还是邪恶，是男人还是女人；那都是一样的，每一个灵魂都必须完全依赖自身。②

当然并非西方文化中的每一个人都这么想，而是有许多个体如此，我还可以给出百倍的例子。同时，回想我们曾（在第三章）短暂提及的与个人统一性相关的灵魂不朽概念，我们就可以很好地注意到赫伯特·芬格莱特对肉身死亡主题的论述，他试图让我们看到中国对个体死亡持相当不同的态度，在中国人的态度中找不到在赫胥黎和斯坦顿那里占据核心地位的孤独：

人们很难在字面意义上想象死亡是什么样子——没

---

① 《知觉之门》，Penguin Books，1963，第 12 页。
② 被玛莎·努斯鲍姆(Martha Nussbaum)引用，《在一个孤独的地方》("In a Lonely Place")，《国家》(*The Nation*)，282(8)，第 28 页。

有什么东西可以被想象。人们能够想象的只是一个接近的类比——与钟爱的人分离。试图想象死亡，人们会不自觉地以对其他东西的想象来代替，而其中包含着关键的误读。误读反映的不仅仅是混淆，而且也是某种下意识的有意的自我欺骗。想象一个与其他人分离的我自身是隐含地否认我总体的非存在(non-existence)。①

一个中国人的祭祖仪式

如我们在前一章所看到的，礼在古代中国是无处不在的，通常高度精致管理着角色践履中的多重因素。其中与死亡相关的，特别是与自己父母的死亡相关的礼是最受关注的，我们可以通过思考与之紧密联系的仪式而理解儒家的死亡概念。我相信我们将看到，对孔子和汉朝以前他的追随者而言，角色承担者的生活与其说是纯粹的私人生活阶段——从生理学上的出生开始到死亡为止，不如说是一种人格的延续，源头早于出生之前，并在肉体死亡之后依然持存下去。我们或许也能看到，人们的不朽概念(在这个词的一个重要意义上)最好被理解为精神实践的结果。一个受过训练的人开始将自身看作、感受为和理解为是生活在祖先之中，并通过后代将生命延续下去，这种持续到来的看、感受和理解是以家庭孝道、爱、友谊、责

---

①《死亡：哲学调查》(*Death: Philosophical Soundings*), Open Court Pub. Co., 1996。

任和礼为中心的——然后扩展开来,并有所超越。

早期中国祭祀祖先的精致仪式对今天的中国人而言也很遥远,但是下面对其中一个仪式的简短描述依然是许多中国人知道的。这段描述摘自《诗经》①,诗经编成于孔子出生前数世纪里,并且经常被孔子引用。这首诗用赞颂的语言描述了家族对最近去世的家长及其夫人的半年祭:

我们动作正确而虔诚,
把那些牛羊刷洗清爽;

---

① 对这首诗翻译、缩减和修改自理雅各(James Legge)英译《中国经典》,5卷本,Kelly and Walsh, 1895,第4卷,《诗经》,第209页。[原文应该是《诗经·小雅·楚茨》的片段,因为英文翻译与原文出入较大,故此处选择直译。《诗经·小雅·楚茨》原文:
　　楚楚者茨,言抽其棘。自昔何为,我艺黍稷。我黍与与,我稷翼翼。
　　我仓既盈,我庾维亿,以为酒食,以享以祀,以妥以侑,以介景福。
　　济济跄跄,絜尔牛羊,以往烝尝。或剥或亨,或肆或将,祝祭于祊。
　　祀事孔明,先祖是皇。神保是飨,孝孙有庆,报以介福,万寿无疆。
　　执爨踖踖,为俎孔硕。或燔或炙,君妇莫莫。为豆孔庶,为宾为客。
　　献酬交错,礼仪卒度。笑语卒获,神保是格。报以介福,万寿攸酢。
　　我孔熯矣,式礼莫愆。工祝致告,徂赉孝孙。苾芬孝祀,神嗜饮食。
　　卜尔百福,如几如式。既齐既稷,既匡既敕。永锡尔极,时万时亿。
　　礼仪既备,钟鼓既戒。孝孙徂位,工祝致告。神具醉止,皇尸载起。
　　鼓钟送尸,神保聿归。诸宰君妇,废彻不迟。诸父兄弟,备言燕私。
　　乐具入奏,以绥後禄。尔殽既将,莫怨具庆。既醉既饱,小大稽首。
　　神嗜饮食,使君寿考。孔惠孔时,维其尽之。子子孙孙,勿替引之。
　　　　　　　　　　　　　　　　　　　　　　　　——译注]

拿去奉献秋季祭祀。
当一切准备就绪，
祖宗大驾光临来享用，
神灵将它们一一品尝，
孝孙一定能获得福分。
有人尊敬地照看炉火，
烤肉陈列在大盘中；
主妇主持准备盘盏，
主客间敬酒酬答来往，
举动合规矩彬彬有礼，
谈笑有分寸合乎时宜。

152 司仪说祖宗的神灵赐福回报孝顺子孙，
万寿无疆。
各项仪式都已经完成，
钟鼓之乐奏鸣，
尸（逝者的象征）宣布："神灵都已酣饮。"
当乐手们演奏时，
家庭准备私人宴会。
大家都吃得酒足饭饱，
满意于祭祀顺利圆满，
祖先愉悦。
他们唱道："愿子孙们永不荒废此礼。"

　　这首诗里有几个值得注意的因素。首先，它是在庆祝。家族为了共同的祭祖仪式而聚集在一起（在这个例子里是为了祖先的忌日），所有事情都很顺利，每个人也都愉悦，很明显这些愉悦的情绪既是美学和社会的，也是家庭和宗教的。在《诗经》这一首诗出现之前，祖先崇敬早已存在，它是儒家论"礼"的核心，也因此是早期儒家宗教性的中心。

接下来，我们可以看到礼的所有参与者承担的角色中至少都有一个角色是作为后代。这一礼仪的独特部分（至少在初看上去）就是扮演部分，其与表示"尸体"的对应汉字是一样（尸，在诗经里指死者的象征）。一个年轻人——通常是死者的孙子或孙女完全如字面意义那样代替他（或她）"参与"。他们提前要通过净化仪式，以准备好承担他们在祭祀礼仪中的角色（这点我稍后会做更多解释）。在祭祀中他们接受了许多饮食，并应司仪的请求有规律地给聚集在这里、供奉他们的后代赐福。（如果仪式正确展开的话，他们大部分时间就是以适当的尊敬和爱的态度完成上述行为。①）

这样一种仪式显然可以拉近生者和死者的距离。在祭祀上被崇敬的祖先通过扮演他们的人，真正在享用献给他们的贡品，并向所有祭礼的参与者说话。为什么要如此崇敬祖先？因为，当我们基本认同自己家庭时，显然我们要感激那些先于我们存在，并建立了我们所属家庭的人，他们把生命赋予了我们。

这首诗还有一点值得注意的是代际间性（intergenerationality）。逝者的后代数量很大，分布在不同年龄段。正如通过参与历史悠久的仪式，保持与过去的联系，我们也让年轻人作为

---

① 所有这些都在《礼记》的不同语境和指示中有所描述。

同伴参与者,以让未来世代准备好参与仪式,执行仪式,将仪式依次传承下去。因而,儒家仪式的设计不只是在引发我们与在世家庭成员血脉相连之感,而且要在更高水平上,引发与所有家族成员(包括在我之前与在我之后的)血脉相连之感,换言之,我们自身相互之间,及与所有过去与未来成员的团结。

我们也许想要问(禁不住要问)这首诗里的早期中国人真的相信祖先的灵明在享用饮食,真的穿过了扮演者的中介吗?当他的弟子子路提出了极度相似的问题时,孔子给出了一个意味深长的不是答案的答案:

季路问事鬼神。子曰:"未能事人,焉能事鬼?"敢问死。曰:"未知生,焉知死?"(11.12)

但我并不认为孔子在这些事项上的沉默是逃避问题,因为他的关注点与其说单单是死亡,不如说关注的是死亡如何与生命相联系。通过审读《礼记》中一些记述主祭在刚刚诗意描述过的祖先祭祀前净化仪式的篇章,我们现在来到了我所指的儒家不朽问题的核心:

致齐于内,散齐于外。齐之日,思其居处,思其笑语,思其志意,思其所乐,思其所嗜。**齐三日,乃见其所为齐者**。祭之日,入室,**僾然必有见乎其位**;周还出户,肃然必有闻乎其容声;出户而听,忾然必有闻乎其叹息之声。是故先王之孝也,色不忘乎目,声不绝乎耳,心志嗜欲不忘乎心。致爱则**存**,致悫则**著**,著存不忘乎心,夫安得不敬

乎?①(标黑为作者所加)

以类似这样的章节为背景,鬼神作为鬼神存在的问题对理解孔子真正关切的东西而言是无关紧要的。更为重要的是思考儿子如何从他的父亲那里学习这些净化礼仪。家长必然是恭敬、谦卑、专注、富于爱的,并且重要的是,自始至终尊重地侍奉,堪为孩子学习之榜样。反过来当孩子照顾自己的父亲时,孩子也是尊重、恭敬、顺从和富于爱意的。最为重要的是,父亲知道有一天孩子也会如此"看见"他和妻子,以他现在看见自己父母的同样方式。早期儒者竭尽全力地支持家庭价值,这些家庭价值保证所有家庭成员都将被纪念。(确实男人比女人更多地被纪念,但传统和附随的礼仪可以,也应该得到协商修正。)

当然在西方也能找到类似的礼仪及心理效应,但通常是在大为弱化的形势下。一个常见的例子是我们时常去墓园,为我们去世的祖父母、父母、兄弟姐妹、配偶、爱人或朋友扫墓和致敬。在墓碑前,我们中多数人都会对长眠于此的亲友说上几句;并且要是我们独自一人,或者只有亲近的人在身边,我们通常还会说出声来。如果在此刻,有人问我们:"你认为自己在和谁说话呢?"我们会感到愤怒、困窘和尴尬。愤怒是因为提问者不可思议的迟钝;困窘是因为所置身的处境;而尴尬则是因为我们知道(在"知道"的一种含义上)逝者肉身已逝,无法再听到我们的话语了。我们知道他们完全、彻底地死了,永

---

①《礼记》,第 2 卷,第 210—211 页。[《礼记·祭义》,"齐"通"斋"。——译注]

远都不会再回到我们身边:我们知道地底下的遗骸所剩无几。然而我们依然和逝者说话。为什么呢?如果你能够回答这个问题,你就对儒家信念有一种深刻洞见了,在我看来,这一洞见是对人类生命和死亡的完全现实主义的理解。

我认为,一如对两千年前的中国人一样,这种生活方式(整体或部分)也是对今天所有人开放的,无论他们是否相信灵魂不朽,甚至那些否认作为角色承担者的人之观念的人也可以通达这种生活方式。它是一种完全以人为中心的宗教性或精神性。因为并不包含任何属于它自身的神学或形而上学,而是建基于日常经验之上,它不会与任何信仰信念相冲突,也不会违背物理和生物学规律。因而某种程度上,任何能够理解它的价值,愿意在家庭中奋力实现它的人都能够实践这种生活方式。对作为角色承担者的人而言,实现的努力可能更容易一些,因为随着他们的成长,他们会从践履角色责任上获得越来越大的满足,并因此履行责任的阻碍变得越来越轻。让我们从古代中国的家庭和宗族回到现代世界我们自己的和其他人的家庭,以进一步阐释上述观点。

当代家庭价值:纪念逝者

在今天重现我们刚刚读到的古代宗族祭礼和庆典是一件非常困难的事情,除了费用之外还有许多其他原因;只有非常努力,才有可能将这种仪式变成我们自己的,因为仪式的心理效力要求感受到关于纪念的集体归属感。但是仍然存在着一些可能性,让我们去把握宗族聚集仪式的精髓(如果不是表面),我们应该认真对待这些可能性。①

与中国人一样,我们是谁和是什么很大程度上可以直接追溯到我们的祖先,而无论我们注意到这种联系与否。从我们的外表和口音,从种族到我们所经历的独特社会化过程,祖宗都留下了明显的印记。我们对事物、音乐、服装、爱好及其他事物的大多数品味都可以直接上溯到我的父母和祖父母,再依次追溯到他们的祖父母。(在许多情况下,我们也可以把对某些品味的厌恶直接上溯到他们。)每个人都有几率与自己祖父母或曾祖父母中的一位或几位在自然样貌上极为相似;我们整个的基因构成就是从他们那里直接继承来的。不管喜欢与否,我们都属于一个家庭世系,以及带有历史的一个家庭(有时可能不止一个)。从而可见,我们越了解自己家庭的过去,越多地与它保持联系,我们就可以更好地理解当下的我是谁,并设想我可以成为谁,或应当成为谁的可能性。②

对有权势、有名望的家族而言,这一点很明显。洛克菲勒、福特、肯尼迪、布什和范德比尔特家族的每一位成员肯定都强烈感知到自己是谁,属于一个有着特殊历史的特殊群体。他们所有人很有可能不只能说出四位祖父母的姓名,而且能大概说出八位曾祖父母的姓名,后者是其他人很少能做到的。重点并不是在推崇势利眼,而是想说这一点是对所有家庭适用的,即

---

① 除了婚礼和葬礼之外,最接近儒家描述的当代对等物就是每年的家庭团圆了。
② 我们也应当注意到这里的"我们"("we" and "us")指的并不仅仅是美国人,而且是对所有信仰、所有种族的所有人而言的。

使当贫穷、难民或移民的恶劣处境使得保持两代家谱的完好无损都几乎不太可能。我们每一人的家谱上都会有一两位男的或女的英雄人物,也很可能偶尔有个恶棍。他们的声誉和恶行有可能影响很大,也可能只限于地方,但是所有家庭的历史对所属家庭成员而言都是特殊的。为了获得对一个有历史家庭(所有家庭都如此)的归属感,我们必须去了解那段历史,特别是创造那段历史的祖先的生活。因而,理所当然,我们所有人都应该学习我们家庭的背景、仔细聆听我们的祖父母、他们的兄弟姐妹和朋友为我们讲述的故事,翻阅老照片,或者做一些探寻族谱的工作。知道我们来自哪里,给我们提供一个重要线索去定位我们是谁,以及我们可能成为谁,伴随着我们延续家庭的历史——并写入新的篇章。

了解家庭历史并不是要去考证前门上的盾形徽章;系谱学和徽章学是非常不同的事。而且我们不应该这样做,即研究我们来自哪里仅仅是为了吹嘘和我们有关系的某个过去的英雄,因为如果不能以任何方式影响到这位祖先的话,也没有什么可吹嘘的。此外,曾叔祖汤姆可能曾是西部边境小镇上的一个好警长,他也可能是一个盗马贼,被西部边境小镇上的一个好警长给绞死了。①

---

① 或者是一个养女的祖母,这个养女有毒瘾和酒瘾,她的妈妈也有毒瘾和酒瘾,正如她的祖母之前的样子。参见《有问题的人有麻烦》("People with Problems Have Problems"),罗兰·隆德(Loren Lund),《科斯日报》(*Daily Kos*),星期二,2014年7月22日。并非家族历史的每一个故事都是优美的,但是无论喜欢与否,我们的家族历史就是我们的家族历史。隆德的心酸故事也给古典自由主义者提出了一个难题:对于他们的处境,我们要责备哪一个受害者?

如果我们仔细聆听早期儒家的教诲就会获知,没有比不时崇敬祖先的仪式更好的方式,可以帮助建立承担角色感、归属感,以及感受家庭的世代延续。对父母和祖父母而言,尤其正确。因此,我们作为父母角色中的一个重要维度就是向子女灌输对家庭(一个或多个)及家庭历史的根基感和归属感。并且我们必须展示对自己父母,以及依次对祖父母的责任,以此教导后代,他们对祖先的责任并不随着祖先的死亡而终止。不让他们的记忆被时间所消磨就是我们对祖先的责任。因此,为了给子女树立起恰当榜样,我们可以定期参加崇敬父母的仪式,这一仪式可以是在我们文化中广泛存在的,也可以仅仅是地方性的,或者是我们自己家庭内部继承的独特仪式。我们甚至可以自己创制一个仪式,再传给子女。为家庭每一方的祖先都设立纪念日是高度充实的活动,也适合于 21 世纪。在父母和祖父母死亡之后,通过纪念仪式来缅怀他们,我们依然在履行对他们的责任,并以此丰富了我们子女的生活,更不用说也丰富了我们自己的生活。并非完全靠血缘联系的新型家庭也可以考虑为家庭的创立者在其每年忌日设一个仪式。现代科技(摄影、家庭录像、视频网站、CD 光盘等)使得复活逝去亲人变得更为简单,所有种类的仪式都应该发展自身以适当利用这些技术。但是如果我们要完全确认为负责任的、承担角色的家庭成员,而不是自由自主的个人自我,我们就应当缅怀逝者。

对家庭祖先的纪念仪式绝不仅仅是某种形式的家庭黏合剂,虽然它们肯定有这种功能。更重要的是,它们在角色承担者的人生中所扮演的角色,带着弱化了、但始终持续的悲伤来崇敬特定的祖先。当自主个人自我被置入前景时,这一心理学

视点是难以被看到的。相反如果要将角色承担者带向前台,请考虑艾米·奥伯丁就处理挚爱亲友去世的悲伤时所说的话:

> 如果我们将与他人的关系看作是丰富人生和性格的构成性要素,我们就为自身认可了我们的生命非常容易遭受损失,并且我们不可能将我们自身的幸福与同伴的幸福相分离。因此,任何通过准许从依恋中解脱,以减轻我们(悲伤的)痛苦的技术都是一种背叛,背叛了最能确保幸福人生的东西。①

儒家父母在教导子女恰当履行他们角色时可以使用的一种教学法就是以身作则,自己做一个孝顺子女:父母在世的时候继续崇敬父母,在父母(去世)加入家庭更早的祖先时,继续崇敬父母的记忆。父母从他们自己的童年时代已经学到的,教导没有奴性暗示的孝顺的最好方式是观察长辈的孝顺行为。

我希望,说"我们对逝者负有责任"不再听起来奇怪。甚至无神论者也能理解信守对亲人、朋友或陌生人的临终承诺是义不容辞的。我们不能让逝者的声誉被轻易玷污。难道每一个被有爱的家庭抚育长大的儿子或女儿不是都"承诺"了(即使只是隐含地承诺)不遗忘父母,也不让自己的子女遗忘祖父母吗?大多数西方哲学家关于幸福和完满人生的思考都倾向于忽略仪式,特别是家庭仪式,但是仪式构成了家庭的基本纽

---

①《减缓死亡:〈论语〉中的悼亡》("Slowing Death Down: Morning in the *Analects*"),《今日孔子》(*Confucius Now*),前引书,第140页。

带,而且显著影响我们的自我认同①,以及自身的价值感,并且提供了一种有效抚慰悲伤的方式。

因此作为家庭成员,特别是当我们成为父母之后,我们的角色承担着宗教意义,正如它也带有道德、社会和政治意义。在履行我们对子女和父母的多重责任时,我们必须小心参照现在、未来和过去,也因此我们能够看到和感受自身是与之前已经发生的,现在正在发生的,和未来可能发生的事紧密相连;一个与不朽(immortality)的微小但并非不重要的相遇——此地、此时,在这个世界。

关于很多这样的对生命和死亡本质的洞见(这些洞见可以在家庭生活中学到,并应用到家庭生活中),我们持续受益于早期儒家。在历史上,大量这样的实践都毫无疑问起源于对鬼神的近乎普遍的信仰,无论这些鬼神是善是恶,并与关于这个世界的各种宗教神学保持一致。当然,这也发生于中国。在商朝期间(大约公元前1766—前1050年),祖先是真正被膜拜而不仅仅是崇敬,因为人们相信祖先会根据祭祀仪式执行得好

---

① 史蒂文·盖斯(Steven Geisz)已经很好地指出了一种穿越时间的意识在政治领域中的意义。虽然他认为这也许是一把双刃剑,但是他讨论了一种尊重年龄的民主制度参与模式,他指出:

(无论是否明确)让人们将自身看作(或至少他们的政治自我看作)是处于时间之旅中也许会鼓励人们变得更耐心、更深思熟虑的人,当他们多年参与民主制度,影响力逐步提升时。

《年老、平等和儒家自我》(Aging, Equality and Confucian Selves),即将发表在安乐哲和皮特·赫肖克(Peter Hershock)主编的《价值和诸价值》(Value and Values),夏威夷大学出版社。

坏,而直接祈福或降灾于子孙,并且凡人不能直接向神祈求好运,但祖先可以。①

那么,这里就是早期儒家的独特精神依然与当下生活有很大相关性的另一个例子,当我们严肃地重新思考家庭时,除了他们能够给我们提供的首要的社会、政治和经济洞见之外,他们还向我们展示了崇敬祖先的仪式和习俗如何能对并不相信鬼神或诸神的人而言也是令人感动、满意和鼓舞的。孔子说,我们必须"祭神如神在",但很快又加上了以人为中心的宗教因素:"吾不与祭,如不祭。"(《论语》3.12)明确表示参与礼仪的受益者是活着的人,而不是逝者或神明。②

在这一点上,值得注意的是随着孩子的成长,在家庭历史的早期确立的崇拜祖先的模式也可以以民主的方式来加以变革,如我们在第七章简短介绍的不那么重要的家庭决策。此外,仪式也可以修改,以更符合当代人的情感。纪念的具体日期可以依据成员的日程而变更。重要的是仪式与追忆;并且很显然,通过让成员参与决定如何更改规则,这些仪式触动和团结参与者的效用和能力得到了很好的加强。在以人为中心的宗教取向中,这些细节都是可替换的。

我相信,只有对那些开始理解我们与他人的相互关联和相互依赖状态,并因此将自身看作是践履角色的独特的人,而不

---

① 大卫·凯特利:《这些骨骸会复活》,前引书,第89—93页。
② 对参加哀悼仪式的心理层面的更进一步讨论,可参看我的《论古典儒学中生理死亡的非终结性》("On the Non-Finality of Physical Death in Classical Confucianism"),载《东方学报》,第8卷,第2期,2007。也可参看奥伯丁的《减缓死亡:〈论语〉中的悼亡》,前引书。

是自主个人自我的人而言,参与这些仪式和传统所得到的满足才是完全意义上的。但是即使个人也能从参与仪式中受益。因为这些实践中没有任何一个建立于与科学发现相冲突的基础上,这使得任何信仰背景的人,或没有信仰的人都可以实行这些仪式,以丰富自己与家人的生命,尤其是丰富那些已经去世的家人的生命。苏格拉底有一句名言:"所有的生命都是对死亡的准备。"对此,我相信,孔子将会再加上一句:我们不应该独自准备。只有到没有人知道我们曾经是谁的那一刻,我们才是真正的死亡了。

Chapter 10

Role Ethics Beyond the Family

第十章

超越家庭的
角色伦理学

没有人是一座孤岛。

——约翰·邓恩(John Donne)①

在结尾这一章中,我想要阐释,依照家庭生活中孕育的角色伦理学来指导生活,如何也能在伦理、社会、政治和精神关注的其他领域发挥影响力。我将以四个领域为例,概述承担角色的人如何应对家庭之外的精神发展,如何处理缓解贫困的问题,如何对待实现作为社会和谐之公平正义的不同模式,以及最后概述为什么他们特别适合于与文化背景迥异的成员进行富有成果的对话。我在这四个方面的每一个例子上都只能做一些提示性的评论,当然还有许多其他领域,其中角色伦理学可以澄清对一些问题的解决方式,这些问题对个人而言是隐而不显或接近如此的。

家庭之外的精神自我修养

西方知识界直到最近都忽视儒学的一个原因是,儒学看上去是如此专一地以家庭为中心,以至于儒学的倡导者和实践者

---

①《没有人是一座孤岛》(*No Man is an Island*),里文斯·斯科特(Rivens Scott)编,The Folio Society,1997。

似乎并不关心家庭之外的人,也不热心参与公共事务。中国封建帝国的历史经常被用作上述指控的佐证。这一主张包含一点点真理:每一个宗族都被期盼在可能的时候关照所属的家庭,而按当代理解的公民组织却非常稀少。①

但这一点至多是半真半假,并且只有当我们在现代政治的意义上理解公民组织时才是如此。首先,有许多事是家庭和宗族无法为自身做的,而需要由政府措施来完成,比如在严酷的冬季之后重建长距离堤防和堤坝,负责将粮食和种子从丰收地区转移到受洪涝或干旱打击的地区。许多农民每年为公共利益(common good)替政府劳动一段时间,以抵付部分或全部的税——劳役体系,这些肯定是公共服务,即使是带有强制色彩。再者,儒家教育的重要目标之一即为入仕而准备。在中国历史的大部分时期,通过考试的大部分人才虽然并未获得政府的官职,但仍然留在家乡,就如下方面协助地方官员:向不识字的民众教授经典,在学校任教,在饥荒时组织人力物力施粥救助,在地方节日上主持仪式,以及其他更多事务。

事实上,中国历史和文献有许多记载,记述人们帮助更为不幸的邻里(即使非亲非故),共同参与宗教组织,生产合作以获取丰收,以及帮助陌生人,这些记载表明此类活动并不像某些批评家所认为的那么少见。重要的一点是,阐释儒家善的生

---

① 总体立场就是约瑟夫·列文森的知名著作,列文森在他辉煌职业生涯的顶峰去世。虽然他对儒家面对现代性挑战时能够和不能够容纳的东西的解释中有许多是我所不赞同的,但我尊重他的工作。参看《儒教中国及其现代命运》(*Confucian China and its Modern Fate*),3卷本,ACLS重版系列,2006。在这一领域中接下来两页的综述并不会特别引起争议。

活观的那些文献并不会只强调关心家庭,就像它们不会只强调顺从父母,而不规劝父母一样。顺从父母在中国历史的许多时期都是标准规范,但是这并不能抹煞经典也强调当顺从被认为会导致荒谬或更糟的结果时,规劝的重要性。同样地,在许多中国人(特别是许多贫穷农民)的立场上将焦点关注放在家庭上,这并不排斥经典也持续讨论家庭之外的朋友的重要性,即如何对待朋友,向朋友学习,以及朋友对实现完满人生的重要性。此外,儒家文本也坚持每一位被要求为政府服务的人都有责任如此做,并劝导他们以"天下"(即,世界)为己任,作为自我修养的最高境界。

首先,这些律令(imperatives)属于我们通常认为的政治领域,要点是每一个人都应当意欲让这个星球变得比他们发现时更好,并以之为人生的基本动力之一,或者如果世界处于良好状态之下,那就致力于维护此道。关于学习如何最好地完成这一任务,最常诉诸的权威文献是《礼记》的一小段文字,叫作《大学》①,之前所引用的关于重大祖先祭祀前的净化仪式指导也是来自《礼记》。《大学》教导我们,为了服务于整个天下,我们必须首先缩小我们的关注,学着服务于更小的共同体("国"),然后是我们的宗族,家庭("家"),最后致力于对我们自身行为、动机和情感的更为精细的培育("身""意""心")——在将自身置于恰当的秩序之后,再缓慢地沿着阶梯上升。如此我们就适合于为人民服务了——特别是帮助饥馑

---

① 《礼记》,前引书,第四十二章。整个文本翻译为英文只有八段,它曾经是传统课程要研习的第一部经典。

和病羸之人。我将在稍后回头讨论这一政治议题,但我首先想要评论一下《大学》给予我们的精神层面上的教导。

正如我们之前短暂提及的,虽然承担角色的人生发端于家庭,并在家庭中成型,但它必须延伸到家庭之外。儒家文献中最经常被提及的两种关系就不是家庭关系:朋友和君臣。如果我们在自己成长的同时,也帮助朋友成长,我们的朋友圈就会扩大。对成年人而言,持续增长的许多非亲属关系的朋友不仅仅限于同龄人,在大多数情况下也包括老年人和一些儿童。我们较早的时候以家中行为作为榜样来处理与这些人的关系:我与我祖母的关系给我打下最初的基础,促使我尊重所有年长女性,我与我孩子的关系让我更容易与其他孩子打交道,并对他们温情以待。圣人则能达至与所有人类一体的高度。圣人稀有,但确实存在。《论语》中提到的圣人是那些"博施于民而能济众"者(6.30),"有始有卒者"(19.12),因为他们不知疲倦地为每一个人谋福利,其他人则"畏圣人之言"(16.8)。荀子进一步评论说:关于礼,"圣人法而知之",从而将人们完全联系在一起。①

我认为,尤其值得注意的是,儒学中的最高宗教情感是(以及如何是)源自在西方通常会被归类为道德的(以及也许政治的)东西。在任何宗教里,道德生活都是实现精神发展的一个充分手段,但据我所知,儒学是唯一一个将道德生活看作是必要条件,看作是获得精神上的归属感,并与周围环境相协

---

① 《荀子:基本著作集》,前引书,第110页。[语出《荀子·法行》。——译注]

调的唯一手段的学说。请记住它也是唯一一个传统上没有离群索居的僧侣、尼姑、隐士、女修士或隐居者的宗教;离开他人,就不可能完成儒家式的精神修养。

所有我们参与其中的特定人类关系,无论是与在世之人还是与逝者,都是由礼来调节的:由于我们紧密相连的历史,我们共享着举止礼仪、习俗和传统。对早期儒家而言,通过践履这些角色和关系所规定的责任,我们遵循着人道。道无所不包。通过我们与他人互动的方式,我们的生活具有一个明显的(我们称之为)道德维度,渗透到我们所有(而不只是一些)行为和互动中去。经由这种道德的人际行为交互影响的方式,及其受礼仪、尊重、情感、习俗、仪式和传统制约的方式,对我们自身以及与我们互动的他人而言,我们的生活也具有一个审美维度。通过一方面明确履行我们对长辈和祖先关键的传统责任,另一方面履行对同代人和后代的责任,早期儒家提供了一种非同寻常却是本真的精神超越形式。这里的超越完全不是朝向另一个世界,毋宁说是一种从当下生存的时-空环境中延伸出去的人类能力,并由此赋予我们的人格以一种共通的人类意义,以及由此而来的与已然过去者和即将到来者紧紧相连的意义。①

任重而道远,死而后已(《论语》8.7)。但是奖赏是巨大的。如果我们真的是社会性存在,如果这是我们唯一拥有的生

---

① 参看我的《〈论语〉中从士到君子到圣人》("From *shi* to *junzi* to *sheng ren* in the *Analects*"),载《儒家精神人文主义》(*Confucian Spirituality*),第1卷,玛丽·伊芙琳·塔克(Mary Evelyn Tucker)和杜维明主编,Cross Roads Pub. Co.,2002。

活,那么我们最好把自己看作是承担角色的人,而不是持有权利的个人——这点肯定有助于促使儒者主张政府提供广泛的社会福利去服务帮助穷人,而这比其他地方的政府采取相似措施早了两千年。

论贫穷

现在回到《大学》的政治维度,我的目标与上面对精神的更高境界的讨论是一样的:即阐释一个由负责任地承担角色的人组成的世界在现在与未来是如何以及为什么区别于一个由自由的、持有权利的个人所组成的世界?当前海外世界的罪恶中,贫穷是一个极为突出的问题。可以说,贫穷是造成暴力上升的最重要原因,暴力程度威胁着许多国家和社区。如果说我们阻止死亡的能力有了很大进步,而我们传播死亡的能力提升得更大。当人类财富呈指数增长时,同样真实的是全球仍然有一定比例人口今晚不得不饿着肚子入睡,数量甚至超过了之前任何历史时期。为什么这样的贫穷持续存在呢?

位居第三的古典儒学大师荀子总结了一个贯穿儒家历史的基础问题,不仅是理论上的,而且也是实践上的问题:"欲多而物寡。"①这一陈述表达了对中国严酷的气象、地形、土壤和

---

① 《荀子:基本著作集》,前引书,《富国篇》。我曾在我的论文中着手讨论过荀子对贫困的关注,《〈荀子〉中的国家与社会:一个哲学评论》("State and Society in the *Xunzi*: A Philosophical Commentary"),载《华裔学志》(*Monumenta Serica*),第 xxix 卷,1970—1971。

河流环境的清醒认识，这种环境使得对中国人而言，苹果仔约翰尼和伊甸园的故事比经常出没在中国民间故事中可怕的龙更不可信。①

贫穷问题从未远离古典中国"诸子百家"的哲学思考的视域。比如，道家可能会提出降低欲望的方案来应对荀子的格言，或至少要求沿着非物质的路径来对欲望重新排序，背后的隐含信念是如此作为就会有足够的基本善品(basic goods)供所有人使用。

儒家相信组织良好的社会合作可以让不驯服的东亚土地慷慨产出充足作物，以供养人口，也给人的生活提供一些修饰材料。再次引用荀子，他呼吁君子和统治者：

强本而节用，则天不能贫；养备而动时，则天不能病；

---

① 大卫·凯特利曾经论证在新石器时代和更早的中国历史时期，中国北方和南方有肥沃的土地，见《这些骨骸会复活》，前引书，第78—80页。但是到这些哲学家生活的时期(公元前5世纪到2世纪)，情况已经有了巨大改变，以至于我们会在《孟子》(前引书，6A8)中读到为山坡上光秃秃的林地而发的哀叹，后来在一段反对迷信的文字中，荀子说：

物之已至者，人祅则可畏也，楛耕伤稼，楛耘失岁，政险失民，田薉稼恶，籴贵民饥，道路有死人，夫是之谓人祅。

我个人没有在西方哲学文本中读到过类似的文字。《荀子：基本著作集》，前引书，第84页。[荀子这段话语出《荀子·天论篇》。上文所谓"苹果仔约翰尼"是指一个叫Johnny Appleseed的美国民间英雄，原名Johnny Chapman，他穷尽49年时间撒播苹果种子，梦想创造一个人人衣食无忧的国度。出自美国1774年开垦时代的乌托邦题材农场童话《撒播希望种子的约翰尼》。——译注]

循道而不贰,则天不能祸。故水旱不能使之饥,寒暑不能使之疾,袄怪不能使之凶。本荒而用侈,则天不能使之富;养略而动罕,则天不能使之全;倍道而妄行,则天不能使之吉。故水旱未至而饥,寒暑未薄而疾。①

另一个古代思想家的学派法家学派,主张用严刑峻法来确保人们不会放纵欲望,并以此来保障国内秩序。对此儒家的孟子回应说②:

及陷于罪,然后从而刑之,是罔民也。焉有仁人在位,罔民而可为也?是故明君制民之产,必使仰足以事父母,俯足以畜妻子,乐岁终身饱,凶年免于死亡。然后驱而之善,故民之从之也轻。(《孟子》1A7)

孔子自己对依靠法和刑罚来维持良善社会持有更为怀疑的态度:

道之以政,齐之以刑,民免而无耻;道之以德,齐之以礼,有耻且格。(《论语》2.3)

又或者:

---

① 《荀子:基本著作集》,前引书,第 79 页。[语出《荀子·天论》。——译注]

② 《孟子》,前引书,1A7,第 58 页。

> 能以礼让为国乎？何有？不能以礼让为国，如礼何？
> （《论语》4.13）

可是需要注意，这里家庭的概念是如何渗透到对政府确保人民幸福的责任，以及对恰当履行责任所需政策的思考中。虽然在古汉语中并没有与我们所谓的"正义（justice）"严格对应的词，但我认为我们很容易看出，获取社会（分配）正义是中国人思考的核心。引用自孟子的那段话也值得注意，就其驳斥了"受害者有罪论"类型的论证而言。后者将贫困的原因归咎于受害者自身，并拒绝减少贫困。孟子在另一处写道：

> 老而无妻曰鳏，老而无夫曰寡，老而无子曰独，幼而无父曰孤。此四者，天下之穷民而无告者。文王发政施仁，必先斯四者。①

早期儒家并不将国家看作是对立于家庭的，相反认为两者是互补的；用当代民主术语来表述的话，如果我希望生活在一个要求我去履行父亲责任的国家，那么它应该确保我有必要的资源（比如教育、工作、健康等）以便完成这个责任。同样，这个国家必须为那些丧失家庭支持网络的人承担起照料他们福祉的责任。再一次回到荀子的观点，他在其对统治者的劝导中提出了以下非凡的政策：

---

① 《孟子》,1B5,第65页。

虽王公士大夫之子孙,不能属于礼义,则归之庶人。虽庶人之子孙也,积文学,正身行,能属于礼义,而归之卿相士大夫。故奸言、奸说、奸事、奸能、遁逃反侧之民,职而教之,须而待之,勉之以庆赏,惩之以刑罚,安职则畜,不安职则弃。五疾,上收而养之,材而事之,官施而衣食之,兼覆无遗。……收孤寡,补贫穷,如是,则庶人安政矣。①

这里有等同于全民医疗保险、医疗照顾保险,医疗补助保险、工人补偿保险、食品救济券和社会保险的政策设计,以及在官僚制度中主张尚贤制,而不是注重财产或血统。这是在公元前250年。荀子关于政府为穷人提供工作的敏锐见解也值得注意。大多数福利项目制度的问题是他们主要考虑分发救助,然而没有任何一个有一点自尊的人愿意仅仅做一个承惠者。只有当我有必要资源也去做施惠者时,才能获得尊严、尊重、欢乐和幸福。

在古代西方几乎没有可以与之对应的观点。苏格拉底讨论了许多在建立理想城邦时应该考虑的事情,但并不包括是否在所有的时间都有足够的物资供给所有人。富有的雅典人捐助宗教神庙和体育比赛,但并不救济穷人。后期罗马帝国的皇帝发放粮食,但仅此而已,在罗马帝国之外几乎没有救济。21世界在世界上最富有的国家里,大量公民会反对荀子的每一条倡议。除了关于做人是什么样,美好社会应当是什么样的迥异

---

①《荀子:基本著作集》,前引书,第33页。[《王制》——译注]

观点,是什么可能造成如此巨大的差异?除此之外,还能有什么能驱动这些哲学家去主张政府有责任为困苦的人提供广泛的社会福利,且这些主张是在其他地方的政府开始以相似规模到处推行这些措施之前的2000年前就提出的?过去和现在,拥有权利的自主个人能够也曾经为穷人呼吁。但是自由、独立、自主和个人责任观念并不向那个方向驱动我们。要行进在那个方向上,还需要有其他因素,而后者是承担角色的人通常一开始就拥有的。我们可以通过思考另一个凸显两种关于人的观点之间张力关系的例子,从新的角度理解上述要点,这对解决相关议题(正义)有着重要影响。

报应的正义与修复的正义

总的来说,西方的法律制度并不都是一样的,特别是其体现的道德理论不尽相同,但是它们都压倒性地植根于基础个人主义。我还不能公平地解释正义的概念(或者法律)如何在一个角色承担者的社会中实现自身,但我可以提示对法律功能的另一种不同理解。我将通过审视法律在不断增加的自相残杀的暴力浪潮中的一个虽然微小但并非无关紧要的功用(真相与和解委员会)来展示这一点。

真相与和解委员会起源于南非,在种族隔离制度废除后,它作为一种疗愈人种、种族和宗教冲突的方式而出现。上述冲突使许多民族国家或正在形成中的国家陷入动荡。迄今为止没有一个真相与和解委员会是完全成功的——比如在东帝汶、智利,但是很明显许多其他国家和地区现在或将来有建立更多真相与和解委员会的需求：以色列/巴勒斯坦、伊拉克、阿富汗、克什米尔、危地马拉、海地、斯里兰卡、北爱尔兰、吉尔吉斯斯坦、科索沃以及中东的许多国家。①

然而，不仅仅是在那些遍布由某个特定群体和（或）被废黜的政府所导致的暴力和屠杀的地方，比如在达尔富尔或卢旺达，需要有真相与和解委员会。在其他一些国家，政府曾介入不合法和（或）不道德行动，给无辜人民造成高度恶劣后果，这些国家也需要这样的委员会。

同样地，除非有这样的委员会调查最近政府的多种罪行，从入侵伊拉克、到许可广泛使用酷刑、"引渡"、轰炸平民目标和许多其他列举的违反美国宪法、日内瓦公约和纽伦堡协议的罪行，否则美国能否重回它之前在世界上享有的地位是值得怀疑的。当然，政府授权这样的委员会的可能性接近于零，但如果它这样做，世界不是会向一个更好的方向上发展吗？

真相与和解委员不应当被看作是千篇一律的，因为按照目前的构成，这些委员会的目标必须有一项是基本的；之所以如此，是因为双重目标并不是完全相互兼容的。一方面调查关于

---

①毫无疑问第一个国家与地区是所有这些里最知名的，对这一主题感兴趣的读者应该熟悉《南非真相与和解委员会报告》(Truth and Reconciliation Commission of South Africa Report)，由委员会委员和德斯蒙德·图图(Desmond Tutu)所著，Palgrave Macmillan，1999。关于这一主题的很好的概述和一些细节，可参看如下论文集中的论文，罗伯特·罗特伯格(Robert Rotberg)和德斯蒙德·汤普森(Desmond Thompson)编，《真相与正义：真理委员会的道德》(Truth vs. Justice: The Morality of Truth Commissions)，普林斯顿大学出版社，2000。

发生了什么,谁干的等真相,另一方面促成冲突各方和解,这对任何一个单一的委员会都是难以完成的。两方面的努力都在寻求正义,但是对这两个目标而言,正义概念的定义必然是不同的。

纽伦堡和东京战争罪审判就是如此:审判(trials)。胜利者确认战败者所做的罪恶,以"将他们绳之以法(bring them to justice)"。但它将确保获得的是报应的正义,看上去或多或少是一种复仇,无论程序是多么公平。复仇很少能产生和解。后者对承担角色的人有大得多的吸引力,和解需要将基础的人的概念不是看作自己行为负上完全责任的根底上自由的个人,而是看作家庭和社群里的相互联系的成员。

我们必须将寻求报应的正义的真相委员会的目标与投身于修复的正义的和解委员会的目标作一个更尖锐化的对比。首先,前一个委员会运作基本围绕着一组法律概念,然而和解委员会则要求一组源生自宗教的概念。但是一方面,如果和解委员会要具有跨文化效力的公平尺度,以作为无偏颇评价行为的必要条件,那么一组具有广泛适应性的恰当概念就不能采用任何特定教义。这里角色承担的儒学又可有所助益。

很多情况下在和解发生之前,正义必须得到伸张,但是一方面,如果寻求的基本是报应型正义或罪行正义(criminal justice)的话,纯粹公诉的任务应当委托给国际刑事法庭,而不是国内,以确保程序不会被党派的命令和(或)腐败所玷污;另一方面,如果和解被看作是委员会的最高目标,民族和解也可以由国家真相委员会来促成,因为无论是犯罪者、幸存者和受害者的亲属都必须和委员会成员一样积极参与到程序之中,然而就非修复性、追寻正义的真相委员会而言,只有委员会成员自己需要积极介入;犯罪者、幸存者和受害者(以及他们的家庭)在程序中只能是被动的参与者。

如果追求真正的和解,犯罪者不仅必须被说服去交代他们加诸受害者的行为,如果显然是错误的话,那这些犯罪者还必须承认这些行为是错误的(这里的"错误"并不是无可救药的相对术语;如果它是相对的——如果一个国家在其内部无法对如下事实形成共识,即某些人对其他人在较长一段时间内做了可怕的事情——那么也就不会有建立真相与和解委员会的内在呼声)。此外,如果将和解,而不是单纯休战作为首要目标,没有任何国家,也没有任何宗教会认可一个外部委员会。

认罪必须以老派的宗教方式进行,而不是以现代法律术语的方式,后者一句"我做了"就足够了。法律上,没有必要表现出任何悔恨或提出道歉。当真相委员会在寻求正义方面开始像一个刑事法庭那样运作,那么甚至没必要承认"我做了",因为我们都有权利(或者应当有权利)保持沉默。根据大多数现代国家的法律,在控告者面前,我们可能完全是被动的。

紧跟着坦白行为——讲述事实和承认所做的事是错的;之后是同样主动的悔罪行为(也是在这个词老派的宗教意义上),即公开承诺不会再犯,并一定继之以赎罪,另一种性质上源于宗教的积极行为:在物质或其他方面尽力补偿悔罪者所造成的损害。在我看来,这些态度和行为,比起定罪的态度或发现,或者惩罚形式的性质上非修复性的行为,要更加有助于达成和解。

第十章 超越家庭的角色伦理学 289

要理解为什么如此,我们必须记住和解要求(至少)双方共同行动,因此受害者和他的家庭也必须积极地持续参与到真相委员会的艰苦卓绝的努力中,后者的首要目标是和解,而不是纯报应的正义。这不过是明摆着的事,对和解而言,宽恕的行为和坦白、悔罪、赎罪一样重要。幸存者和受害者的家庭必须能够将罪犯看作是其他承担角色的人,而不仅仅是要被报应性惩罚的个体。他们必须奋力去除自身报复的欲望;他们必须对将来在与罪犯的关系中成为施惠者和(或)承惠者的可能性保持开明态度。

也就是说,只寻求法律正义的真相委员会完全不必要求犯罪者积极参与程序,受害者可以做被动的旁观者,除了描述对他们的加害,以及是谁做的。严厉惩罚(报应)的威胁越大,犯罪者越少可能讲出真相,并且(或者)会以某种方式试图合理化自己的行为。("为达目的可以不拘手段""我只是服从命令"等)面对这样的行为,毫不奇怪大多数受害者并不情愿宽恕。在这样的情况下,如果和解可以伴随或跟随正义,那几乎是个奇迹了。

但是真相与和解委员会成功地让犯罪者坦白(在古老意义上)并悔罪和想要赎罪,它们总的来说在寻求救赎。而定罪之后只是坐监本身对罪犯本身起不到救赎作用,对受害者及其家庭而言也几乎起不到修复作用,如果后者只是程序的被动观察者而已。但是如果委员会干好自身的工作,受害者和他们的家庭通过救赎行为成为犯罪者的救赎者,更新自己人生的意义,也帮助犯罪者重塑自己的人生,就可以一起取得相当程度的修复的正义。

这里我们可以从中国历史上"父母官"（县令）的职责上汲取儒家经验。虽然"父母官"当然必须维护法律，维护刑法，但是在许多功能上他更多是作为仲裁官，而不是作为法官或判官，他的主要任务是解决陷入冲突的宗族、家庭和邻里之间的争议。以我的观点看，真相与和解委员会在这方面效仿儒家，并接纳一种更一般的以人为中心的宗教取向，会是明智的。

现在我希望如下对比变得清楚了：一方面是当有罪行发生时，自由的自主的个人希望从真相委员会获得法律正义；另一方面则是当反人类行为打破了民族、宗教、种族团体、家庭内部或之间的社会纽带时，承担角色的人则寻求从真相委员会获得和解。自由的个人能够也确实可以和解，承担角色的人能够也可以要求法律正义，这些都是理所当然的。但正如第二代人权包含第一代人权，比反过来要自然得多，我相信，伴随着和解的修复正义也要比法律正义更广泛，虽然需要后者；而法律正义则比修复正义更为狭隘，并且不需要修复正义。以个人人权为基础，除了修复之外的正义形式肯定在每一个国家的事务有一席之地，而和解要求得更多，要求不同的思维方式：关于坦白、悔罪、赎罪、宽恕与救赎；而我相信，对这些根底上的宗教性概念（但并非超自然）的儒家阐释有许多因素可以供我们今日生活于其中的冲突世界所汲取，包括西方和其他地方，其程度并不亚于昨日的儒家东亚地区。

我必须强调这里提供的是对这些宗教概念的一种受儒家启发的解读，比如其中并不包含如亚伯拉罕传统所有的复仇概念。不幸的是，对报应的正义感而言，大多数惩罚在早期儒家思想看来（如我所理解的）都带有强烈的复仇意味，佛家也强烈反对复仇。① 复仇确实对真正和解并无帮助。难道我们会向伤害过我们的家庭成员复仇吗？

论跨文化对话

在极为仓促地概括儒家信念之后，让我们非常简要地勾勒一下儒家思想对构建一个更为国际化的伦理框架的适用性，并以之作为全书的结尾。我必须直截了当地指出，一种全球伦理学（global ethics）的观念不能仅仅是对那种已经主导了西方哲学与宗教数世纪之久的普世主义伦理学的伪装，因为很多人（不仅仅是在发展中国家）不无理由地将所有形式的伦理普世主义都看作是西方（或第一世界）霸权、帝国主义、剥削的延伸或者其他贬义的标签，意指那些试图在资本主义体系下统治、控制和剥削世界其他部分的尝试。或者最多将之看作是一种理解我与他人互动关系的过分律法主义的方式，倾向于用社会契约、财产持有、纯粹程序正义、竞争、理性选择理论等术语来概括这种互动，但对理解我们如何以及为什么要与同伴结合的许多其他思想方式保持封闭僵化。

但是并不仅仅作为对律法主义道德和政治的替代，寻求一种有效的道德理解必须也容纳语境伦理学（contextual ethics），一种肯认人与制度在其具体地方、文化、宗教、经济和政治处境里的身份的道德取向。换言之，伦理学家一方面必须努力找到

---

① 参看，比如，莎莉·金（Sallie B. King）的《社会化参与的佛教》（Socially Engaged Buddhism），夏威夷大学出版社，2009。

一些方法去完成普世主义所能实现的好处,同时避免普世主义的许多不利后果;但另一方面,通过容纳重要的语境因素而保持为本真多元化,从而能对不同文化里实实在在的人的生活和社会机构产生影响,但避免陷入盲目的相对主义。对一种语境伦理学的需求也积极地植根于如下假设:文化(语言)多样性对人类繁荣的重要性不亚于遗传多样性对所有生物的重要性。

因此,对共同道德(common morality)的追求与语境伦理学的发展是相辅相成的。因为缺乏对世界各地特定文化规范特殊性的深层敏感,一刀切的普世主义今天受到合理怀疑,并在世界许多地方持续被抵制;并且如果普世主义继续主导我们的思维,它将越来越无力扭转各种政治、社会和环境弊病,这些弊病每天都给越来越多的人带来负面影响。它对每个人思维的潜在集权主义影响几乎肯定会扼杀人类创造、表达和快乐的能力,其程度远远超出任何一个"老大哥(Big Brother)"梦想实现的限度。

同时,只关注和单单生活在特定文化特殊性中将导致孤立主义倾向,这对世界正在变成地球村或对国家内部日益增长的文化多样性而言,已经不再具有可能性,更糟糕的是,会导致每一孤立主义文化自身内部其成员对可能为真、为正义、为美的事物的思考变得贫乏。当我们可以遭遇(以非威胁的方式)其他理智的、审美的和精神的生活方式时,我们就扩展了自身理智、审美和精神的视域。

如果当今社会有必要确立国际化以及语境化的伦理取向,那么能够弥合两者分离领域,并成功满足它们各自需求的概念工具,在最好的情况下也是艰难地工作,甚至几乎是不可能的,如果我们只使用基于自主个人的当代西方思想的概念工具,自主个人就他或她的自身利益与其他个人讨价还价的话,我们需要更具包容性的概念框架。如果对于相同或相似的情况,不同文化有不同的规范来制约,我们怎么从中选择一个全球性的呢?相应地,如何将共同之抽象与特定之具体结合起来?

源自家庭的儒家角色伦理可以为我们开始与他人的对话提供一个好场所,我相信,基于许多理由,我们可以对这种对话的成效性表示谨慎乐观。首先是语言问题。虽然没有核实过,但我怀疑世界上三千多种人类语言中至多有数百种包含"赎罪行为""义务论的""目的论的""原告""决疑法""赦免""天体"等词语或类似的在哲学课堂或法庭之外就无人熟悉的术语。但是所有语言都会包含亲属称谓词,像"父亲""姐姐""祖母"等等,并且因为这些术语在文化上都嵌入了规范性内涵,我们就已经掌握了一个基本词汇库,可以进行价值排序,从而让被语言和文化分隔开的各民族开始理解彼此,并为建立更加和平的国际关系而开始更为紧密地合作。

我设想这一取向是程序性的,因为它必须被设计得能容纳变化。因此我在本书第二章第六节所草拟的充分性标准(这一标准在很大程度上基于,但不仅仅基于看重个人主义的西方哲学框架),可能并不是以后在国际语境下可接受的道德规范标准的最佳框架,以角色为基础的道德也许会取代它们。

支持这一提议的另一个重要原因是所有文化基本上都是由家庭所组成的,因而我们可以直接将所有人类都看作、感受为和理解为是紧密相连的,并在很大程度上独立于语境,因为在每一文化中里都有很多父母、儿女、叔叔、阿姨、邻居、祖父母、老师、学生、同事和朋友。比如，祖母们无疑都有相同的希望、忧虑和价值，而这些情感与她们的肤色、种族及其他差异性区分无关。因此，当我们想到数百万没有医疗保险的美国老人时，我们也许可以将他们看作祖母和祖父，这使得反对国家医疗保健和继续忽视这些老人的做法更加难以得到道德上（或精神上）的辩护。换言之，角色也许可以实现很多在其他伦理取向上的普遍主义原则所无法充分完成的概念工作。再一次，对儒家而言，我们确实是自己兄弟姐妹的照看者；在许多文化中，这就是身为兄弟或姐妹所意味的东西，我们经由角色与他人的互动大多数都是这种类型的，对大多数文化而言，互动的道德维度与其他维度之间并无明确界限。

我提出以儒家承担角色的人的观点作为跨文化对话的概念框架，另一个原因是儒家重视礼仪和传统。当然对孔子而言，礼仪和传统都是特定于他所处的时空的，但是由此打开的视野却广阔得多：在不同的文化中有很多纪念死者的仪式，其他许多活动也是如此，从婚礼，到受洗礼，到乔迁庆典。拥有不同的传统是将文化彼此区别开来的因素（有时拥有相同的传统或主要仪式也可以将不同文化的成员连接在一起）。重要的是仪式或习俗或传统作为仪式或习俗或传统的概念，而每一种文化肯定都有这样的概念。

在大多数文化中很大一部分仪式与传统都是与宗教紧密联系在一起的，但是儒家角色伦理学并不基于任何形而上学或神学，因此不会让任何文化的成员感到受威胁。并且儒家也不容易被（其他文化）指控为文化帝国主义，只要那个文化中一方面包含有父母、子女和祖父母、邻居等概念,另一方面也有基本术语来指示伴随着角色互动的那些概念,比如"爱/感情""尊重/崇敬""信任/诚实""援助者/受助者""适当/恰当——不适当/不恰当"和"欢乐/悲伤",这些只是其中的一部分。它们很大程度上是由附随的责任所规定的,因此即使不同文化语境下承担这些责任的方式有所不同,一种角色伦理学仍然能够提供一个讨论视域,来协调共同部分与语境化部分。儒学要求我们去仔细关照我们每个人应该做的事情,依循仪式传统和文化习俗,我们每一个人作为独一无二的角色承担者要首先照料我们的家人,并从家庭向外推扩;这是高度特殊化、高度语境化的。

但是同时,因为没有一个文化不包括祖母或儿女、父母、亲戚、邻居和朋友,我们很有可能,在关于多元世界里可接受道德准则的充分性标准的元探讨(meta-discussions)语境中(第二章),获得一个衡量普遍性的优良标准,以从跨文化角度确认道德行为的适当路线,并也许足以完成普世主义的积极伦理功用,但去除普世主义的负面因素。因此,我们可以接近全球充分性,而无须涉及普世主义。普世主义如果不能将我们人格的独特性和文化的多样性缩减至消失(而这从一开始就是一项扭曲的事业,无论倡导者具有如何良好的道德意图),它也就无法兑现自己的承诺。换句话说,我们应该接受道德多样性与多元主义的事实,之后再追问共同或共有的因素,这些共通的部分不仅仅是关于问题和挑战的,而且也涉及在解决问题中出现的人类行为的可能规范标准(亦即,一种共同道德)。

如我之前提示的,我大胆猜测实际上每一个文明都以大致相同的方式看待祖母、朋友或教师的角色,以及朋友、教师、父母等的规范标准。如果确实如此,我们可以继续致力于伦理多元主义,但同时相信可以就可接受道德准则的充分性标准达成广泛共识,以此找到一种方式去避开彻底相对主义的危险观念,但又无需诉诸普世主义,或更糟的,绝对主义(后者是绝大多数普世主义伦理学的归宿)。在某些事情上达成全球性共识并不排斥在另一些事情上赞美文化特殊性;事实上,两者彼此需要。至少,我们可以这样认为。

结　语

　　人都有两次生命。当你意识到生命只有一次时,第二次生命就开始了。

　　　　　　　　——史蒂文·索特洛夫(Steven Sotloff)①

　　我对基础个人主义与它所支撑的意识形态的批判,及对一种植根于相互依赖的、基于家庭的人的观念的角色伦理学的宣扬到此结束。我希望这两方面努力综合起来或分别地有助于让我们重新思考伦理、政治、家庭和宗教,从而更成功地改变人类历史的进程——通过激发我们重新思考人是什么。

　　基于许多理由,个人自我是一个最可怕的对手,我不能确信我的挑战已经成功了。首先,(1)基础个人主义对我们如何看待自己有很强的心理吸引力,即使对我们自己(或者他人)而言阐释它都很困难;难以想象在个人自我之外还能是什么。(2)它从概念上支撑着资本主义,因此无处不在,也遍布在许

---

①《纪念遇害记者史蒂文·索特洛夫:"还有比这更大的悲伤吗?"》("Memorial for Slain Journalist Steven Sotloff: 'Is there a sorrow greater than this?'"),*South Florida Sun Sentinel*,2014 年 9 月 5 日。

多社会、经济和政治机构中；维持和加固它对精英有很大的利害关系；(3)在它的时代，围绕着基础个人主义的意识形态对改善和提升人类状况贡献很大，并且尚未耗尽其智识或道德上的资源；(4)通过强调自由和自主，基础个人主义可以声称为一系列可接受的道德规则奠基；(5)它一直被视作对无名的（通常也无精神的）集体主义的唯一替代方案，这种集体主义总是在这个或那个"老大哥(Big Brother)"的监督之下。

另一方面，站在儒家立场上支持承担角色的人丝毫不困难，因为这种对人之为人的定义作为一种对有血有肉的人的日常生活的描述看起来非常合适。并且它似乎没有它的个人主义对手那么受文化限制。但在这一方面，我也不能确信我的挑战获得很大成功，因为我担心读者会认为它与我们对世界的标准看法大相径庭，而且看起来太难实现，以至于不能成为对个人主义的一个现实替代。它不仅包含与个人主义情感不相容的强烈人格和心理因素，而且还会给两百年来构成美国社会的许多机构造成无数道德、政治、宗教和经济后果。

但是基础个人主义依然是(1)几乎肯定是错误的、不连贯的，因此根本不应当被用作任何意识形态的合理化辩护，更不用说我们现在有的这个意识形态，(2)我们也不应该将它作为一个有用的虚构来保持，因为它的效用日益被胡作非为所取代；我们持续以牺牲社会公正为代价来换取自由和自主，并且，(3)那些在我们的立法机构、法院和选举程序中被推崇的价值很好地确保现状得以维持下去。

更加糟糕的是，(4)我们不能简单主张这一状况是不道德的，因为古典自由主义者可以提出完善的论证（以基础个人主义为根基)去为他们在社会公正事业上的消极态度占据道德高地;(5)在任何基于竞争的社会－经济体系中如果有胜利者的话,就必然有失败者,它诉诸一种高度有问题的人类本质观念去合理化这样一种体系①;(6)资本主义与它潜在的意识形态要为地球环境的稳步退化承担重大责任,后者显示出更多的恶化迹象而不是改善迹象;(7)正如今日世界所面对的其他多方面问题也只显示出恶化的迹象,我们预计会有更多暴力伴随着更多的不平等,现存体系看起来不能控制不平等,更不用说去预防不平等,除了使用更多暴力来应对。

在我看来,除了有权势者,其他人继续支持或者捍卫这样一种资本主义体系及其意识形态是不合理的;对有权势者而言,支持资本主义体系是自私自利的。如果不断向系统屈服是所谓现实主义态度,那么对我而言,做一个理想主义者是唯一理性和道德的决定,特别是当我们可以证明这一系统并非唯一选项。当今美国有成千上万家庭过着与本书第二部分的描述极为类似的生活,很有可能还有很多美国人也希望能够过类似的生活。我承认这是理想主义,但这并非不切实际。同时值得指出的是,这些家庭模式兼容不止一种道德准则。

之前我指出不可能去创建一个理想国家。苏格拉底在创建理想国时会放逐所有超过十岁的人,这并非没有理由②:每一个现存国家里都存在财富和权力的不平等分配(以及与之相伴随的意识形态)除非诉诸暴力,否则很难有根本上的改

---

① 第二章,第 44—47 页;再读一遍对康德的引用。
② 《理想国》,参考第Ⅶ卷,541。

变。因此,今天的变革者必须尝试去改良已有的国家,而且一旦一个更具包容性的家庭价值排序可以克服所谓自由主义者与保守主义者之间的分歧,那么变革者就可以得到许多善良家庭的帮助,去发展变革的基础。主流的个人主义意识形态在本质上是反家庭的(anti-family)。它支持独立而不是相互依赖,拥抱竞争而不是合作,坚持讨价还价而不是加强联系,并以其他方式威胁到任何一种家庭,而没有家庭,其他社会组织也难以维持下去。其代价高昂。

当然通过我的叙述,我召唤的不只是政治变革者。从政治领域返回到私人领域,我已经强调过在很大程度上可以说我们都是依据角色生活,并与角色相认同——由此构成了我们的身份。承担角色的人更多地被他们的责任,而不是自由和自主所定义,但某种程度上也能从美学、道德、社会和宗教上得到许多弥补,这一点就是我试图在本书中描述的,此处不再进一步阐述。我希望读者能特别注意到,当我指出在许多地方基于基础个人主义的道德准则所能完成的好的概念工作都可以由角色伦理学所完成时,在这一点上放弃基础个人主义也不会有什么损失。但是反之则不然:对于自由、理性、自主的个人自我来说,人类生活中太多的丰富和快乐是隐匿的,但这是相互关联、承担角色的人的特征,他们知道自己是谁,将成为谁。人类中心的取向也允许我们保留宗教中令人感动的、美丽动人的、令人鼓舞的、以及意味深长的因素,同时摒除那些在过去千年里累积在数个特定文化表现中的令人厌恶因素。

你想要成为谁?

你想要其他人成为谁?

参考文献

Abrams S. Life After Divorce[J]. AARP Bulletin, 2012(6).

Alanez T, Sentinel S. South. Memorial for Slain Journalist Steven Sotloff: Is there a sorrow greater than this? [N] Florida Sun Sentinel. September 5, 2014.

Ames R T. Confucian Role Ethics: A Vocabulary[M]. Hong Kong: The Chinese University Press, 2011. (安乐哲. 儒家角色伦理学———一套特色伦理学词汇[M]. 孟巍隆, 译. 田辰山, 等校译. 济南: 山东人民出版社, 2017.)

Ames R T, Henry Rosemont Jr. The Analects of Confucius: A Philosophical Translation[M]. New York, NY: Random House/Ballantine Books, 1998. (安乐哲, 罗思文.《论语》的哲学诠释———比较哲学的视域[M]. 余瑾, 译. 北京: 中国社会科学出版社, 2003.)

Ames R T, Henry Rosemont Jr. Were the Early Confucians Virtuous? [M]// Robins D, O'Leary T, Fraser C. Ethics in Early China. Hong Kong: Hong Kong University Press, 2011.

Ames R T, Henry Rosemont Jr. From Kupperman's Character Ethics to Confucian Role Ethics[M]//Chenyang Li, Peimin Ni. Albany. Moral Cultivation and Confucian Character. NY: SUNY Press, 2014.

Ames R T, Henry Rosemont Jr. Traveling Through Time in Family and Culture: Confucian Meditations[M]// Moller H-G, Whitehead A. Landscape and Traveling East and West: A Philosophical Journey. UK: Bloomsbury Academic, 2014.

Angle S. Piecemeal Progress: Moral Traditions, Modern Confucianism, and Comparitive Philosophy[M]// Robins D, O'Leary T, Fraser C. Ethics in Early China. Hong Kong: Hong Kong University Press, 2011.

Aries P, et al. A History of Private Life, 5 Volumes[M]. Cambridge, MA: Belknap/ Harvard University Press, 1992—1998.

Badinter E. The Tyranny of Breast-Feeding[J]. Harper's, 2012(3).

Barnes J. The Complete Works of Aristotle[M]. Princeton. NJ: Princeton University Press, 1984.

Bauer J, Daniel A B. The East Asian Challenge for Human Rights[M]. Cambridge, UK: Cambridge University Press, 1999.

Bellah, R. Habits of the Heart[M]. Berkeley, CA: University of California Press, 1985.

Berlin I. Four Essays on Liberty[M]. Cambridge, UK: Oxford University Press, 2002.

Bob C. The International Struggle for New Human Rights[M]. Philadelphia, PA: University of Pennsylvania Press, 2009.

Bockover M. Rules, Rituals and Responsibility[M]. Chicago and LaSalle, IL: Open Court Publishing Company, 1991.

Bockover M. Confucianism and Ethics in the Western Philosophical Tradition II: A comparative Analysis of Personhood[J]. Philosophy Compass. 2010,5(4):317-325.

Bockover M. The Virtue of Freedom[M]// Marthe C, Ronnie L. Polishing the Chinese Mirror: Essays in Honor of Henry Rosemont, Jr. New York, NY: Global Scholarly Publications, 2008.

Boulding K. The Image[M]. Ann Arbor, MI: University of Michigan Press, 1956.

Brandom R. Making it Explicit[M]. Cambridge, MA: Harvard University Press, 1998.

Brecht B. Threepenny Opera[M]. London: Penguin, 2007.

Brindley E F. Individualism in Early China[M]. Honolulu: University of Hawaii Press, 2010.

Brooks D. Longer Lives Reveal the Ties That Bind Us[J]. The New York Time-Op-ed page, 2005(20).

Butler R. George Santayana: Catholic Atheist [J]. Spirituality Today, 1986.

Caldwell M. Blink. [M]. Boston,MA: Back Bay Books, 2007.

Calvino I. If on a Winter's Night a Traveler[M]. New York: Everyman's Library, 1993.

Chan J. Confucian Perfectionism[M]. Princeton, NJ: Princeton University Press, 2014.

Chandler M,Ronnie L. Polishing the Chinese Mirror Essay: An Honor of Henry Rosemont, Jr[M]. NY: Global Scholarly Publications, 2008.

Ching J. Chinese Ethics and Kant[J]. Philosophy East & West, 1978, 28(2):161-172.

Chisholm R. Person and Object[M]. London, UK: George Allen & Unwin, 1976.

Chomsky N. Reflections on Language[M]. New York, NY: Pantheon Books, 1976.

Chomsky N. Rogue States[M]. Boston, MA: South End Press, 2000.

Chomsky N. Market Democracy in a New Neo-Liberal Order[J]. Z Magazine, 1997.

Collins R. The Sociology of Philosophies[M]. Cambridge, MA: Harvard University Press, 2000.

Cooper M. A Town Betrayed[J]. The Nation, 1997,265(2):11-15.

Dennet D. Brainstorms[M]. Boston: Bradford Books, 1981.

Diamond J. Guns, Germs, and Steel[M]. New York, NY: W. W. Norton, 1999.

Ely Jr. J W. The Guardian of Every Other Right[M]. Cambridge, UK: Oxford University Press, 1992.

Fingarette H. Confucius-The Secular as Sacred[M]. New York, NY: Harper Torchbooks, 1972. (赫伯特·芬格莱特.孔子:即凡而圣[M].彭国翔,张华,译.南京:江苏人民出版社,2002.)

Fingarette H. Death: Philosophical Soundings[M]. Chicago & LaSalle, IL: Open Court Publishing Company, 1996.

Fingarette H. Self-Deception[M]. Berkeley, CA: University of California Press, 2000.

Fingarette H. The Music of Humanity in the Conversations of Confucius[J]. The Journal of Chinese Philosophy, 1983, 10(4):331-356.

Finley M. The World of Odysseus[M]. New York, NY: Viking Press, 1978.(M. I. 芬利.奥德修斯的世界[M].刘淳,曾毅,译.北京:北京大学出版社,2018.)

Flanagan O. The Problem of the Soul[M]. New York, NY: Basic Books, 2002.

Fletcher I. Libertarianism: The New Anti-Americanism[J/OL]. HuffPost Politics,2011(19)[2014-04-11]. http://www.huffingtonpost.com/ian-fletcher/libertarianism-the-new-an_b_811271.html.

Fromm E. Marx's Concept of Man[M]. New York, NY: Frederick Unger, 1966.

Fuentes-Nieva R, Galasso N. WORKING FOR THE FEW Political capture and economic inequality[R]. Oxfam Briefing Paper, Oxfam International, 2014.

Galbraith, J K. Brainy Quotes [EB/OL]. 2014. http://www.brainyquote.com/quotes/quotes/j/johnkennet107301.html.

Gauthier D. The Social Contract as Ideology[J]. Philosophy and Public Affairs, Winter, 1977.

Geisz S. Aging, Equality, and Confucian Selves[M]// Roger T. Ames. Hershock P. Value and Values Honolulu. HI: University of Hawai'i Press, 2014.

Gettier E. Is Justified True Belief Knowledge? [J]. Analysis, 1963, 23(6): 121-123.

Giskin H, Walsh B. Chinese Culture Through the Family[M]. Amherst, NY: SUNY Press, 2001.

Goody J. The East in the West[M]. Cambridge, UK: Cambridge University Press, 1996.

Greenwood J. A Sense of Identity[J]. Journal of the Theory of Social Behavior, 24 (1).

Gutting G. What Philosophers Know[M]. Cambridge, UK: Cambridge University Press, 2009.

Haines W. Confucianism and Moral Intuition[M]// Robins D, O'Leary T, Fraser C. Ethics in Early China. Hong Kong: Hong Kong University Press, 2011.

Hall D, Roger T. Ames. Anticipating China[M]. Albany, NY: SUNY Press, 1995.

Hall D, Roger T. Ames. Thinking Through Confucius[M]. Albany, NY: SUNY Press, 1987. (郝大维,安乐哲. 通过孔子而思[M]. 何金俐, 译. 北京大学出版社, 2005.)

Hall D, Roger T. Ames. Democracy of the Dead[M]. Chicago & La-

Salle, IL: Open Court Publishing Company, 1999.

Halpern S. Can't Remember What I Forgot[M]. New York, NY: Harmony Books, 2008.

Hansen C. The Normative Impact of Comparative Ethics[M]// K. L. Shun, D. B. Wong. Confucian Ethics. Cambridge, UK: Cambridge University Press, 2004.

Hardy T. Heredity [M]. various editions, 1917.

Havel V. Living in Truth[M]. New York, NY: Faber & Faber, 1987.

Hayden D. Seven American Utopias: The Architecture of Communitarian Socialism[M]. Cambridge, MA: MIT Press, 1979.

Hegel G. W. F. The Phenomenology of Mind[M]. Mineola, NY: Dover Philosophical Classics, 2003. (黑格尔. 精神现象学[M]. 贺麟, 王玖兴, 译. 北京: 商务印书馆, 1979.)

Helwig U. Me, Myself, and I[J]. Scientific American MIND, 2010.

Hershock P. Buddhism in the Public Sphere: Reorienting Global Interdependence[M]. New York, Routledge, 2006.

Houseman A. E. Last Poems[M]. New York, NY: Henry Holt & Co., 1922.

Human Rights: A Compilation of International Instruments[M]. United Nations Press, 2 volumes, 2002.

Hume D. A Treatise of Human Nature[M]. Harmondsworth, UK: Penguin Books, 1985. (休谟. 人性论[M]. 关文运, 译, 郑之骧, 校, 北京: 商务印书馆, 1980.)

Huxley A. The Doors of Perception[M]. London, UK: Penguin Books, 1963. (阿道司·赫胥黎. 知觉之门[M]. 北京: 北京时代华文书局, 2017.)

Hylton P. Willard van Orman Quine[J/OL]//Stanford Encyclopedia of

Philosophy. April 30, 2010[2014-03-20]. http://p1ato. stanford. edu/archives/spr2014/entries/quine/

Ivanhoe P J. Filial Piety as a Virtue[M]// Alan K. L. Chan, Tan Sorhoon. Filial Piety in Chinese Thought and History, London and New York: Routledge Curzon, 2004.

Jackson Mahalia. Movin' On Up. 1966.

Jecker N S. Are Filial Duties Unfounded? [J]. American Philosophical Quarterly, 1989,26(1):73-80.

Jiang Y, Ekono M, Skinner C. Basic Facts About Low-Income Children [J/OL]. National Center for Children in Poverty. February, 2014[2014-03] http://www.nccp.org/publications/pub_1089.html.

Johnson D. Mothers Beware[J]. New York Review of Books, 2012,59(11):23-25.

Jones D. Confucius Now [M]. Chicago: Open Court Pub. Co, 2008.

Kaplan L D. Family Pictures: A Philosopher Explores the Familiar[M]. Chicago & LaSalle, IL: Open Court Publishing Company, 1998.

Kant I. Critique of Pure Reason[M]. Smith N K. Trans. New York, NY: Palgrave Macmillan, 2003. (康德. 纯粹理性批判[M]. 李秋零,译北京:中国人民大学出版社,2004.)

Kant I. Idea of a Universal History from a Cosmopolitan Point of View [M]// On History. Lewis White Beck, trans. Indianapolis, IN: Bobbs-Merrill Library of Liberal Arts, 1983. (康德. 历史理性批判文集[M]. 何兆武,译. 北京:商务印书馆,1990.)

Kant I. Anthropology from a Pragmatic Point of View[M]. Carbondale, IL: Southern Illinois Press, 1978. (康德. 实用人类学[M]//康德著作全集:第七卷.李秋零,译.北京:中国人民大学出版社,2008.)

Keightley D. These Bones Shall Rise Again[M]. Albany, NY: SUNY

Press, 2014.

Kellman P. Building Unions[M]. Ann Arbor, MI: Axel Press, 2001.

Kertzer D, Barbagli M, eds. History of the European Family[M]. New Haven, CT: Yale University Press, 2002.

King S B. Socially Engaged Buddhism[M]. Honolulu, HI: University of Hawai'i Press, 2009.

Korner S. The Philosophy of Mathematics[M]. Atlantic Highlands, NJ: International Humanities Press, 1971.

Korsgaard C. Creating the Kingdom of Ends[M]. Cambridge, UK: Cambridge University Press, 1996.

Krausz M. Dialogues on relativism, absolutism, and beyond: Four days in India[M]. Lanham, MD: Rowman & Littlefield, 2011.

Krausz M. Oneness and The Displacement of Self[M]. Amsterdam, Netherlands: Rodopi, n. d, 2013.

Kupperman J. Why Ethical Philosophy Needs be Comparative[J]. Philosophy, 2010, 85(2): 185 – 200.

Lau D. C. Mencius[M]. London, UK: Penguin, 1970.

LEE J H. Modern Lessons from Arranged Marriages[J]. New York Times Wedding Section. 2013, 162(56022): 13.

Leibniz G W. Writings on China[M]. Cook D J., Henry R Jr. trans. Chicago & LaSalle, IL: Open Court Publishing Company, 1994.

Legge J. The Chinese Classics[M]. Shanghai, China: Kelly & Walsh, 1895.

Legge J. Li Ji[M]. Ch'u, Winberg Chai, edited. New Hyde Park, NY: University Books, 1967.

Lerdahl F, Jackendoff R. A Formal Theory of Tonal Music[M]. Cambridge, MA: MIT Press, 1981.

Levenson J. Confucian China and its Modern Fate:3 Volumes[M]. New York, NY: ACLS, 2006. (列文森.儒教中国及其现代命运[M].郑大华,任菁,译.桂林:广西师范大学出版社,2009.)

Li C. Li as Cultural Grammar[J]. Philosophy East & West. 2007, 57(3):311-329.

Li C, Peimin Ni. Moral Cultivation and Confucian Character: Engaging Joel Kupperman[M]. Albany, NY: SUNY Press, 2014.

Li J. Cultural Foundations of Learning[M]. Cambridge, UK: Cambridge University Press, 2012. (李瑾.文化溯源:东方与西方的学习理念[M].张孝耘,译.上海:华东师范大学出版社,2015.)

Lifton R J. Thought Reform and the Psychology of Totalism[M]. Chapel Hill, NC: University of North Carolina Press, 1989.

Lindley R. Autonomy[M]. Atlantic Highlands, NJ: Humanities International Press, 1986.

Locke J. Second Treatise on Government[M]. Amherst, NY: Prometheus Books, 1986. (洛克.政府论下篇[M].叶启芳,瞿菊农,译.北京:商务印书馆,1964.)

Luhmann N. The Individuality of the Individual[M]// T. C. Heller, Sonsa M, Wellbury D. Reconstructing Individualism. Stanford, edited. CA: Standford University Press, 1986.

Lund L. People With Problems Have Problems[J/OL]//Daily Kos. July 22, 2014. http://www.dailykos.com/story/2014/07/22/1315869/-People-With-Problems-Have-Problems.

Machan T. Morality and Social Justice[M]. Lanham, MD: Rowman & Littlefield, 1995.

MacIntyre A. Questions for Confucians[M]// Kwong-loi Shun, David B. Wong. Confucian Ethics, Cambridge, UK: Cambridge University

Press, 2004.

MacPherson C. B. The Political Theory of Possessive Individualism[M]. New York, NY: Oxford University Press, 1964.

McCarthy E. Ethics Embodied [M]. Lanham, MD: Lexington Books, 2010.

McCumber J. The Failure of Rational Choice Philosophy[J]. The Stone-New York Times Opinionator Page, 2011(19).

Metzinger T. Being No One[M]. Cambridge, MA: MIT Press, 2003.

Mikics D. The Annotated Emerson[M]. Cambridge, MA: Harvard University Press, 2012.

Mill J S. A System of Logic, Ratiocinative and Inductive[M]. London, UK: Longmans, Green, 1930.

Mill J S. . Dissertations and Discussions[M]. Boston: Adamant Media Corporation, 2000.

Mill J S. On Liberty [M]. New York, NY: Library of Liberal Arts, 1956. (约翰·密尔. 论自由[M]. 许宝骙, 译. 北京: 商务印书馆, 2005.)

Minow M, Shanley M. Introduction[J]. Hypatia, 1996, 11(1).

Mueller H-G. The Moral Fool [M]. NY: Columbia University Press. 2009.

Moore G. E. Some Main Problems of Philosophy[M]. New York, NY: Collier Books, 1953.

Murck A. Golden Mangoes: The Life Cycle of a Cultural Revolution Symbol[J]. Archives of Asian Art, 2007, 57(1): 1 - 21.

Nagel T. Mortal Questions[M]. Cambridge, UK: Cambridge University Press, 1978. (托马斯·内格尔. 人的问题[M]. 万以, 译. 上海: 上海译文出版社, 2004.)

Ni P. Gongfu-A Vital Dimension of Confucian Learning[M]//Jones D.

Confucius Now. Chicago & LaSalle, IL: Open Court Publishing Company, 2008.

Nickel J. Making Sense of Human Rights[M]. Berkeley, CA: University of California Press, 1987.

Nickels K A. Gender in Confucian and Queer Performative Theories of Identity[D]. Unpublished mss. Grand Valley State University, 2008.

Noddings N. Caring: A Feminine Approach to Ethics and Moral Education[M]. Berkeley, CA: University of California Press, 1984. (内尔·诺丁斯. 关心:伦理和道德教育的女性路径[M]. 武云斐,译. 北京:北京大学出版社,2014.)

Noddings N. The Maternal Factor[M]. Berkeley, CA: University of California Press, 2010.

Nozick R. Anarchy, State & Utopia [M]. New York, NY: Basic Books, 1977. (罗伯特·诺齐克. 无政府、国家和乌托邦[M]. 何怀宏,译. 北京:中国社会科学出版社,1991.)

Nussbaum M. In a Lonely Place[J]. The Nation, F2006(27).

Nylan M, Harrison Huang. Mencius on Pleasure[M]// Chandler M, Littlejohn R. Polishing the Chinese Mirror: Essays in Honor of Henry Rosemont, Jr. New York, NY: Global Scholarly Publications, 2008.

Olberding A. Moral Exemplars in the Analects[M]. New York, NY: Routledge, 2012.

Olberding A. Slowing Death Down: Mourning in the Analects[M]// Jones D. Confucius Now. Chicago & LaSalle, IL: Open Court Publishing Company, 2008.

Olson M. Development Depends on Institutions[J]. College Park International, April, 1996.

O'Neill O, Ruddick W. Having Children[M]. New York, NY: Oxford

University Press, 1979.

Orme N. Medieval Children[M]. New Haven, CT: Yale University Press, 2002.

Owen R. A New View of Society[M]. Prism Key Press, 2013.

Ozment S. Ancestors: The Loving Family in Old Europe[M]. Cambridge, MA: Harvard University Press, 2002.

Piketty T, Capital in the 21st Century[M]. Goldhammer A trans. Cambridge, MA: Harvard University Press, 2014. (托马斯·皮凯蒂.21世纪资本论[M]. 巴曙松, 译. 北京: 中信出版社, 2014.)

Plato. Collected Dialogues[M]. Edited by Edith Hamilton and Huntington Cairns. New York, NY: Pantheon Books, 1961. (柏拉图.柏拉图对话集[M]. 王太庆, 译. 北京: 商务印书馆, 2004.)

Putnam H. Reason, Truth and History[M]. Cambridge, UK: Cambridge University Press, 1981. (希拉里·普特南.理性、真理与历史[M]. 童世骏, 李光程, 译. 上海: 上海译文出版社, 2005.)

Putnam R. Bowling Alone[M]. New York, NY: Simon & Schuster, 2001. (罗伯特·帕特南.独自打保龄: 美国社区的衰落与复兴[M]. 刘波, 祝乃娟, 张孜异, 等译. 北京: 北京大学出版社, 2011.)

Quine W. From a Logical Point of View[M]. New York: Harper Torchbooks, 1963. (蒯因.从逻辑的观点看[M]. 陈启伟, 江天骥, 张家龙, 等译. 北京: 中国人民大学出版社, 2007.)

Quine W. Ontological Relativity[M]. New York, NY: Columbia University Press, 1969.

Rawls J. A Theory of Justice[M]. Cambridge, MA: Harvard University Press, 1971. (约翰·罗尔斯.正义论[M]. 何怀宏, 何包钢, 廖申白, 译. 北京: 中国社会科学出版社, 2001.)

Rescher N. Aporetics[M]. Pittsburgh, PA: University of Pittsburgh

Press, 2009.

Restak R. Empathy and Other Mysteries[J]. The American Scholar, Winter, 2011.

Riesman D. The Lonely Crowd[M]. New York, NY: Doubleday Anchor Books, 1963. (大卫·理斯曼. 孤独的人群[M]. 王崑, 译. 南京: 南京大学出版社, 2002.)

Roetz H. Confucian Ethics of the Axial Age[M]. Albany, NY: SUNY Press, 1994.

Rorty R. Philosophy and the Mirror of Nature[M]. Chicago, IL: University of Chicago Press, 1971. (理查德·罗蒂. 哲学和自然之镜[M]. 李幼蒸, 译. 北京: 商务印书馆, 2003.)

Rorty R. The Linguistic Turn[M]. Princeton, NJ: Princeton University Press, 1979.

Rosemont H Jr. Rationality and Religious Experience[M]. Chicago & LaSalle, IL: Open Court Publishing Company, 2002.

Rosemont H Jr. A Reader's Companion to the Confucian Analects[M]. Honolulu, HI: University of Hawai'i Press, 2014.

Rosemont H Jr. Chinese Texts and Philosophical Contexts[M]. Chicago and LaSalle, IL: Open Court Publishing Company, 1991.

Rosemont H Jr. State and Society in the Xunzi: A Philosophical Commentary[J]. Monumenta Serica, 1970—1971, vol. xxix.

Rosemont H Jr. U. S. Foreign Policy: The Execution of Human Rights[J]. Social Anarchism, 27, 2000.

Rosemont H Jr. On the Non-Finality of Physical Death in Classical Confucianism[J]. Acta Orientalia Vilnensia, 2007.

Rosemont H Jr. Against Relativism[M]// Gerald J. Larson, Deutsch E Interpreting Across Boundaries, NJ: Princeton University Press, 1987.

Rosemont H Jr. , Smith H. Is There a Universal Grammar of Religion? [M]. Chicago & LaSalle, IL: Open Court Publishing Company, 2009.

Rosemont H Jr. , Roget T. Ames. The Chinese Classic of Family Reverence[M]. Honolulu, HI: University of Hawai'i Press, 2009. (安乐哲,罗思文.生民之本:《孝经》的哲学诠释及英译[M].北京:北京大学出版社,2011.)

Rosemont H Jr. On Translation and Interpretation[M]// Kraushaar F. Eastwards. Bern, SZ: Peter Lang, 2010.

Rotberg R, Thompson D. Truth vs. Justice: The Morality of Truth Commissions[M]. Princeton, NJ: Princeton University Press, 2000.

Ruddick W. Family & Ethics[M]// William Ruddick. Routledge Encyclopedia of Philosophy. n. d.

Sandel M. Justice and the Good[M]// Sandel M. Liberalism and its Critics. New York, NY: New York University Press, 1984.

Schuon F. Transcendental unity of Religions[M]. New York, NY: Harper Torchbooks, 1975.

Schwartzman L. Liberal Rights Theory and Social Inequality: A Feminist Critique[J]. Hypatia, 1999, 14(2):26.

Shattuck R, Krieder R. Social and Economic Characteristics of Currently Unmarried Women with a Recent Birth: 2011[R]. U. S. Census Bureau, May, 2013.

Shone S. Lysander Spooner, American Anarchist[M]. Lanham, MD: Lexington Books, 2010.

Shun K-l. Conception of the Person in Early Confucian Thought[M]// K. L. Shun, D. B. Wong. Confucian Ethics. Cambridge, UK: Cambridge University Press, 2004.

Singer P. The Life You Can Give[M]. New York, NY: Random House,

2009.

Slingerland E. What Science Offers the Humanities[M]. Cambridge University Press, 2008.

Sommers C H. Filial Morality[J]. Journal of Philosophy, August 1986, 83(8): 439 -456.

Sor-hoon T. Confucian Democracy: A Deweyan Reconstruction[M]. Albany, NY: SUNY Press, 2004.

Spence J. The Memory Palace of Matteo Ricci[M]. London: Penguin Books, 1985.

Szalai J. Mother Natures[J]. The Nation, June 4, 2012.

The New American Family[N] . AARP Bulletin,2014(6 -7).

The U. N. Declaration of Human Rights 1948—1988 Human Rights, The U. N. and Amnesty International [R]. AIUSA Legal Support Network, 1988.

Thoreau H D. The Higher Law[M]. Princeton: Princeton University Press, 2004.

Thoreau H D. The Annotated Walden[M]. New York, NY: Clarkson Potter Books, 1970.

Tillman M M, Tillman H C. A Joyful Union: The Modernization of the Zhu Xi Family Wedding Ceremony[J]. Oriens Extremus, 2010,49:115 - 142.

Traphagan J. Rethinking Autonomy [M]. Albany, NY: SUNY Press, 2013.

Trauzettel R. Two Mythological Paradigms of the Constitution of Personhood. Unpublished mss. , Bonn University, 2012.

Turnbull C. The Mountain People [M]. New York, NY: Simon & Schuster, 1972.

Tutu D, Commissioners. Truth and Reconciliation Commission of South Africa Report. [M]. New York, NY: Palgrave Macmillan, 1999.

Twiss S. Constructive Framework for Discussing Confucianism and Human Rights[M]// Wm. T. d, Tu Weiming. Confucianism and Human Rights. New York, NY: Columbia University Press, 1998.

W. F. Bynum, E. J. Browne, Porter R. Dictionary of the History of Science[M]. Princeton, NJ: Princeton University Press, 1981.

Waldron J. Theories of Rights[M]. New York, NY: Oxford University Press, 1984.

Wilhelm R, Cary F. Baynes. I Ching: Or, Book of Changes [M]. Princeton, NJ: Bollingen, Princeton University Press, 1962.

Willett C. Maternal Ethics [M]. London, UK: Routledge, 1995.

Wittgenstein L. Philosophical Remarks [M]. Chicago: University of Chicago Press, 1980.

Wong D. Natural Moralities[M]. New York, NY: Oxford University Press, 2006.

Wong D. Relational and Autonomous Selves [J]. Journal of Chinese Philosophy, Dec. 2004, 31(4):419–432.

Worthen M. Single Mothers with Family Values[J]. New York Times-Sunday Review Section, 2013, 163(56302):1–7.

Xunzi. Hsun Tzu: Basic Writings Translated by Burton Watson [M]. New York, NY: Columbia University Press, 1963.

索引[1]

a

Ames, Roger 安乐哲 1,8,28,50,92,93—94,98,120,122

Anarchism 无政府主义 36,78。See also Libertarianism

ancestors 祖先 98,122,132,151,153,155—156, 158。See also family

Angle, Steve 史蒂夫·安格尔 5

argumentation, methods of 论证方法 9

Aries, Phillippe 菲利普·阿里斯 132

Aristotle 亚里士多德,59—60,96,118

autonomy 自主性,9,17,38,39,51,53,63,65,70,79,80,82,131,166, 177,178,179

b

Bellah, Robert 罗伯特·贝拉 68

Bentham, Jeremy 边沁 19,38,60,80,84,119,126

Berlin, Isaiah 以赛亚·柏林 68

---

[1] 页码为原书页码,即本书页边码。

Bockover, Mary 玛丽·波克佛 9, 20, 65

Boulding, Kenneth 肯尼思·鲍尔丁 22—23

Brain 大脑 25, 43, 44, 46, 57, 62; brain-in-vats 缸中之脑 44; brainwashing 洗脑 22。See also neuroscience; memory

Brandom, Robert 罗伯特·布兰顿 3

Brecht, Bertolt 贝尔托·布莱希特 17

Buddhism 佛教 13—14, 20, 27, 50, 81, 85, 141, 171

C

Calvino, Italo 伊塔洛·卡尔维诺 1

capitalism 资本主义 xi—xii, 10, 68—69, 79, 81, 84, 85

Chislholm, Roderick 罗德里克·齐硕姆 40

Chomsky, Noam 诺姆·乔姆斯基 24, 57, 68

Collins, Randall 兰德尔·柯林斯 51

communitarian 社群主义 36, 38, 60, 78

concept-cluster 概念群 7, 8, 26—28, 62, 63, 168

Confucius 孔子 See Confucianism

Confucianism 儒学 7, 20, 22, 26, 62, 72, 89—91, 117, 120, 122, 137, 140, 151, 152, 161—164, 164—166, 173; cross-cultural potential of, 跨文化潜能 171—174。See also family; ritual; roles

Confucian texts 儒家经典 92—94; Analects 论语 7, 7—8, 8, 26, 27, 90—91, 92, 95, 98, 101, 102, 108, 109, 128, 129, 129—130, 140, 142, 143; Book of Odes 诗经 92, 151—152; Classic of Family Reverence 孝经 92, 99; Great Learning 大学 162, 164; Mencius 孟子 35, 62, 92, 107, 124, 164, 165; Records of Rituals 礼记 92, 153, 162—163; Xunzi 荀子 62, 92, 142—143, 163, 164—165, 166

corporations 公司 37,65,70,71,82,83,84,111,146

Crick,Francis 弗朗西斯·克里克 46—47

customs 习俗 101,145,146

d

dao（道,"doctrines""path""the Way"）,93,95,143,163

Daoism 道家 20,141,163—164,164

death 死亡 149—151,154,156,158

democracy 民主 xiii—xiv,38,60,63,92,111,125

Dennet,Daniel 丹尼尔·丹内特 44

Descartes,Rene 笛卡尔 11,44

Douglass,Frederick 弗雷德里克·道格拉斯 69

Dworkin,Andrea 安德里亚·德沃金 69

e

Enlightenment 启蒙 xi,60,85,92

ethics 伦理学 17—30；constraints on codes 准则的限制 28—30；definition of 定义 27；deontological 义务论 19,118—119,119；global/contextual 全球/语境 171—172,174；pluralism 多元主义 17—20,29,174；universalistic 普世主义 xiii,18,24,40,67,68,171,174；utilitarian 功利主义 19,84,118—119,119；virtue 德性 9,20,119。See also Aristotle；Bentham Kant；Mill

f

family 家庭 98—100,115,149；basis of morality 道德的基础 98—102,

106,107,108—110,115；Chinese 中国家庭 117,120,122,124,161；contemporary American 当代美国家庭 115,118,122,123,124—126,128；foundationalroles in 家庭中的基础角色 98—100,129,152,154—157,172；Greek/Roman 希腊/罗马 118,120,121；religious/spiritual dimensions of 家庭的宗教/精神维度 132,151—154；rituals and traditions in 家庭中的礼仪和传统 151。See also Ancestors

 Fingarette, Herbert 赫伯特·芬格莱特 46,97,144,150—151

 Finley, Moses 摩西·芬利 121

 Flanagan, Owen 欧文·弗拉纳根 47

 freedom 自由 xii, xiv, 21, 22, 24, 34, 38, 51, 53, 62—64, 64—65, 65—66, 68—69, 69, 72—73, 78, 79, 80, 81, 81—82, 82, 106, 111, 120, 131, 167, 178

g

 Garrison, William Lloyd 威廉·劳埃德·加里森 78

 Gauthier, David 戴维·戈蒂耶 61,62

 Geisz, Steven 史蒂文·盖斯 157

 gestalt switch 格式塔转换 13—14, 51, 96

 Gettier, Edmund 埃德蒙德·盖蒂尔 3

 Giskin, Howard 霍华德·吉皮 122

 Goody, Jack 杰克·古迪 132

 Greenwood, John 约翰·格林伍德 47—48

 Grellet, Stephen 史蒂芬·葛瑞利特 89

 Gutting, Gary 加里·古廷 4

h

 Haines, William 威廉·海恩斯 99

Hall, David 郝大维 1, 150, 120

Halpern, Sue 苏·哈珀恩 43, 44

Hansen, Chad 陈汉生 20 Hardy, Thomas, 托马斯·哈代 149

Hobbes, Thomas 托马斯·霍布斯 38, 59—60, 61, 63, 80

homophobia 恐同 xiv, 46, 108, 116—117

homoversals 全人类的普遍性 21, 24—25, 29, 137, 139, 140, 141

human rights 人权 53, 59, 60, 62, 64—67, 69, 72, 110—112, 170。See also rights

Hume, David 休谟 12—13, 40—41, 43, 50, 57—58

Huxley, Alduous 阿道司·赫胥黎 48, 150

Hylton, Peter 彼得·海尔顿 3

i

ideology 意识形态 xi—xii, xiv, 1, 10, 60, 61, 62, 67, 72, 81, 85, 91, 150, 177, 178

immortality 不朽 150, 151, 153, 157。See also death

individualism, indviduals 个人主义 个人 9, 28, 34, 36—37, 68, 72—74; foundational, 1—3, 9, 11, 35—36, 37—32, 50, 51, 58—59, 60—61, 66, 67—62, 72—73, 80, 85, 116, 131, 167, 177—178

inequality 不平等 xi, 60, 68—69, 79, 89, 178

intergenerationality 世代间性 99, 122, 123, 125, 152, 156

Ivanhoe, Philip J 艾文贺 100

j

Jackson, Mahalia 玛哈利亚·杰克逊 77

Jin, Li 李谨 126

justice 正义 21,63,167—170; distributive, 程序正义 22,72,81—82, 165; procedural 分配正义 xii,22,71,73,79,82,171; retributive and restorative 报应的正义与修复的正义 167—170; social 社会正义 9,22,64,69, 72—73,80,81,81—82,82,111,165

k

Kant, Immanuel 康德 18,19,26—27,35,35—36,38,39,40,47,60,80, 83,96,118,119,126

Keightley, David 大卫·凯特利 110,121,157,164

Kongzi（孔子）See Confucius

Korsgaard, Christine 克里斯蒂娜·科斯加德 19

Krausz, Michael 迈克尔·克劳兹 51

Kupperman, Joel 乔尔·库珀曼 18

l

Laughlin, John 约翰·劳格林 62

Leibniz, Gottfried Wilhelm 6,115—116,119

Levenson, Joseph 约瑟夫·列文森 161

li（礼，"ceremony""propriety""rites""ritual""worship"）, 28, 101, 103,142,143,145,149,151,152,163。See also custom; ritual; tradition

libertarianism 古典自由主义 xiii,20,36,70,77—86,156; European tendencies of 古典自由主义的欧洲趋势 77

Liebling, A. J. 利布林 71

Lindley, Richard 理查德·林德利 38

Locke, John 洛克 33,36,60,65,68,119

love 爱 24,25,28,97,100,103,105,108,109,122,127,129,130,132,139,143,151,153,156

m

Machan, Tibor 蒂博尔·马尚 82

MacIntyre, Alasdair 麦金泰尔 36,62

MacKinnon, Catharine 凯瑟琳·麦金农 69

Marx, Karl 马克思 60,83

McCarthy, Erin 艾琳·麦卡锡 38

memory 记忆 41—43,44,52,95,153,156,157; Alzheimer's disease 阿尔茨海默症 43,45; amnesia 失忆症 43,52,57,60。See also ancestors; tradition

Mengzi(孟子)。See Confucian texts, Mencius

Metzinger, Thomas 托马斯·梅岑格 47

Mill, John Stuart 密尔 xi,38,59,60,80,83,84,119,126,161

Minow, Martha 玛莎·米诺 123

Moeller, Hans-Georg 汉斯·格奥尔格·梅勒 20

morals/morality 道德 17—19,23,27,28,29,30,40,70,82,97—102,110—111; altruism 利他主义 72,86,93,110。See also ethics

Murck, Alfreda 姜斐德 146

n

Nagel, Thomas 托马斯·内格尔 44

neuroscience 神经科学 46,47,61—62。See also brain

Noddings, Nel 内尔·诺丁斯 20

Ni, Peimin 倪培民 5,46,125

Nozick, Robert 诺齐克 36,78,83

Nylan, Michael 迈克尔·尼兰 107

o

Olberding, Amy 艾米·奥伯丁 129,156—157

Olson, Mancur 曼库尔·奥尔森 70,71

Owen, Robert 罗伯特·欧文 78

p

person (See also individuals) 人 8,9,12,14,28,39,43,44,46,48,65,105,120,124,150,158,164,168,173

Phillips, Wendell 温德尔·菲利普斯 78

philosophy 哲学; analytic 分析哲学 1—4,18; cross-cultural 跨文化哲学 8—9,20,29; Western 西方哲学 12,18,19,33,38,60,61,63,118—119

Piketty, Thomas 托马斯·皮凯蒂 84

Plato 柏拉图 44,118

poverty 贫穷 164—166。See also United States psychology, 心理学 59,62,67

Putnam, Hilary 希拉里·普特南 44

Putnam, Robert 罗伯特·普特南 48,68

q

Quine, Willard 奎因 3,4,11

r

rational choice theory 理性选择理论 1,34,84,128,171

rationality 理性 xi,xii,3,4,9,14,17,20,26,30,34,37—38,40,45,48,52,53,59—62,65,66,67,70,72,73,79

Rawls,John 罗尔斯 36,38,60,61,80

reasonableness 合理性 3—4,17,29,30。See also philosophy, analytic; argumentation, methods of reciprocity 互惠 100,109—110,128

religion, 宗教 90,118,137—141,142,157,163,179

ren dao (人道,"the way of humankind"),93,95

Rescher,Nicholas 尼古拉斯·莱斯切尔 4

Restak,Richard 理查德·雷斯塔克 24,42

Riesman,David 大卫·里斯曼 68

rights, See human rights: civil and Political 公民和政治权利 65,66,67,68—71,110—111; social, economic and cultural 社会、经济和文化权利 65,66,67,70,110—111; UN Universal Declaration of 联合国世界人权宣言 64,65,66,70,111,112

ritual 礼仪 90—91, 101, 123, 125, 132, 141—146, 149, 151, 165, 166,173

roles 角色 49,98—102; as means of Identification 作为身份识别的手段 14,49—52; benefactor-beneficiary 施惠者-承惠者 96—97,100,105,107,108,109—110,125,128,130,149,166; ethics of 角色伦理学 xiv,1,14,46,49—50, 104—106, 109, 115, 117, 120, 128—130, 161, 177, 179; non-kin 非亲属角色 94—110,142,161—164,173,174。See also family

Rorty,Richard 罗蒂 1,2

ru (儒,"classicist" "literatus" "scholar-official"), 90, 91。See also Confucianism

Ruddick, William 威廉姆·罗迪克 119, 123

s

Sandel, Michael 桑德尔 36

self 自我 14, 20, 21, 28, 33—37, 44—45, 46, 57—58, 59—62, 65, 67, 93, 94, 95, 96, 97, 177; self-deception 自我欺骗 46, 57, 151. See also individualism

sexism 性别主义 xiv, 69, 107, 116—117

Santayana, George 乔治·桑塔亚那 137

Shanley, Mary 玛丽·香莱 123

social contract 社会契约 53, 59—62, 64, 67—68, 83, 85, 100, 110, 111, 123, 124, 125, 128, 171, 178

sociology 社会学 34, 51, 59, 67

Singer, Peter 彼得·辛格 19

Socrates 苏格拉底 12, 21, 158, 166, 178

Sotloff, Steven 史蒂文·索特洛夫 177

Spooner, Lysander 莱桑德·斯普纳 78

Stanton, Elizabeth Cady 伊丽莎白·卡迪·斯坦顿 48, 150

state of nature 自然状态 59, 61, 67, 71, 80

Stewart, Potter 波特·斯图尔特 71

t

Tan, Sor-hoon 陈素芬 1

Tillman, Margaret 田梅 125

Tolstoy, Leo 列夫·托尔斯泰 115

Traphagan, John 约翰·特拉法根, 61—62

tradition 传统 91, 101, 106, 141, 142, 145—146, 146

Trauzettel, Rolf 陶德文 120

truth 真理 5—7, 8—10

Truth and Reconciliation Commissions 真相与和解委员会 167—168

Twiss, Sumner 萨姆纳·推斯 39

u

United States 美国 xii, xiv, 38, 39, 58, 62, 63—64, 64—65, 65, 66, 68—69, 70, 77—78, 78, 79, 81, 85, 111, 112, 115, 117, 121, 125, 146, 167

v

value-ordering 价值排序 21—24, 28, 127, 131—132

w

Walsh, Bettye 贝蒂·沃尔什 122

Weber, Max 韦伯 59

Willett, Cynthia 辛西娅·威利特 69

Wittgenstein, Ludwig 维特根斯坦 33, 51, 140

Wong, David 黄百锐 18—19, 21, 29, 30, 38, 125

x

xiao (孝, "family reverence" "filial piety"), 28, 98, 99, 100, 107,

129,132

xinao（洗脑,"brainwashing"),22

y

yi（义,"appropriate"),1,105

译后记

《反对个人主义》是美国哲学家罗思文儒学研究生涯中的一部代表性著作，不仅展现了他高超的比较哲学研究技巧，而且也承载着他最深的学术关怀，即克服个人主义意识形态。如他在与梅勒教授私人通信中所表露的，他的目标就是"要杀死潜伏在现当代西方道德、政治、社会哲学深处的龙"，"驱逐那伪装成哲学、以个人主义的名义隐藏着为自私和贪婪辩护的意识形态的幽灵"。为了达到这一目标，罗思文教授阐释和发展了一种儒家角色伦理，以承载角色、相互关联，并对他人负责的儒家自我观念来对抗基础个人主义对"人"的定义，暴露后者在伦理和政治上的无根基状态，从而全方位挑战个人主义意识形态的优势地位。

值得指出的是，这种挑战不仅是哲理层面上的，同时也是实践层面上的。在此书中，罗思文教授娴熟使用来自家庭生活、礼仪、宗教等实际场合的例子来阐释儒家伦理洞见与当代生活的相关性，并在此基础上说明儒家思想资源如何可以帮助我们应对困扰当代社会的一些难题，比如第十章中所探讨的贫困、正义和跨文化对话等问题。这种实践取向也代表当代海外汉学研究中的一条重要路径，即梳理中国传统思想资源，并将之应用于当代西方政治-社会语境，以用东方智慧救偏补弊，帮助解决西方乃至全球社会所面对的一些重大挑战。由此翻译、引进本书将在推动国内中国哲学研究事业上发挥独特的作用。一方面，它提供了一个不可替代的"他者"视角，让我们可以通过他者的眼光，在现实问题上真切感受到经典尚未穷尽的、仍在生长中的力量；另一方面，它也可以启发中国哲学研究者去思考如何重构自身文化传统的思想资源，以解决当下社会政治问题，并以这种方式，让经典获得了某种意义上的新生。

本书共十章。引言、序言和第一至五章由王晨光翻译，第六至十章和结语、索引等由王珏翻译，陈志伟为全书做了统校工作。文中有汉名的作者尽可能译为汉名，引文处尽量保留原文。此书的翻译是教育部哲学社会科学研究重大课题"海外汉学中的中国哲学文献翻译与研究"的成果之一，并为国家社科基金青年项目"社会转型中的先秦法家治理思想研究"（21CZX043）的阶段性成果，在翻译过程中得到西安电子科技大学人文学院、西北大学出版社及很多学者的关注和支持。在此特向为这本译著的面世提供帮助的赵卫国教授、陈志伟教授，以及西北大学出版社的任洁、向雳一并表示感谢。最后需要指出的是，由于译者水平所限，译文难免有误，尚祈读者指正。

王　珏

2021 年 12 月